高等教育路桥工程类专业系列教材

山西省职业教育"金课"配套教材

道路建筑材料实训

DAOLU JIANZHU CAILIAO SHIXUN

主　编　张俊红

副主编　贾兆莲

参　编　杜素军　郭慧敏　马　晋
　　　　　李　瑞　仝　佳

主　审　常爱国

重庆大学出版社

内容提要

本书以国家及行业最新颁布的技术标准和技术规程为依据编写,共分为 4 个项目,并配套了实训记录本,主要内容包括 AC-13 沥青混凝土目标配合比设计、C30 水泥混凝土配合比设计、水泥稳定级配碎石目标配合比设计、路基填土的指标检测。本书内容力求深入浅出,编写时坚持理论与实践相结合,在训练学生检测技能的同时,培养学生分析问题、解决问题的能力。

本书可作为高等职业院校道路桥梁工程技术等相关专业的教材,也可作为相关工程技术人员的参考用书。

图书在版编目(CIP)数据

道路建筑材料实训 / 张俊红主编. -- 重庆:重庆
大学出版社,2024.8. --(高等教育路桥工程类专业系
列教材). -- ISBN 978-7-5689-4653-7

Ⅰ. U414

中国国家版本馆 CIP 数据核字第 2024VU7622 号

道路建筑材料实训

主 编 张俊红

副主编 贾兆莲

主 审 常爱国

责任编辑:肖乾泉 版式设计:肖乾泉

责任校对:关德强 责任印制:赵 晟

*

重庆大学出版社出版发行

出版人:陈晓阳

社址:重庆市沙坪坝区大学城西路 21 号

邮编:401331

电话:(023) 88617190 88617185(中小学)

传真:(023) 88617186 88617166

网址:http://www.cqup.com.cn

邮箱:fxk@ cqup.com.cn(营销中心)

全国新华书店经销

重庆亘鑫印务有限公司印刷

*

开本:787mm×1092mm 1/16 印张:22.75 字数:571 千

2024 年 8 月第 1 版 2024 年 8 月第 1 次印刷

印数:1—2 000

ISBN 978-7-5689-4653-7 定价:59.00 元

前　言

"道路建筑材料实训"是道路桥梁工程类专业的一门实训课。本书根据道路桥梁工程类专业人才培养目标和职业能力要求,结合"公路工程试验检测助理工程师(材料)"从业资格证书中相关考核要求,由学校专任教师、行业和企业专家合作共同编写。本书内容与生产一线的实际需要紧密结合,主要训练学生对砂石材料、沥青、水泥等原材料和沥青混合料、水泥混凝土、水稳碎石等混合料常规指标的检测技能,同时在进行沥青混合料、水泥混凝土、水稳碎石配合比设计过程中培养学生分析问题、解决问题的能力,形成诚实、守信、善于沟通、善于合作、科学严谨的职业素养,养成爱护仪器设备、正确安全使用仪器设备、安全用电、节约用电用水的良好习惯。

本书以习近平新时代中国特色社会主义思想为指导,融入党的二十大精神,以交通运输部最新颁布的技术标准和技术规范为依据,注重学生的技能训练和综合能力的提高,变知识学科本位为职业能力本位,面向确定的工作岗位,以"工作项目"为主线,创设工作情境,紧紧围绕典型工作任务的需要来组织内容,以提高学生的专业技术能力。

本书分为4个项目,可以根据课时及硬件条件进行实训项目选择。课程教学通过具体的教学项目来完成,实行"理实一体化"教学,教学评价采用过程评价与实训成果相结合,体现职业教育的特色。

本书由山西工程科技职业大学张俊红担任主编,山西省公路局晋中分局试验室贾兆莲担任副主编,山西工程科技职业大学杜素军和郭慧敏、山西省交通规划勘察设计院有限公司马晋、山西工程科技职业大学李瑞和仝佳参与编写,山西省交通建设工程质量检测中心(有限公司)常爱国担任主审。具体编写分工为:张俊红编写绪论、项目1任务1.3(包括试验检测记录表及报告表)、任务1.4;贾兆莲编写项目1任务1.1(包括试验检测记录表及报告表);杜素军编写项目1任务1.2(包括试验检测记录表及报告表);郭慧敏编写项目2任务2.1和任务2.2(包括试验检测记录表及报告表);马晋编写项目2任务2.3(包括试验检测记录表及报告表)和任务2.4;李瑞编写项目3(包括试验检测记录表及报告表);仝佳编写项目4(包括试验检测记录表及报告表)。

本书在编写过程中得到了山西省公路局晋中分局试验室及山西省交通建设工程质量检测中心(有限公司)的大力支持,在此表示衷心的感谢。

由于编者水平有限,书中难免存在不妥和谬误之处,敬请各位同仁、读者批评指正。

编　者
2024年5月

目　录

绪　论

试验检测是公路工程质量管理的重要组成部分,是工程质量控制的重要手段,客观、准确的检测数据是工程质量评价的依据。

0.1　试验检测基础知识

1.公路工程试验检测人员的要求

根据工程一线调研结果,公路工程试验检测岗位对试验检测人员的要求主要有3个方面,即职业道德要求、专业技术要求和管理工作要求。

（1）职业道德要求

"国无德不兴,人无德不立。"试验检测人员应遵守国家相关法律的规定,遵循客观独立、公平公正、诚实信用的原则,恪守职业道德,树立质量意识、诚信理念,承担社会责任。

试验检测人员应爱岗敬业,公正、诚信地从事检验检测活动,确保检验检测数据、结果的真实性、客观性、准确性和可追溯性,杜绝假数据、假报告;试验检测人员对检测活动中知悉的国家秘密、商业秘密和技术秘密负有保密义务;试验检测人员应有效识别并防止商业贿赂行为。

（2）专业技术要求

①试验检测人员应熟悉检测任务,明确检测依据、检测方法、检测工作环境控制要求及检测设备。试验检测人员要熟悉试验检测相关的规程、规范(标准),明确本次任务执行的依据及方法;要熟悉检测任务的环境要求,熟悉按照要求进行环境控制的方法;要熟悉所用检测设备的名称、型号,设备的量程、电源功率等性能参数及设备的相关必需配件,熟悉设备的正确安全操作步骤,明确设备是否在检定(校准)周期内。

②试验检测人员要严格按照试验规程规定的检测方法实施检测任务,以保证数据真实、准确、有效。其主要包括按规定的方法抽取样品、制备样品;按照规定的环境条件控制试验湿度、温度;按照规定的操作方法操作设备;按照规定的步骤及方法操作实施;按照规定的方法进行数据处理等。

③试验检测人员应能规范完整填写试验检测数据报告。根据《公路水运试验检测数据报告编制导则》(JT/T 828—2019)的规定,试验检测数据报告包括试验检测记录表和试验检测报告。根据检测目的和报告内容的不同,报告可分为检测类报告和综合评价类报告两类。

（3）管理工作要求

管理工作要求主要指试验检测人员应熟悉所在机构的管理体系文件,检验检测活动应按照文件要求运行。管理体系文件包括质量手册、程序文件、作业指导书、质量和技术记录表格等。质量手册是纲领性文件;程序文件是机构内各部门使用的支持性文件;作业指导书是具体人员使用的支持性文件;质量和技术记录表格是体系运行的证实性文件。

2. 建设项目工地试验室建设与管理要求

1) 建设项目工地试验室

为保证工程施工质量,建设项目在建设过程中应在工程现场设立试验室。工地试验室是指工程建设过程中为控制质量由通过资质认定的等级试验检测机构(又称母体试验室)在现场设立的试验室,是母体试验室的派出机构。

试验检测机构是指依法成立,依据相关标准或者规范,利用仪器设备、环境设施等技术条件和专业技能,对产品或者法律法规规定的特定对象进行检验检测的专业技术组织。公路工程等级试验检测机构是指按照《公路水运工程试验检测管理办法》要求,取得公路水运工程试验检测机构等级证书的机构。试验检测机构等级是依据检测机构的公路水运工程试验检测水平、主要试验检测仪器设备及检测人员的配备情况、试验检测环境等基本条件对检测机构的检测能力进行划分,分为公路工程专业和水运工程专业。公路工程专业分为综合类和专项类。公路工程综合类设甲、乙、丙3个等级。公路工程专项类分为交通工程和桥梁隧道工程。

2) 建设项目工地试验室建设要求

工地试验室作为工程质量控制和评判的重要数据来源,其建设和管理水平将直接影响试验检测数据的客观性和准确性。建设时,应因地制宜、根据工程建设内容和规模进行设置,既要满足工程质量控制需要,又要实现布局合理、安全环保。

（1）选址及分区布置要求

为保证试验检测工作的独立性,工地试验室应有相对独立的场所。选址应充分考虑安全、环保、交通便利及工程质量管理要求等因素。

工地试验室应将工作区与生活区分开设置,工作区总体分为功能室、办公室和资料室。各功能室应按照试验检测流程和工作相关性进行合理布局。例如,水泥混凝土室、力学室及标准养护室,沥青室和沥青混合料室,样品室、办公室和资料室等宜相邻设置。应对造成互相干扰和影响的工作区域进行隔离设置。例如,有震动源的土工室与需要精密称量的化学室,相对湿度大于95%的标准养护室与资料室、办公室等不宜相邻设置。功能室的设置应根据工程内容、工程量和所开展的试验检测项目等确定。

（2）房屋及环境建设要求

工地试验室用房可新建或租用合适的房屋,新建房屋应综合考虑空间跨度及风雪等极端气候的影响。必要时,采取加固处理,使其在使用周期内安全可靠。功能室给排水应满足试验检测工作需要。

①各功能室均应设置上下水,并应配备必要的应急水源。水泥室、水泥混凝土室、石料室内地面应设置泄水槽,室外设置沉淀池。

②各功能室应有良好的通风采光条件。试验过程中,使用或产生有毒有害物质的功能室(如化学室、沥青室、沥青混合料室等)应设置机械强制通风设施。

③工地试验室使用的电气设备和临时用电设施的安装应符合《供配电系统设计规范》(GB 50052—2009)、《施工现场临时用电安全技术规范》(JGJ 46—2005)等有关规定。

④各功能室环境湿度、温度应符合要求。对环境温度、湿度有要求的功能室,应在不影响试验检测结果的位置安装相应功率的空调、加湿器等控制设备,室内应悬挂经过检定(校准)的温度计。

⑤工地试验室的安全防护应严格执行国家和行业相关规定,要有相关应急预案和必要的应急救援器材、设备。例如,在可燃物质存在的场所应配置灭火器;压力机、万能试验机等大型力学设备应安装安全防护网。

⑥工地试验室应有必要的环境保护设施,保证试验检测工作达到环境保护要求,避免发生不必要的环境污染。例如,化学室、沥青室、沥青混合料室等应配备废物集中收集装置,其他功能室产生的废弃试样应设置专门的存放地点等。

⑦功能室应设置满足工作需要的操作台、样品架、设备基座等设施。需要在混凝土基础、基座上固定的仪器设备,如击实仪、振动台、压力机、万能试验机等,应先进行设计规划再浇筑。标准养护室、留样室、样品室的样品架根据存放需求确定。

(3)工地试验室要配备必要的检测仪器

工地试验室应按照母体试验室授权范围内的试验检测项目、参数以及合同要求配置必要的检测仪器和辅助工具。仪器设备的功能、准确度和技术指标均应符合规范和规程的要求,同时根据功能室的布局,集中合理地摆放相关仪器设备。

(4)工地试验室应建立质量管理体系文件

工地试验室按照母体试验室的管理体系文件,结合工程特点,将工地试验室必要的管理要求、技术要求建立各项管理制度和作业指导书,形成工地试验室的质量管理体系文件。建成运行的工地试验室在运行中要加强管理,以保证试验检测数据的客观性和准确性。

3)建设项目工地试验室运行管理要求

(1)工地试验室应明确职责范围

工地试验室按照规定到项目质检机构登记备案后,在母体试验室的授权业务范围内,为工程建设提供试验检测服务并出具试验检测报告,不得对外承揽试验检测任务,不得对社会出具试验检测报告。

(2)工地试验室应加强试验检测人员管理

应建立试验检测人员管理制度,加强人员考勤管理,确保人员实际在岗相对稳定。应加强试验检测人员职业道德培训和教育,保证试验检测数据科学、客观、准确,并对试验检测结果承担法律责任。

(3)工地试验室应加强试验检测仪器设备的管理

工地试验室应建立试验检测仪器设备管理制度,对仪器设备的检定(校准)、使用、维护、维修期间核查、移动、闲置与报废、档案管理等环节加强管理。

①设备的检定(校准)工作应遵循科学、经济、量值准确和就地就近的原则,根据设备的实际使用情况,确定科学合理的检定(校准)周期。检定是查明和确认测量仪器是否符合法定要求的活动,包括检查和出具检定证书;校准是确定由测量标准提供的量值与相应示值之间的关

系,校准可以用文字说明、校准图、校准表格等形式表示。仪器设备取得检定(校准)证书后,需要对校准结果与试验检测工作要求进行符合性确认,必要时考虑修正因子,并形成确认记录。

②工地试验室的所有仪器设备应实行标识管理,包括管理和使用状态两种标识。管理标识包括设备厂家、出厂编号、购置日期、管理人员等信息;使用状态分为合格、准用、停用3种,分别用绿、黄、红三色标签进行标识。合格标识(绿色)适用于经过检定(校准)达到使用量值和功能要求的仪器设备;准用标识(黄色)适用于某一功能或某一指标达不到仪器设备本身要求,但又可以限制使用的仪器设备;停用标识(红色)适用于仪器设备损坏、达不到使用要求、超过检定(校准)周期及封存备用的设备。

③设备在操作前,应进行运行检查,按照操作规程进行操作,操作前和结束后及时填写使用记录。

(4)工地试验室应加强样品管理

工地试验室应建立样品管理制度,对样品的取样、运输、标识、流转、留样与处置等全过程实施严格控制与管理。水泥、外加剂、沥青、粉煤灰、钢材及连接件等应按规定进行留样,样品保留期限一般不少于90 d;其他材料可视需要将其留样。对于不易保存的现场试验检测或隐蔽工程,必要时可拍照或留有影像资料。

(5)工地试验室应加强化学品和耗材管理

工地试验室应建立化学品管理制度,对购买、存放、领用、使用及处置等环节加强管理。化学品实行"双人双锁"管理,谁领用、谁签字、谁负责。废弃的化学品及产生的废液严禁随意处置。

(6)工地试验室应加强环境控制

工地试验室应建立环境管理制度,对各功能室的采光、卫生、温度、湿度、噪声、振动、污染进行严格管理和控制。例如,标准养护室要做好温度、湿度监控记录。

(7)工地试验室应加强标准、文件的管理

工地试验室应建立标准、文件管理制度。按照母体试验室授权的检测项目和参数,配齐相应的规程、规范、标准和设计等技术资料,并进行确认和受控管理。

(8)工地试验室应加强试验检测资料的管理

工地试验室应建立试验检测记录、报告管理制度;建立试验检测档案管理制度,严格按照档案管理规定和项目建设要求进行填写、分类、整理、归档。

0.2 试验检测数据的处理

1.质量数据的数值修约

《数值修约规则与极限数值的表示和判定》(GB/T 8170—2008)规定,科学技术与生产活动中,试验测定和计算得出的各种数值需要修约时,除另有规定外,应按标准给出的规则进行。

(1)基本术语

①数值修约:通过省略原数值的最后若干位数字,调整所保留的末位数字,使最后所得到的

值最接近原数值的过程。经修约后的数值称为原数值的修约值。

②修约间隔：确定修约保留位数的一种方式。修约间隔的数值一经确定，修约值应为该数值的整数。

例如：指定修约间隔为 0.1，修约值即应在 0.1 的整数倍中选取，相当于将数值修约到一位小数；指定修约间隔为 100，修约值即应在 100 的整数倍中选取，相当于将数值修约到"百"数位。

（2）数值修约规则

①确定修约间隔。指定修约间隔为 10^{-n}（n 为正整数），或指明将数值修约到 n 位小数。指定修约间隔为 1 或指明将数值修约到个数位。指定修约间隔为 10^n，或指明将数值修约到 10^n 数位（n 为正整数），或指明将数值修约到"十""百""千"数位。

②进舍规则。数值修约的进舍规则归纳口诀为："四舍六入五考虑，五后非零则进一，五后为零视奇偶，奇升偶舍要注意，修约一次要到位。"

拟舍弃数字的最左一位数字小于 5 时，则舍去，即保留的各位数字不变。例如，将 12.149 8 修约到一位小数，得 12.1；将 12.149 8 修约成两位有效位数，得 12。

拟舍弃数字的最左一位数字大于 5 或者是 5，而其后跟有并非全部为 0 的数字时，则进一，即保留的末位数字加 1。例如，将 1 268 修约到"百"数位，得 13×10^2（特定时可写为 1 300）；将 1 268 修约成三位有效位数，得 127×10（特定时可写为 1 270）；将 10.502 修约到个数位，得 11。

拟舍弃数字的最左一位数字为 5，而右面无数字或皆为 0 时，若所保留的末位数字为奇数（1、3、5、7、9）则进一，为偶数（2、4、6、8、0）则舍弃。例如，修约间隔为 0.1（或 10^{-1}），拟修约数值 1.050，修约值为 1.0；拟修约数值 0.350，修约值为 0.4。

负数修约时，先将它的绝对值按前述进舍规则进行修约，然后在修约值前面加上负号。

拟修约数字应在确定修约位数后一次修约获得结果，而不得多次连续修约。例如，修约 15.454 6，修约间隔为 1，正确的做法：15.454 6→15；不正确的做法：15.454 6→15.455→15.46→15.5→16。

③0.5 单位修约与 0.2 单位修约。必要时，可采用 0.5 单位修约和 0.2 单位修约。

0.5 单位修约是指修约间隔为指定数位的 0.5 单位，即修约到指定数位的 0.5 单位。0.5 单位修约方法是将拟修约数值 X 乘以 2，按指定修约间隔对 $2X$ 按规则进行修约，所得数值再除以 2。例如，将 60.28 修约到个数位的 0.5 单位，得 60.5。

0.2 单位修约指修约间隔为指定数位的 0.2 单位，即修约到指定数位的 0.2 单位。0.2 单位修约方法是将拟修约数值 X 乘以 5，按指定修约间隔对 $5X$ 按规则进行修约，所得数值再除以 5。例如，将 832 修约到"百"数位的 0.2 单位，得 840。

2. 统计数据特征量的计算

工程质量数据的统计特征量分为两类：一类表示统计数据的规律性，主要有算术平均值、中位数和加权平均值等；另一类表示统计数据的差异性，即工程质量的波动性，主要有极差、标准偏差和变异系数等。

（1）算术平均值

算术平均值是表示一组数据集中位置最有用的统计特征量，经常用样本的算术平均值来代表总体的平均水平。样本的算术平均值用 $\bar{x}$ 表示。n 个样本数据为 x_1、x_2、$\cdots$、x_n 的算术平均值计算公式如下：

$$\bar{x} = \frac{1}{n}(x_1 + x_2 + \cdots + x_n) = \frac{1}{n}\sum_{i=1}^{n} x_i \tag{0.1}$$

（2）中位数

在一组数据 x_1、x_2、$\cdots$、x_n 中，按其大小次序排序，以排在正中间的一个数表示总体的平均水平，称为中位数（或称为中值），用 $\tilde{x}$ 表示。当 n 为奇数时，正中间的数只有一个；当 n 为偶数时，正中间的数有两个，取这两个数的平均值作为中位数，即式（0.2）。

$$\tilde{x} = \begin{cases} x_{\frac{n+1}{2}} & （n \text{ 为奇数}） \\ \frac{1}{2}\left(x_{\frac{n}{2}} + x_{\frac{n}{2}+1}\right) & （n \text{ 为偶数}） \end{cases} \tag{0.2}$$

（3）极差

在一组数据中最大值与最小值之差称为极差，记作 R，即式（0.3）。

$$R = x_{\max} - x_{\min} \tag{0.3}$$

（4）标准偏差

标准偏差有时也称标准离差、标准差或均方差，它是衡量样本数据波动性（离散程度）的指标。在质量检验中，总体的标准偏差（σ）一般不易求得，样本的标准偏差 S 按式（0.4）计算：

$$S = \sqrt{\frac{(x_1 - \bar{x})^2 + (x_2 - \bar{x})^2 + \cdots + (x_n - \bar{x})^2}{n-1}} = \sqrt{\frac{\sum_{i=1}^{n}(x_i - \bar{x})^2}{n-1}} \tag{0.4}$$

（5）变异系数

标准偏差是反映样本数据的绝对波动状况，当测量较大的量值时，绝对误差一般较大；当测量较小的量值时，绝对误差一般较小。因此，用相对波动的大小即变异系数更能反映样本数据的波动性。

变异系数用 C_V 表示，是标准偏差 S 与算术平均值 $\bar{x}$ 的比值：

$$C_V(\%) = \frac{S}{\bar{x}} \times 100\% \tag{0.5}$$

0.3　试验检测数据报告的组成及填写要求

试验检测数据报告包括试验检测记录表和试验检测报告。根据检测目的和报告内容的不同，报告可分为检测类报告和综合评价类报告两类。

1.试验检测记录表的组成及填写

试验检测记录表由标题、基本信息、检测数据、附加声明、落款 5 个部分组成，如图 0.1 所示。每一试验参数（或试验方法）可单独编制记录表。同一试验过程中，同时获得多个试验参数时，可将多个参数集成编制于一个记录表中。

××××试验检测记录表

第×页，共×页

×J××××× }标题区

试验室名称：　　　　　　　　　　　　　　　记录编号：

工程部位/用途		委托/任务编号	
试验依据		样品编号	
样品名称		样品描述	
试验条件		试验日期	
主要仪器及编号			

基本
信息区

检测
数据区

备注：	

附加
声明区

试验：　　　　　　复核：　　　　　日期：　年　月　日 }落款区

图 0.1　试验检测记录表格式示意图

1）标题部分

标题部分位于记录表上方，用于表征其基本属性。标题由记录表名称、唯一性标识编码、检测单位名称、记录编号、页码组成。

①检测单位为检测机构时，应填写等级证书中机构名称，可附加等级证书编号；检测单位为工地试验室时，应填写其授权文件上的工地试验室名称。

②记录编号用于记录表的身份识别，由检测单位自行编写，记录编号在确保唯一的前提下，应简洁且易于管理。

2）基本信息部分

基本信息部分位于标题部分之后，用于表征试验检测的基本信息。基本信息包括工程名称、工程部位/用途、样品信息、试验日期、试验条件、检测依据、判定依据、主要仪器设备名称及编号等。

（1）工程名称

工程名称为测试对象所属工程项目的名称。当涉及盲样时，可不填写。

（2）工程部位/用途

工程部位/用途为二选一填写项，当涉及盲样时可不填写。当可以明确被检对象在工程中的具体位置时，填写工程部位名称及起止桩号；当被检对象为独立结构时，填写结构物及其构件名称、编号等信息；当指明数据报告结果的具体用途时，填写其相关信息。

（3）样品信息

样品信息包括来样时间、样品名称、样品编号、样品数量、样品状态、制样情况和抽样情况。制样情况和抽样情况可根据实际情况增减。

①来样时间填写检测收到样品的日期，以"YYYY 年 MM 月 DD 日"的形式表示；

②样品名称按标准规范的要求填写；

③样品编号由检测单位自行编制，用于区分每个独立样品的唯一性编号；

④样品数量按照检测依据规定的计量单位，如实填写；

⑤样品状态应描述样品的性状，如样品的物理状态、是否有污染、是否被腐蚀等；

⑥制样情况应描述制样方法及条件、养护条件、养护时间及依据；

⑦抽样情况应描述抽样日期、抽样地点（包括简图、草图或照片）、抽样程序、抽样依据及抽样过程中可能影响检测结果解释的环境条件等。

（4）试验日期

当日完成的试验检测工作，可填写当日日期；一日以上的试验检测工作应标注试验的起止日期。日期以"YYYY 年 MM 月 DD 日"的形式表示。

（5）试验条件

试验条件填写试验时的温度、湿度、照度、气压等环境条件。

（6）检测依据

检测依据为试验所依据的标准、规范、规程、作业指导等技术文件，应填写完整技术文件名称和代号。技术文件为公开发布的，可只填写其代号。必要时，还应填写技术文件的方法编号、章节号或条款号等。

（7）判定依据

判定依据为出具检测结论所依据的标准、规范、规程、设计文件、产品说明书等。

（8）主要仪器设备名称及编号

主要仪器设备名称及编号是填写试验检测过程中使用的仪器设备名称及其唯一性标识。应填写参与结果分析计算的量值输出仪器、对结果有重要影响的配套设备名称及编号。

3）检测数据部分

检测数据部分位于基本信息之后，用于填写采集的试验数据。检测数据包括原始观测数据、数据处理过程及方法、试验结果等。

（1）原始观测数据

原始观测数据应包含获取试验结果所需的充分信息，以便该试验在尽可能接近原条件的情况下能够复现，具体要求如下：

①手工填写的原始观测数据应在现场如实、完整记录，如需修改，应杠改并在修改处签字；

②由仪器设备自动采集的检测数据、试验照片等电子数据，可打印签字后粘贴于记录表中或保存电子档。

（2）数据处理过程与方法

数据处理过程与方法填写原始观测数据推导出试验结果的过程记录，包括计算公式、推导过程、数字修约等，必要时填写相应依据。

（3）试验结果

试验结果是按照检测依据的要求给出该项试验的测试结果。

4）附加声明部分

附加声明部分位于检测数据之后，用于说明需要提醒和声明的事项。附加声明包括对试验检测的依据、方法、条件等偏离情况的声明，其他见证方签字，以及其他需要补充说明的事项。

5）落款部分

落款部分位于附加声明之后，用于表征记录表的签认信息，由检测、记录、复核、日期组成。检测、记录、复核应签署实际承担相应工作的人员姓名，日期为记录表的复核日期，以"YYYY 年 MM 月 DD 日"的形式表示。对于采用信息化手段编制的记录表，可采用数字签名。

2. 检测类报告的组成及填写

检测类报告由标题部分、基本信息部分、检测对象属性部分、检测数据部分、附加声明部分及落款部分组成，如图 0.2 所示。

（1）标题部分

标题部分由报告名称、唯一性标识编码、检测单位名称、专用章、报告编号、页码组成。检测专用章应端正地盖压在检测单位名称上。

（2）基本信息部分

基本信息包括施工/委托单位、工程名称、工程部位/用途、样品信息、检测依据、判定依据、主要仪器设备名称及编号。

（3）检测对象属性部分

检测对象属性部分位于基本信息之后，用于被检对象、测试过程中有关技术信息的详细描述，应能如实反映检测对象的基本情况，视报告具体内容需要确定，并具有可追溯性。

（4）检测数据部分

检测数据部分的相关内容来源于记录表，包含检测项目、技术要求/指标、检测结果、检测结论等内容及反映检测结果与结论的必要图表信息。检测结论应包含根据判定依据做出符合或不符合的相关描述。需要对检测对象进行判断时，还应包含结果判定信息。

第×页，共×页

×××× 试验检测报告

×B×××××

标题区

试验室名称：　　　　　　　　　　　　　　　　报告编号：

委托/施工单位		委托编号	
工程名称		工程部位/用途	
样品编号		样品名称	
样品描述		样品产地	
试验依据		判定依据	
主要仪器设备及编号			

基本信息区

检验对象属性区

检测数据区

检测结论：

备注：

附加声明区

试验：　　　　审核：　　　　签发：　　　　日期：　年　月　日

落款区

图 0.2　检测类报告表格式示意图

（5）附加声明部分

附加声明部分位于检测数据部分之后，用于说明需要提醒和声明的事项，包括：

①对试验检测的依据、方法、条件等偏离情况的声明；

②对报告使用方式和责任的声明；

③报告出具方联系信息；

④其他需要补充说明的事项。

（6）落款部分

落款部分由试验、审核、签发、日期组成，日期为报告的批准日期。

3. 综合评价类报告的组成及填写

综合评价类报告由封面、扉页、签字页、目录、正文和附件6个部分组成。

1)封面部分

综合评价类报告封面部分包括唯一性标识编码、报告编号、报告名称、委托单位、工程(产品)名称、检测项目、检测类别、报告日期及检测单位名称组成。

检测类别按照检测工作的方式和目的分为委托送样检测、见证取样检测、委托抽样检测、质量监督检测、仲裁检测及其他。综合评价类报告多数情况属于委托抽样检测的类别。报告日期为报告的批准日期。

2)扉页部分

扉页部分包含报告有效规定、效力范围申明、使用要求、异议处理方式以及检测机构联系信息。

3)签字页部分

签字页部分包含工程名称、项目负责人、项目主要参加人、报告编写人、报告审核人、报告批准人,宜打印姓名并手签。

4)目录部分

目录部分按照标题名称加页码的形式编写,页码从正文首页开始编制。

5)正文部分

正文部分包含项目概况、检测依据、人员和仪器设备、检测内容与方法、检测数据分析、结论与分析评估、有关建议等。

(1)项目概况

项目概况要明确项目的工程信息,应包含但不限于委托单位信息、项目名称、所在位置、项目建设信息、原设计情况及主要设计图示、主要技术标准、养护维修及加固情况,以及与检测项目及检测参数相关的设计值、规定值、项目实施情况等内容。项目概况要明确检测目的,包括检测参数的基本情况。

(2)检测依据

检测依据应按检测参数列出对应的检测标准、规范及设计报告等文件名称。检测依据包括与检测参数相对应经批准的检测方法(包括国家标准、行业标准、地方标准等)、与被检对象相关的设计文件、委托合同、经审定的检测方案等。

(3)人员和仪器设备

人员和仪器设备应列明参加检测的主要人员姓名、参与完成的工作内容等信息,明确检测用的主要仪器设备名称及编号。

(4)检测内容与方法

检测内容与方法应包括检测参数、对应的具体检测方法、测点布设、抽样情况等;对于技术复杂的检测内容,宜包括检测技术方法的描述。

（5）检测数据分析

检测数据分析是综合评价类报告的重要内容,是检测结果及建议解释的主要依据。检测数据分析应说明检测结果的统计和整理、检测数据分析的基本理论或方法,并阐述利用实测数据进行推演计算的过程,还宜包括推演计算结果与设计值、理论值、标准规范规定值、历史检测结果的对比分析。必要时,可采用图表表达数据变化趋势和规律。

（6）结论与分析评估

结论与分析评估是综合评价类报告的重中之重,报告正文之前篇幅均为结论与分析评估依据。结论与分析评估宜包括各检测结果与设计值、理论值、标准规范规定值、历史检测结果的对比分析结论及必要的原因分析评估。如需要,应给出各检测结果是否满足设计文件或评判标准要求的结论。

（7）有关建议

有关建议可根据检测结论和分析评估,提出项目在下一工序、服役阶段应采取的处置措施或注意事项等建议。

6）附件

附件部分是对检测报告的有效支撑,不等同于试验检测原始记录。当有必要使用检测过程中采集的试验数据、照片等资料及试验检测记录表对检测结果进行支撑和证明时,可将该资料编入附件部分。

0.4　试验检测实训安全及设备使用基本要求

为保证实训教学开展时教师及学生的人身安全、设备财产安全,应遵守以下基本要求:

①师生认真学习学校、实训室制定的有关安全制度,加强安全意识,掌握安全知识。

②师生必须熟悉实训室及周围环境,如水阀、电闸、安全门的位置,灭火器、消火栓及室外水源等的位置。

③实训前,教师应告知学生该项目的安全风险点及应急措施;实训进行时,教师不得随便离开岗位,要密切注意实训的进展情况。

④实训室内一切用电设备和电源不准任意触碰,以防触电。

⑤教师、学生实训操作时,长发应扎起,着装应简洁利落。

⑥任何仪器和电器,在未熟悉其使用方法前不得使用;使用前,必须了解其用电负荷及最大量程,不得超负荷使用。

⑦操作仪器设备前,务必阅读仪器设备使用操作规程及安全注意事项。实训室所有仪器必须按操作规程正确进行操作,并及时客观、详细地填写仪器使用记录,以保证仪器的安全使用,减少人为因素造成的故障,避免因违反操作规程或因失职造成仪器设备损坏。

⑧试验中,若发现仪器设备出现故障或异常情况(如有异味、冒烟等)时,应立即关闭电源开关,拔掉电源插头,并及时向相关管理人员报告。

⑨试验实训结束后,教师应要求学生将仪器设备、配套设施、耗材等归位,并组织学生打扫室内卫生。

项目 1　AC-13 沥青混凝土目标配合比设计

【项目描述】

沥青混合料的质量一方面取决于原材料的质量,另一方面取决于原材料的配合比例。在沥青路面施工准备阶段,必须完成所用沥青混合料的配合比设计。沥青混合料配合比设计包括目标配合比设计、生产配合比设计和生产配合比验证 3 个阶段。各阶段的工作内容虽有所不同,但每个阶段最终需要解决的问题是相同的:一是确定矿料的配合比例,二是确定沥青用量。目标配合比设计是在试验室内完成的,是混合料配合组成的初级阶段,包括原材料的试验、混合料组成设计试验和验证试验,在此基础上提出的配合比例称为目标配合比。

完成沥青混合料的目标配合比设计,首先应对原材料进行检验,目的是为混合料选择质量符合要求的原材料并为配合比计算提供数据,结合原材料检验提供的数据,图解法结合电算法确定矿质混合料的配合比例;再根据混合料性能指标的技术要求,在检测沥青混合料性能指标的基础上,利用马歇尔试验法得出最佳沥青用量。

本项目是完成沥青混凝土的目标配合比设计,包括集料的指标检测、沥青的指标检测、最佳沥青用量设计、出具配合比设计报告书 4 个任务。通过系统完整的训练,学生能掌握沥青混合料所用原材料及沥青混合料技术指标的检测技能并能评价其质量,能分析影响沥青混合料质量的因素,能掌握沥青混合料的配合比设计方法和步骤。

【设计资料】

在山西省太原市新建二级公路,沥青路面上面层采用 AC-13 普通沥青混凝土面层,施工单位将 AC-13 沥青混凝土目标配合比设计任务外委至××公路交通试验检测中心完成。

××公路交通试验检测中心下设集料室、水泥室、水泥混凝土室、标准养护室、沥青室、沥青混合料室、土工室、基层材料室、化学室、力学室等功能室。检测中心办公室接待人员与客户洽谈后,送样人员填写了检验委托单(附表 1),样品管理员接收并签字,同时根据检验委托单约定的检测任务对各功能室下发任务单(附表 2、附表 3、附表 4)。

【实训任务】

学生模拟检测中心各功能室的检测人员,完成各功能室接收的任务单(附表 2、附表 3、附表 4)所要求的检测任务。

【实训保障】

完成本项目需要两名指导教师,其职责除指导学生实训外,其中一名模拟检测中心授权签字人,负责批准检测报告。

附表1

××公路交通试验检测中心检验委托单

编号：WT-20240313-018

工程名称	××二级公路		委托单位	山西省×××路桥建设有限公司		
使用部位	沥青混凝土路面上面层		日期	2024 年 3 月 13 日		
试样情况	名称	规格	产地	数量	用途	样品状态
	碎石	10～15 mm	寿阳	100 kg	配合比设计	干燥、洁净、无杂质
	碎石	5～10 mm	寿阳	100 kg	配合比设计	干燥、洁净、无杂质
	石屑	0～5 mm	寿阳	100 kg	配合比设计	干燥、洁净、无杂质
	天然砂	—	忻州	100 kg	配合比设计	干燥、洁净、无杂质
	矿粉	—	寿阳	50 kg	配合比设计	干燥、洁净、无杂质
	道路石油沥青	70#A 级	壳牌	20 kg	配合比设计	黑色、黏稠固体、无污染
	—	—	—	—	—	—
	—	—	—	—	—	—
双方约定事项（检测项目、方法及其他）	检测项目：1. 原材料检验。 　　　　　2. 矿料级配比例设计。 　　　　　3. 最佳油石比。 检测依据：《公路沥青路面施工技术规范》（JTG F40—2004）。 试验依据：《公路工程沥青及沥青混合料试验规程》（JTG E20—2011）、《公路工程集料试验规程》（JTG 3432—2024）。 其他：1. 使用该 AC-13 沥青混凝土的工程位于山西省太原市。 　　　2. 矿质混合料级配范围符合《公路沥青路面施工技术规范》（JTG F40—2004）的要求。 　　　3. 2024 年 3 月 28 日取检验报告。					
试验室对委托试样意见	样品数量及状态满足试验要求					
送样人	×××		接收人	×××	见证人	×××
联系电话	×××		联系电话	×××	联系电话	×××

说明：本委托单一式两联，第一联交委托单位留存，第二联交主检单位留存。

附表 2

××公路交通试验检测中心检测项目任务单

任务通知部门:集料室　　　　　　　　　　　　　　　　任务单编号:RW-2024-020

样品名称	规格型号	样品编号	样品数量	样品状态描述
碎石	10~15 mm	YP-2024-CJL-013	100 kg	干燥、洁净、无杂质
碎石	5~10 mm	YP-2024-CJL-014	100 kg	干燥、洁净、无杂质
石屑	0~5 mm	YP-2024-CJL-015	100 kg	干燥、洁净、无杂质
天然砂	—	YP-2024-XJL-010	100 kg	干燥、洁净、无杂质
矿粉	—	YP-2024-KFJ-002	50 kg	干燥、洁净、无杂质
—	—	—	—	—
要求检测项目、参数	1. 碎石:表观相对密度、毛体积相对密度、吸水率、颗粒级配、压碎值、磨耗值、针片状颗粒含量。 石屑:颗粒级配、表观相对密度、毛体积相对密度。 天然砂:颗粒级配、表观相对密度、含泥量。 矿粉:颗粒级配、矿粉密度。 2. 矿质混合料的配合比例。			
试验依据	《公路工程集料试验规范》(JTG 3432—2024)			
试验方法	T0304—2024、T0302—2024、T0316—2024、T0317—2005、T0312—2005、T0327—2005、T0328—2005、T0333—2000、T0334—2005、T0351—2000、T0352—2024			
是否存留样	否	剩余样品处理方式	自行转沥青混合料室	
要求完成时间	2024 年 3 月 16 日			
样品管理员	×××	通知日期	2024 年 3 月 13 日	
集料室负责人	×××	接收日期	2024 年 3 月 13 日	
备注	集料均用于 AC-13 沥青混凝土,矿质混合料级配范围符合《公路沥青路面施工技术规范》(JTG F40—2004)的要求			

注:本任务单一式两联,一联交试验检测人员存留,一联交办公室存留。

附表3

××公路交通试验检测中心检测项目任务单

任务通知部门：沥青室　　　　　　　　　　　　　　　　　　　任务单编号：RW-2024-021

样品名称	规格型号	样品编号	样品数量	样品状态描述
道路石油沥青	70#A 级	YP-2024-LQJ-003	20 kg	黑色、黏稠固体、无污染
—	—	—	—	—
—	—	—	—	—
—	—	—	—	—
—	—	—	—	—
—	—	—	—	—

要求检测项目、参数	沥青的相对密度、针入度、延度、软化点
试验依据	《公路工程沥青及沥青混合料试验规程》（JTG E20—2011）
试验方法	T0604—2011、T0605—2011、T0606—2011

是否存留样	留样	剩余样品处理方式	自行转沥青混合料室
要求完成时间	2024 年 3 月 14 日		
样品管理员	×××	通知日期	2024 年 3 月 13 日
沥青室负责人	×××	接收日期	2024 年 3 月 13 日
备注	使用该沥青的工程位于山西省太原市		

注：本任务单一式两联，一联交试验检测人员存留，一联交办公室存留。

附表 4

××公路交通试验检测中心检测项目任务单

任务通知部门:沥青混合料室　　　　　　　　　　　　　　　　任务单编号:RW-2024-022

样品名称	规格型号	样品编号	样品数量	样品状态描述
碎石	10 ~ 15 mm	YP-2024-CJL-013	100 kg	干燥、洁净、无杂质
碎石	5 ~ 10 mm	YP-2024-CJL-014	100 kg	干燥、洁净、无杂质
石屑	3 ~ 5 mm	YP-2024-CJL-015	100 kg	干燥、洁净、无杂质
天然砂	—	YP-2024-XJL-010	100 kg	干燥、洁净、无杂质
矿粉	—	YP-2024-KFJ-002	50 kg	干燥、洁净、无杂质
道路石油沥青	70#A 级	YP-2024-LQL-003	20 kg	黑色、黏稠固体、无污染
要求检测项目、参数	AC-13 沥青混凝土的最佳油石比			
试验依据	《公路工程沥青及沥青混合料试验规程》(JTG E20—2011)			
试验方法	T0702—2011、T0709—2011、T0719—2011			
是否存留样	道路石油沥青留样,其他样品不留样	剩余样品处理方式	按要求自行处理	
要求完成时间	2024 年 3 月 19 日			
样品管理员	×××	通知日期	2024 年 3 月 13 日	
沥青混合料室负责人	×××	接收日期	2024 年 3 月 13 日	
备注	1. 矿料配合比例依据集料室试验结果; 2. 使用该 AC-13 沥青混凝土的工程位于山西省太原市,用于二级公路上面层			

注:本任务单一式两联,一联交试验检测人员存留,一联交办公室存留。

【任务实施】

任务 1.1　集料的指标检测

本任务是学生模拟检测中心集料室试验检测人员独立完成附表2中10～15 mm碎石、5～10 mm碎石、0～5 mm石屑、天然砂、矿粉的技术指标检测;完成5种矿料的级配组成设计;正确完整填写检验记录表,并编制检验报告。

1.1.1　粗集料的指标检测

1. 检测各项技术指标,填写试验检测记录表

检测10～15 mm碎石、5～10 mm碎石的各项技术指标,检测试验依据为《公路工程集料试验规程》(JTG 3432—2024)。

1)测定表观密度、表观相对密度、毛体积密度、毛体积相对密度、吸水率

(1)试验方法

T0304—2024 粗集料密度及吸水率试验(网篮法)

1　适用范围

本方法适用于测定粗集料的表观相对密度、表干相对密度、毛体积相对密度、表观密度、表干密度、毛体积密度以及吸水率。

2　仪具与材料

2.1　浸水天平:可悬挂吊篮测定试样水中质量,感量不大于称量质量的0.1%。

2.2　吊篮:耐锈蚀材料制成,直径、高度不小于150 mm的网篮,四周及底部为1～2 mm的筛网或密集的孔眼;或者耐锈蚀材料制成,直径不小于200 mm、孔径不大于1.18 mm的筛网。

2.3　溢流水槽:有溢流孔,能够使水面保持恒定高度;耐锈蚀材料制成的水槽,容积应足够大;挂上吊篮、加水至溢流孔位置时,应保证吊篮底部与水槽底部、四周侧壁的距离均不小于50 mm。

2.4　吊线:耐锈蚀、不吸湿的细线,连接浸水天平和吊篮;线直径不大于1 mm,其长度应保证水槽加水至溢流孔位置时,吊篮顶部距水面不小于50 mm。

2.5　烘箱:鼓风干燥箱,恒温105 ℃±5 ℃,并满足T0302中2.4要求。

2.6　吸湿软布:纯棉制毛巾,或纯棉的汗衫布等。

2.7　温度计:量程0～50 ℃,分度值0.1 ℃;量程0～200 ℃,分度值1 ℃。

2.8　标准筛:孔径为4.75 mm、2.36 mm的方孔筛,并满足T0302中2.1要求。

2.9　盛水容器:浸泡试样用容器,如不锈钢盆。

2.10　恒温水槽:恒温23 ℃±2 ℃。

2.11　试验用水:饮用水,使用之前煮沸后冷却至室温。

2.12　其他:金属盘、刷子等。

3　试验准备

3.1　将样品用孔径4.75 mm试验筛(对于3~5 mm、3~10 mm集料,采用孔径2.36 mm试验筛)充分过筛,取筛上颗粒缩分至表T0304-1要求质量的试样两份。

表T0304-1　粗集料密度及吸水率(网篮法)试验的试样质量

集料公称最大粒径/mm	4.75	9.5	13.2	16	19	26.5	31.5	37.5	53	63	75
一份试样的最小质量/kg	0.5	1.0	1.0	1.1	1.3	1.8	2.0	2.5	4.0	5.5	8.0

3.2　将试样浸泡在水中,借助金属丝刷将试样颗粒表面洗刷干净,经多次漂洗至水清澈为止。清洗过程中,不得散失颗粒。

3.3　样品不得采用烘干处理。试验之前,经过拌和楼等加热后的样品应在室温条件下放置不少于12 h。

4　试验步骤

4.1　将试样装入盛水容器中,注入洁净的水,水面应高出试样20 mm;搅动试样,排除附着在试样上的气泡。浸水24 h±0.5 h(可在室温下浸水后,再移入23 ℃±2 ℃恒温水槽继续浸水。其中,恒温水槽浸水不少于2 h)。

4.2　将吊篮用细线挂在天平的吊钩上,浸入溢流水槽中,向水槽中加水至吊篮完全浸没,吊篮顶部至水面距离不小于50 mm。用上、下升降吊篮的方法排除气泡,吊篮每秒升降约一次,升降25次,升降高度约25 mm,且吊篮不得露出水面。也可以采用其他方法去除气泡。向水槽中加水至水位达到溢流孔位置;待天平读数稳定后,将天平调零。试验过程中,水槽水温稳定在23 ℃±2 ℃。

4.3　将试样移入吊篮中,按照4.2相同方法排除气泡。待水槽中水位达到溢流孔位置、天平读数稳定后,称取试样水中质量(m_w)。

4.4　提起吊篮、稍沥干水后,将试样完全移至拧干的软布上,用另外一条软布在试样表面搓滚、吸走颗粒表面及颗粒之间的自由水,至颗粒表面自由水膜消失、看不到发亮的水迹,即为饱和面干状态。对于较大粒径的粗集料,宜逐颗擦干颗粒表面自由水,拧湿毛巾时不要太用劲,防止拧得太干。

4.5　擦拭时,既要将颗粒表面自由水擦掉,又不能至颗粒内部水(开口孔隙中吸收的水)散失,因此对擦拭完成的试样立即称量饱和面干质量(m_f)。如果擦拭过干,则放入水中浸泡约30 min,再次擦拭。

4.6　将试样置于金属盘中,105 ℃±5 ℃下烘干至恒重,冷却至室温后称取试样烘干质量(m_a)。

4.7　试验过程中,不得丢失试样。

4.8　当仅测定表观相对密度和表观密度时,可省去步骤4.4~4.5。

4.9　当仅测定吸水率时,可省去步骤4.2~4.3,按4.1浸水24 h±0.5 h后,将试样从容器中取出稍沥干水后,直接按照步骤4.4~4.7要求试验。

4.10　当一份试样较多时,可分成两小份或数小份,按照以上步骤分别试验,然后合并计算。

5 结果整理

5.1 试样的表观相对密度、表干相对密度和毛体积相对密度按式(T0304-1)至式(T0304-3)计算,精确至0.001。

$$\gamma_a = \frac{m_a}{m_a - m_w}$$ (T0304-1)

$$\gamma_s = \frac{m_f}{m_f - m_w}$$ (T0304-2)

$$\gamma_b = \frac{m_a}{m_f - m_w}$$ (T0304-3)

式中 γ_a——试样表观相对密度;

γ_s——试样表干相对密度;

γ_b——试样毛体积相对密度;

m_a——试样烘干质量,g;

m_f——试样表干质量,g;

m_w——试样水中质量,g。

5.2 试样的表观密度、表干密度和毛体积密度按式(T0304-4)—(T0304-6)计算,精确至0.001 g/cm³。

$$\rho_a = \gamma_a \times \rho_T$$ (T0304-4)

$$\rho_s = \gamma_s \times \rho_T$$ (T0304-5)

$$\rho_b = \gamma_b \times \rho_T$$ (T0304-6)

式中 ρ_a——试样的表观密度,g/cm³;

ρ_s——试样的表干密度,g/cm³;

ρ_b——试样的毛体积密度,g/cm³;

ρ_T——试验温度为T时水的密度,g/cm³。

5.3 试样的吸水率按式(T0304-7)计算,精确至0.01%。

$$w_x = \frac{m_f - m_a}{m_a} \times 100$$ (T0304-7)

式中 w_x——试样的吸水率,%。

5.4 取两份试样测定值的算术平均值作为试验结果,相对密度精确至0.001,密度精确至0.001 g/cm³,吸水率精确至0.01%。

5.5 对于再生集料、工业矿渣集料、轻集料等材料,若2份试样的允许误差不满足要求,可再取2份试样进行试验,直接取4份试样的测定值算术平均值作为试验结果。

5.6 集料混合料的相对密度按式(T0304-8)计算,精确至0.001。

$$\gamma = \frac{100}{\dfrac{p_1}{\gamma_1} + \dfrac{p_2}{\gamma_2} + \cdots + \dfrac{p_n}{\gamma_n}}$$ (T0304-8)

式中 γ——集料混合料的相对密度,可以为表观相对密度、表干相对密度或毛体积相对密度;

p_1、p_2、$\cdots$、p_n——各档集料占合成集料混合料总质量的百分率,其和为100%;

γ_1、γ_2、$\cdots$、γ_n——各档集料的相对密度。

5.7　集料混合料的密度按式(T0304-9)计算,精确至 0.001 g/cm³。

$$\rho = \frac{100}{\dfrac{p_1}{\rho_1} + \dfrac{p_2}{\rho_2} + \cdots + \dfrac{p_n}{\rho_n}} \qquad (T0304-9)$$

式中　ρ——集料混合料的密度,可以为表观密度、表干密度或毛体积密度,g/cm³;

ρ_1、ρ_2、$\cdots$、ρ_n——各档集料的密度,g/cm³。

5.8　集料混合料的吸水率按式(T0304-10)计算,精确至 0.01%。

$$w_x = \frac{\rho_1 w_{x1}}{100} + \frac{\rho_2 w_{x2}}{100} + \cdots + \frac{\rho_n w_{xn}}{100} \qquad (T0304-10)$$

式中　w_x——集料混合料的吸水率,%;

w_{x1}、w_{x2}、$\cdots$、w_{xn}——各档集料的吸水率,%。

6　允许误差

6.1　相对密度重复性试验的允许误差为 0.020。

6.2　吸水率重复试验的允许误差为 0.20%。

7　报告

7.1　试验的项目名称和执行标准。

7.2　样品的编号、名称、产地和规格。

7.3　接样日期、样品描述。

7.4　试验日期、样品缩分方法。

7.5　主要仪器设备的名称、型号及编号。

7.6　试验水温、浸泡时间和烘干时间。

7.7　相对密度、密度和吸水率试验结果。

7.8　要说明的其他内容。

(2)完成本试验需思考的问题及提示

完成"粗集料密度及吸水率试验"需思考的问题及提示见表 1.1。

表 1.1　完成"粗集料密度及吸水率试验"需思考的问题及提示

序号	问题	提示	备注
1	试样过筛要求	根据本试验 3.1 条确定	——
2	10~15 mm 碎石、5~10 mm 碎石的取样方法及对试验结果影响	根据本试验 3.1 条确定	思考四分法缩分取样步骤
3	测定 10~15 mm 碎石、5~10 mm 碎石密度的取样数量	根据本试验 3.2 条确定	思考"一份试样最小质量"的含义
4	试验过程中水温要求	根据本试验 4.1、4.2 条确定	思考"为什么要规定试验水温度"
5	结果计算至小数点后几位	根据本试验 5.1 条确定	根据"数据修约规则"进行修约
6	重复试验的精密度超过要求怎么办	正确理解本试验 6 条的要求	思考"什么是重复性试验"

续表

序号	问题	提示	备注
7	试样需浸水 24 h	—	注意时间的统筹安排
8	试验中用到浸水天平	—	思考"浸水天平正确操作是否掌握"

（3）填写试验检测记录表

"粗集料密度及吸水率试验检测记录表"填写要求见表1.2。

表 1.2　"粗集料密度及吸水率试验检测记录表"填写要求

记录表名称	代号	填写要求
粗集料密度及吸水率试验检测记录表	本项目 JGLQ02002a	1. 基本信息区内容参照任务单内容填写,"试验条件"为环境条件,"样品名称"中标注规格; 2. 主要仪器设备名称要填写,编号可填写固定资产编号; 3. 数据区用铅笔填写,教师批阅后可修改; 4. 落款区"试验"处由本人签名,"复核"处由小组长签名; 5. 分别填写 10 ~ 15 mm 碎石和 5 ~ 10 mm 碎石记录表; 6. 空白格中画"—"

2）测定 10 ~ 15 mm 碎石、5 ~ 10 mm 碎石的颗粒级配

（1）试验方法

T0302—2024 粗集料的筛分试验

1　目的与适用范围

1.1　本方法适用于测定粗集料的颗粒组成,也适用于测定集料混合料的颗粒组成。

1.2　对水泥混凝土用粗集料可采用干筛法筛分;对沥青混合料、粒料材料、无机稳定类材料等用粗集料应采用水洗法筛分。

1.3　对轻集料应采用干筛法筛分。

2　仪具与材料

2.1　试验筛:方孔筛,孔径根据集料规格选用。2.36 mm 及以下孔径试验筛,应采用满足GB/T 6003.1 中规定的金属丝编织网试验筛,其筛框直径可选择 200 mm 或 300 mm。4.75 mm及以上孔径试验筛,应采用满足 GB/T 6003.2 中规定的金属穿孔板试验筛,其中 4.75 ~ 37.5 mm试验筛筛框直径为 300 mm,53 mm 及以上孔径试验筛筛框直径应不小于 300 mm。

2.2　摇筛机。

2.3　天平:感量不大于称量质量的 0.1%。

2.4　烘箱:鼓风干燥箱,恒温 105 ℃±5 ℃。烘干能力不小于 25 g/h。烘干能力验证方法:清空烘箱,1 L 玻璃烧杯盛 500 g(起始水温为 20 ℃±1 ℃)放入烘箱,在 105 ℃±5 ℃烘干 4 h,计算每个小时水质量损失。应检验烘箱中各支撑架的四角及中部。

2.5　盛水容器:浸泡试样用容器,如不锈钢盆。

2.6 温度计:量程 0~200 ℃,分度值 1 ℃。

2.7 其他:金属盘、铲子、毛刷、搅拌棒等。

3 试验准备

将样品缩分至表 T0302-1 要求质量的试样两份,在 105 ℃±5 ℃烘干至恒重,并冷却至室温。

表 T0302-1 粗集料筛分试验的试样质量

公称最大粒径/mm	4.75	9.5	13.2	16	19	26.5	31.5	37.5	53	63	75
一份试样的最小质量/kg	0.5	1.0	1.0	1.5	2.0	4.0	5.0	6.5	11.0	17.0	25.0

4 干筛法试验步骤

4.1 取一份干燥试样,称其总质量(m_0)。

4.2 将试样移入按筛孔大小从上到下组合的套筛(附筛底)上,盖上筛盖后采用摇筛机或人工筛分约 10 min。

4.3 试样经套筛筛分一定时间后,取下各号筛,加筛底和筛盖后再逐个进行人工补筛。人工补筛时,需使集料在筛面上同时进行水平方向及上下方向不停顿地运动,使小于筛孔的颗粒通过筛孔。将通过的颗粒并入下一号筛上,并和下一号筛中的试样一起过筛,按此顺序进行,直至各号筛全部筛完为止。

4.4 人工补筛时,应筛至每分钟各号筛的分计筛余量变化小于试样总质量的 0.1%,并按照如下方式确认:将单个筛(含筛底和筛盖),一只手拿着筛子(含筛底和筛盖),使筛面稍微倾斜;将筛子一侧斜向上猛力敲击另一只手的掌根,每分钟约 150 次;同时,每 25 次旋转一次筛面,每次旋转约 60°。

4.5 各号筛的分计筛余量不得超过以下确定的剩留量,否则应将该号筛上的筛余试样分成两小份或数小份分别进行筛分,并以其筛余量之和作为该号筛的分计筛余量。

①对于筛孔小于 4.75 mm 的试验筛,剩留量(kg)为 7 kg/m² ×筛框面积(m²);

②对于筛孔为 4.75 mm 或以上试验筛,剩留量(kg)为 2.5 kg/(mm·m²)×筛孔直径(mm)×筛框面积(m²);

③对于轻集料,剩留量为筛上满铺一层时试样的质量。

4.6 当筛余颗粒粒径大于 19 mm 时,筛分过程中允许用手指拨动颗粒,但不得逐颗塞过筛孔。当筛上的颗粒粒径大于 37.5 mm 时,可采用人工转动颗粒逐个确定其可通过的最小筛孔,但不得逐颗塞过筛孔。

4.7 称取每号筛的分计筛余量(m_i)和筛底质量($m_底$)。

5 水洗法试验步骤

5.1 取一份干燥试样,称其总质量(m_0)。将试样移入盛水容器中摊平,加入水至高出试样 150 mm。根据需要可将浸没试样静置一定时间,便于细粉从大颗粒表面分离。普通集料浸没水中不使用分散剂。特殊情况下,如沥青混合料抽提得到的集料混合料等可采用分散剂,但应在报告中说明。

5.2 根据集料粒径选择 4.75 mm、0.075 mm 或 2.36 mm、0.075 mm 组成一组套筛,其底部为 0.075 mm 试验筛。试验前,筛子的两面应先用水润湿。

5.3 用搅棒充分搅动试样，使细粉完全脱离颗粒表面、悬浮在水中，但应注意试样不得破碎或溅出容器。搅动后，立即将浑浊液缓缓倒入套筛上，滤去小于 0.075 mm 的颗粒。倾倒时，避免将粗颗粒一起倒出而损坏筛面。

5.4 采用水冲洗等方法将两只筛上颗粒并入容器中。再次加水于容器中，重复步骤 5.3，直至浸没的水目测清澈为止。

5.5 将两只筛上及容器中的试样全部回收到一个金属盘中。当容器和筛上沾附有集料颗粒时，在容器中加水、搅动使细粉悬浮在水中，并快速全部倒入套筛上；再将筛子倒扣在金属盘上，用少量的水并辅以毛刷将颗粒刷落入金属盘中。待细粉沉淀后，泌去金属盘中的水，注意不要散失颗粒。

5.6 将金属盘连同试样一起置于 105 ℃±5 ℃烘箱中烘干至恒重，称取水洗后的干燥试样总质量(m)。

5.7 将回收的干燥集料按 4 条中干筛法步骤进行筛分，称取每号筛的分计筛余量(m_i)和筛底质量($m_底$)。

6 结果整理

6.1 干筛法筛分

6.1.1 试样的筛分损耗率按式（T0302-1）计算，精确至 0.01%。

$$P_s = \frac{m_0 - m_底 - \sum m_i}{m_0} \times 100 \qquad (\text{T0302-1})$$

式中 P_s——试样的筛分损耗率，%；

m_0——筛分前的干筛试样总质量，g；

$m_底$——筛底质量，g；

m_i——各号筛的分计筛余量，g；

i——依次为 0.075 mm，0.15 mm，…，至集料最大粒径的排序。

6.1.2 试样的各号筛分计筛余率按式（T0302-2）计算，精确至 0.01%。

$$p'_i = \frac{m_i}{m_底 + \sum m_i} \times 100 \qquad (\text{T0302-2})$$

式中 p'_i——试样的各号筛分计筛余率，%。

6.1.3 试样的各号筛筛余率 A_i 为该号筛及以上各号筛的分计筛余率之和，精确至 0.01%。

6.1.4 试样的各号筛通过率 P_i 为 100 减去该号筛的筛余率，精确至 0.1%。

6.2 水筛法筛分

6.2.1 试样的筛分损耗率按式（T0302-3）计算，精确至 0.01%。

$$P_s = \frac{m_洗 - m_底 - \sum m_i}{m_洗} \times 100 \qquad (\text{T0302-3})$$

式中 P_s——试样的筛分损耗率，%；

$m_洗$——水洗后的干燥试样总质量，g；

$m_底$——筛底质量，g；

m_i——各号筛的分计筛余量，g；

i——依次为 0.075 mm，0.15 mm，…，至集料最大粒径的排序。

6.2.2　试样的各号筛分计筛余率按式(T0302-4)计算,精确至0.01%。

$$p'_i = \frac{m_i}{m_0 - (m - m_{底} - \sum m_i)} \times 100 \qquad (\text{T0302-4})$$

式中　p'_i——试样的各号筛分计筛余率,%;

　　　m_0——筛分前的干燥试样总质量,g。

6.2.3　试样的各号筛筛余率 A_i 为该号筛及以上各号筛的分计筛余率之和,精确至0.01%。

6.2.4　试样的各号筛通过率 P_i 为100减去该号筛的筛余率,精确至0.1%。

6.3　取两份试样的各号筛通过率的算术平均值作为试验结果,精确至0.1%。

7　允许误差

7.1　一份试样的筛分损耗率应不大于0.5%。

7.2　0.075 mm 通过率重复性试验的允许误差为1%。

8　报告

8.1　试验项目名称和执行标准。

8.2　样品的编号、名称、产地和规格。

8.3　接样日期、样品描述。

8.4　试验日期、样品缩分方法。

8.5　主要仪器设备的名称、型号及编号。

8.6　试验方法(干筛法或水筛法)。

8.7　可根据各筛孔通过率绘制级配曲线,其横坐标为筛孔尺寸的0.45次方,纵坐标为通过率。

8.8　各号筛的通过率、筛余率(必要时)试验结果。

8.9　要说明的其他内容。

(2)完成本试验需思考的问题及提示

完成"粗集料筛分试验"需思考的问题及提示见表1.3。

表1.3　完成"粗集料筛分试验"需思考的问题及提示

序号	问题	提示	备注
1	10～15 mm 碎石、5～10 mm 碎石的取样方法	四分法缩分取样	严格按四分法缩分取样
2	10～15 mm、5～10 mm 碎石筛分试验的取样数量	根据本试验3条确定	—
3	水洗法如何洗	根据本试验5.1、5.2、5.3、5.4、5.5确定	思考"水洗的目的是什么"
4	结果计算至小数点后几位	根据本试验6.2条确定	根据"数据修约规则"进行修约
5	绘制级配曲线坐标如何建立	正确理解本试验8.7条的要求	思考"横坐标为筛孔尺寸的0.45次方如何确定"
6	水洗烘干后再筛分	—	注意时间的统筹安排

（3）填写试验检测记录表

"粗集料筛分试验检测记录表"填写要求见表1.4。

表1.4 "粗集料筛分试验检测记录表"填写要求

记录表名称	代号	填写要求
粗集料筛分试验检测记录表	本项目JGLQ02001b	1. 基本信息区内容参照任务单内容填写，"试验条件"为环境条件； 2. 主要仪器设备名称要填写，编号可填写固定资产编号； 3. 数据区用铅笔填写，教师批阅后可修改； 4. 落款区"试验"处由本人签名，"复核"处由小组长签名； 5. 分别填写10～15 mm碎石和5～10 mm碎石记录表； 6. 空白格中画"——"

3）测定 10～15 mm 碎石的压碎值

（1）试验方法

T0316—2024 粗集料压碎值试验

1 目的与适用范围

本方法适用于测定粗集料压碎值，以评价集料的抗破碎能力。

2 仪具与材料

2.1 压碎值试模：由两端开口的钢制圆形试筒、压柱和底板组成，其尺寸见表T0316-1。试筒内壁、压柱的底面及底板的上表面等与集料接触的表面都应进行热处理，使表面硬化，硬度达到58HRC，且表面保持光滑。

表 T0316-1 压碎值试模尺寸

部位	符号	名称	尺寸/mm
试筒	A	内径	150±0.3
	B	高度	125～128
	C	壁厚	≥12
压柱	D	压头直径	149±0.2
	E	压杆直径	100～149
	F	压柱总长	100～110
	G	压头厚度	≥25
底板	H	直径	200～220
	I	厚度（中间部分）	6.4±0.2
	J	边缘厚度	10±0.2

2.2 金属棒：直径16 mm±1 mm，长600 mm±5 mm，一端加工成半球形。

2.3 天平：称量不小于5 kg，感量不大于1 g。

2.4 试验筛：孔径为13.2 mm、9.5 mm、2.36 mm的方孔筛，并满足T0302中2.1要求。

2.5 压力机：量程500 kN，示值相对误差不大于2%，同时应能10 min±30 s均匀加载到400 kN，

4 min±1 min 均匀加载到 200 kN。压力机应设有防护网。

2.6 金属筒：圆柱形，内径 112.0 mm±1 mm，高 179.5 mm±1 mm，容积约 1 767 cm³；此容积相当于压碎值试筒中装料至 100 mm 位置时的容积。

2.7 其他：金属盘、毛刷、橡胶锤等。

3 试验准备

3.1 将样品用 9.5 mm 和 13.2 mm 试验筛充分过筛，取 9.5 ～ 13.2 mm 粒级缩分至约 3 000 g 试样 3 份。对于结构物水泥混凝土用粗集料，可剔除 9.5 ～ 13.2 mm 粒级中的针、片状颗粒后，再缩分至约 3 000 g 的试样 3 份。

3.2 将试样浸泡在水中，借助金属丝刷将颗粒表面洗刷干净，经多次漂洗至水清澈为止。沥干，在 105 ℃±5 ℃烘干至表面干燥，烘干时间不超过 4 h，然后冷却至室温。对于温度敏感性再生材料等，可采用 40 ℃±5 ℃烘干。

3.3 取一份试样，分 3 次等量装入金属筒中。每次装料后，将表面整平，用金属棒半球面端从试样表面上 50 mm 高度处自由下落，均匀夯击试样，应在试样表面均匀分布夯击 25 次。最后一次料时，应装料至溢出，夯击完成后用金属棒将表面刮平。金属筒中试样用减量法称取质量（m_0'）后，予以废弃。

4 试验步骤

4.1 取一份试样，从中取质量为 m_0'±5 g 试样一份，称取其质量，记为 m_0。

4.2 将试筒安放在底板上。将称取质量的试样分 3 次等量装入试模中，按 3.2 条方法夯击，最后将表面整平。

4.3 将装有试样的试筒安放在压力机上，同时将压柱放到试筒内压在试样表面，注意压柱不得在试筒内卡住。

4.4 操作压力机，均匀地施加荷载，并在 10 min±30 s 内加到 400 kN，然后立即卸除荷载。对于结构物水泥混凝土用粗集料，可在 3 ～ 5 min 内加到 200 kN，稳压 5 s 后卸载，但应在报告中予以注明。

4.5 从压力机上取下试筒，将试样移入金属盘中；必要时，使用橡胶锤敲击试筒外壁以便于将试样倒出；用毛刷清理试筒上的集料颗粒，并移入金属盘中。

4.6 按 T0302 中干筛法，采用 2.36 mm 试验筛充分过筛。

4.7 称取 2.36 mm 筛上集料质量（m_1）和 2.36 mm 筛下集料质量（m_2）。

4.8 取另外一份试样，按照以上步骤进行试验。

5 结果整理

5.1 试样的损耗率按式（T0316-1）计算，精确至 0.1%。

$$p_s = \frac{m_0 - m_1 - m_2}{m_0} \times 100 \qquad (\text{T0316-1})$$

式中 p_s——试样的损耗率，%；

$\quad\quad m_0$——试验前的干燥试样总质量，g；

$\quad\quad m_1$——试样的 2.36 mm 筛上质量，g；

$\quad\quad m_2$——试样的 2.36 mm 筛下质量，g。

5.2 试样的压碎值按式(T0316-2)计算,精确至0.1%。

$$ACV = \frac{m_2}{m_1+m_2} \times 100 \qquad (T0316-2)$$

式中 ACV——试样的压碎值,%。

5.3 取两份试样的压碎值算术平均值作为测定结果,精确至1%。

6 允许误差

6.1 试样的损耗率应不大于0.5%。

6.2 压碎值重复性试验的允许误差为平均值的10%。

7 报告

7.1 试验项目名称和执行标准。

7.2 样品的编号、名称、产地和规格。

7.3 接样日期、样品描述。

7.4 试验日期、样品缩分方法和样品处理方法(是否剔除针、片状颗粒)。

7.5 主要仪器设备的名称、型号及编号。

7.6 加载、卸载条件。

7.7 压碎值试验结果。

7.8 需要说明的其他内容。

(2)完成本试验需思考的问题及提示

完成"粗集料压碎值试验"需思考的问题及提示见表1.5。

表1.5 完成"粗集料压碎值试验"需思考的问题及提示

序号	问题	提示	备注
1	10~15 mm碎石压碎值试验粒径要求	根据本试验3.1条确定	思考"如何获取9.5~13.2 mm碎石"
2	5~10 mm碎石为什么不做压碎值试验	5~10 mm碎石公称最大粒径为9.5 mm	—
3	所取试样为什么要先水洗	根据压碎值的含义分析	思考"试样是否水洗对结果有何影响"
4	加载速率如何控制	根据本试验4.4条确定	1. 反思"压力机的正确使用是否掌握"; 2. 查找资料了解"压力机的工作原理"
5	结构物水泥混凝土用粗集料的荷载要求	根据本试验4.4条确定	阅读《建设用卵石、碎石》(GB/T 14685—2022)中压碎值的测定方法
6	结果计算至小数点后几位	根据本试验5条确定	根据"数据修约规则"进行修约
7	两次试验所需试样质量的关系	正确理解本试验3.3条确定	—
8	如果试样的损耗率超出要求怎么办	正确理解本试验6.1条确定	—

（3）填写试验检测记录表

"粗集料压碎值试验检测记录表"填写要求见表 1.6。

表 1.6　"粗集料压碎值试验检测记录表"填写要求

记录表名称	代号	填写要求
粗集料压碎值试验 检测记录表	本项目 JGLQ02009	1. 基本信息区内容参照任务单内容填写，"试验条件"为环境条件，"样品名称"中标注规格； 2. 主要仪器设备名称要填写，编号可填写固定资产编号； 3. 数据区用铅笔填写，教师批阅后可修改； 4. 落款区"试验"处由本人签名，"复核"处由小组长签名； 5. 空白格中画"＿"

4）测定 10 ~ 15 mm、5 ~ 10 mm 碎石的洛杉矶磨耗损失

（1）试验方法

测定碎石的洛杉矶磨耗损失的试验方法可扫描右侧二维码学习。

粗集料洛杉矶
磨耗值试验

（2）完成本试验需思考的问题及提示

完成"粗集料洛杉矶磨耗值试验"需思考的问题及提示见表 1.7。

表 1.7　完成"粗集料洛杉矶磨耗值试验"需思考的问题及提示

序号	问题	提示	备注
1	10 ~ 15 mm 碎石磨耗试验取样数量	根据本试验表 T0317-1 选择	—
2	5 ~ 10 mm 碎石磨耗试验取样数量		—
3	结果计算至小数点后几位	根据本试验 5 条确定	根据"数据修约规则"进行修约
4	重复性试验的允许误差要求	根据本试验 6 条确定	—

（3）填写试验检测记录表

"粗集料洛杉矶磨耗值试验检测记录表"填写要求见表 1.8。

表 1.8　"粗集料洛杉矶磨耗值试验检测记录表"填写要求

记录表名称	代号	填写要求
粗集料洛杉矶磨耗值 试验检测记录表	本项目 JGLQ02010	1. 基本信息区内容参照任务单内容填写，"试验条件"为环境条件，"样品名称"中标注规格； 2. 主要仪器设备名称要填写，编号可填写固定资产编号； 3. 数据区用铅笔填写，教师批阅后可修改； 4. 落款区"试验"处要本人签名，"复核"处要小组长签名； 5. 分别填写 10 ~ 15 mm 碎石和 5 ~ 10 mm 碎石记录表； 6. 空白格中画"＿"

5）测定 10～15 mm、5～10 mm 碎石针、片状颗粒含量

（1）试验方法

测定碎石针、片状颗粒含量的方法可扫描右侧二维码学习。

粗集料针、片
状颗粒含量试
验(游标卡尺法)

（2）完成本试验需思考的问题及提示

完成"粗集料针、片状颗粒含量试验"需思考的问题及提示见表1.9。

表 1.9　完成"粗集料针、片状颗粒含量试验"需思考的问题及提示

序号	问题	提示	备注
1	10～15 mm、5～10 mm 碎石针、片状颗粒含量试验试样粒径要求	根据本试验 3 条确定	高速公路沥青混合料所用粗集料针、片状颗粒含量还需区分粒径 9.5 mm 以上及以下的含量
2	10～15 mm、5～10 mm 碎石针、片状颗粒含量试验试样数量要求	根据本试验表 T0312－1 选择	
4	结果计算至小数点后几位	根据本试验 5.2 条确定	根据"数据修约规则"进行修约

（3）填写试验检测记录表

"粗集料针、片状颗粒含量试验检测记录表"填写要求见表1.10。

表 1.10　"粗集料针、片状颗粒含量试验检测记录表"填写要求

记录表名称	代号	填写要求
粗集料针、片状颗粒含量试验检测记录表（游标卡尺法）	本项目JGLQ02007b	1. 基本信息区内容参照任务单内容填写，"试验条件"为环境条件； 2. 主要仪器设备名称要填写，编号可填写固定资产编号； 3. 数据区用铅笔填写，教师批阅后可修改； 4. 本项目所用集料无须测定粒径 9.5 mm 以上及以下针、片状颗粒含量（设计背景资料为二级公路）； 5. 落款区"试验"处由本人签名，"复核"处由小组长签名； 6. 分别填写 10～15 mm 碎石和 5～10 mm 碎石记录表； 7. 空白格中画"—"

2. 编制检测报告

1）粗集料的技术要求

沥青层用粗集料包括碎石、破碎砾石、筛选砾石、钢渣、矿渣等，但高速公路和一级公路不得使用筛选砾石和矿渣。粗集料必须由具有生产许可证的采石场生产或施工单位自行加工。《公路沥青路面施工技术规范》(JTG F40—2004)对所用粗集料的要求如下：

（1）对集料最大粒径的要求

沥青面层集料的最大粒径宜从上至下逐渐增大，并应与压实层厚度相匹配。对于热拌热铺密级配沥青混合料，沥青层一层的压实厚度不宜小于集料公称最大粒径的2.5～3倍；对于SMA和OGFC等嵌挤型混合料，不宜小于工程最大粒径的2～2.5倍，以减少离析，便于压实。

（2）对压碎值、洛杉矶磨耗损失及针、片状颗粒含量等要求

沥青混合料所用的粗集料要求洁净、干燥、无风化、无杂质，且具有足够的强度和耐磨性，形状要接近正立方体，针、片状颗粒的含量应符合要求，且要求表面粗糙，有一定的棱角，其各项质

量要求符合表 1.11 的规定。

表 1.11　沥青混合料用粗集料质量技术要求

指标	单位	高速公路及一级公路		其他等级公路	试验方法
		表面层	其他层次		
石料压碎值	%	≤26	≤28	≤30	T0316
洛杉矶磨耗损失	%	≤28	≤30	≤35	T0317
表观相对密度	—	≥2.60	≥2.50	≥2.45	T0304
吸水率	%	≤2.0	≤3.0	≤3.0	T0304
坚固性	%	≤12	≤12	—	T0314
针、片状颗粒含量(混合料)	%	≤15	≤18	≤20	T0312
其中粒径大于 9.5 mm		≤12	≤15		
其中粒径小于 9.5 mm		≤18	≤20		
水洗法<0.075 mm 颗粒含量	%	≤1	≤1	≤1	T0310
软石含量	%	≤3	≤5	≤3	T0320

注:①坚固性试验可根据需要进行。
　　②用于高速公路、一级公路时,多孔玄武岩的视密度可放宽至 2.45 t/m³,吸水率可放宽至 3%,但必须得到建设单位的批准,且不得用于 SMA 路面。
　　③对于 S14 即 3~5 mm 规格的粗集料,针、片状颗粒含量可不予要求,<0.075 mm 含量可放宽至 3%。

(3)粒径规格要求

购买集料首先要选择规格,沥青混合料的粗集料规格应符合表 1.12 的要求。

表 1.12　沥青混合料用粗集料规格

规格	公称粒径/mm	通过下列筛孔(方孔筛,mm)的质量百分率/%								
		37.5	31.5	26.5	19	13.2	9.5	4.75	2.36	0.6
S6	15~30	100	90~100	—	—	0~15	—	0~5	—	—
S7	10~30	100	90~100	—	—	—	0~15	0~5	—	—
S8	15~25	—	100	90~100	—	0~15	—	0~5	—	—
S9	10~20	—	—	100	90~100	—	0~15	0~5	—	—
S10	10~15	—	—	—	100	90~100	0~15	0~5	—	—
S11	5~15	—	—	—	100	90~100	40~70	0~15	0~5	—
S12	5~10	—	—	—	—	100	90~100	0~15	0~5	—
S13	3~10	—	—	—	—	100	90~100	40~70	0~20	0~5
S14	3~5	—	—	—	—	—	100	90~100	0~15	0~3

(4)磨光值的要求

高速公路、一级公路沥青路面表面层(或磨耗层)、二级公路表面层的粗集料的磨光值应满足表 1.13 的规定。其他等级公路可参照执行。除 SMA、OGFC 路面外,允许在硬质粗集料中掺部分较小粒径、磨光值达不到要求的粗集料,其最大掺加比例由磨光值试验确定。

表 1.13　粗集料磨光值(PSV)的技术要求

年降雨量/mm	公路等级	
	高速公路和一级公路	二级公路
>1 500	>42	>40
500 ~ 1 000	>40	>38
250 ~ 500	>38	>36
<250	>36	—

(5)与沥青的黏附性要求

加工粗集料选用的岩石应尽量选用碱性岩石。由于碱性岩石与沥青具有较强的黏附力,组成沥青结合料可得到较高的力学强度。粗集料与沥青的黏附性应符合表 1.14 的规定。在缺少碱性岩石的情况下,也可采用酸性岩石代替。当黏附性不符合要求时,粗集料宜掺加消石灰、水泥或用饱和石灰水处理后使用。必要时,可同时在沥青中掺加耐热、耐水、长期性能好的抗剥落剂,也可采用改性沥青的措施,使沥青混合料的水稳性检验达到要求。掺加外加剂的剂量由沥青混合料的水稳性检验确定。

表 1.14　粗集料与沥青的黏附性的技术要求

雨量气候区		1(潮湿区)	2(湿润区)	3(半干区)	4(干旱区)
年降雨量/mm		>1 000	500 ~ 1 000	250 ~ 500	<250
粗集料与沥青黏附性	表面层	5 级	4 级	4 级	3 级
	其他层次	4 级	4 级	3 级	3 级

2)检测报告的编制要求

①粗集料的检测报告为检测类报告,由标题、基本信息、检测对象属性、检测数据、附加声明及落款 6 个部分组成。

②10 ~ 15 mm 碎石、5 ~ 10 mm 碎石检测报告的编制要求见表 1.15。

表 1.15　沥青混合料用粗集料试验检测报告编制要求

检测报告名称	代号	填写要求
沥青混合料用 粗集料试验检测报告	本项目"检验报告"中"报告续页BGLQ02002F"	1.基本信息区内容参照委托单内容填写; 2.判定依据为《公路沥青路面施工技术规范》(JTG F40—2004); 3.主要仪器设备名称要填写; 4.检测数据区用签字笔填写,错误处按要求"杠改"并在修改处签名; 5.检测结论要严谨准确; 6.落款区"试验"处由本人签名;"复核"处由小组长签名;"签发"处由指导教师签名; 7.各自独立编制 10 ~ 15 mm 碎石和 5 ~ 10 mm 碎石检测报告; 8.空白格中画"—"

1.1.2　细集料的指标检测

1. 检测各项技术指标,填写检测记录表

检测天然砂、石屑的各项技术指标,试验依据为《公路工程集料试验规程》(JTG 3432—2024)。

1) 测定天然砂、石屑的表观密度及表观相对密度

(1) 试验方法

T0328—2005 细集料表观密度试验(容量瓶法)

1　目的与适用范围

本方法适用于用容量瓶法测定细集料的表观密度和表观相对密度。

2　仪具与材料

2.1　天平:称量不小于1 kg,感量不大于0.1 g。

2.2　容量瓶:500 mL。

2.3　烘箱:鼓风干燥箱,恒温105 ℃±5 ℃,并满足T0302中2.4的要求。

2.4　恒温水槽:恒温23 ℃±2 ℃。

2.5　试验筛:根据集料粒级选用不同孔径的方孔筛,并满足T0302中2.1的要求。

2.6　烧杯:500 mL。

2.7　试验用水:饮用水,使用之前煮沸后冷却至室温。

2.8　其他:干燥器(内装变色硅胶)、金属盘、铝制料勺、温度计等。

3　试验准备

将样品缩分至约325 g的试样两份。

注:浸泡之前,样品不得采用烘干处理;经过拌和楼等加热、干燥后的样品,试验之前,应在室温条件下放置不少于12 h。

4　试验步骤

4.1　将试样装入预先放入部分水的容量瓶中,再加水至约450 mL刻度线处。

4.2　通过旋转、翻转容量瓶或玻璃棒搅动消除气泡。用滴管滴水使沾附在瓶内壁上颗粒进入水中,塞紧瓶塞,浸水静置24 h±0.5 h(可在室温下静置一段时间后,移入23 ℃±2 ℃恒温水槽继续浸水,其中恒温水槽浸水不少于2 h)。

注:消除气泡不少于15 min,此时会产生气泡聚集在瓶颈,可用纸巾尖端浸入瓶中黏除或使用小于1 mL的异丙醇来分散。操作时,手与瓶之间应垫毛巾。

4.3　通过旋转、翻转容量瓶或玻璃棒搅动消除气泡。用滴管加23 ℃±2 ℃水,使水面与瓶颈500 mL刻度线平齐,擦干瓶颈内部及瓶外附着水分,称其总质量(m_2)。

注:消除气泡不少于5 min,此时会产生气泡聚集在瓶颈,可用纸巾尖端浸入瓶中黏除或使用小于1 mL的异丙醇来分散。操作时,手与瓶之间应垫毛巾。

4.4　将水和试样移入金属盘中,用水将容量瓶冲洗干净,一并倒入金属盘中;向容量瓶内注入23 ℃±2 ℃的水至瓶颈500 mL刻度线平齐,擦干瓶颈内部及瓶外附着水分,称其总质量(m_1)。

4.5　待细粉沉淀后,泌去金属盘中的水,注意不要散失细粉。将金属盘连同试样放入105 ℃±5 ℃的烘箱中烘干至恒重、冷却至室温后,称取试样烘干质量(m_0)。

5　结果整理

5.1　试样的表观相对密度按式(T0308-1)计算,精确至0.001。

$$\gamma_a = \frac{m_0}{m_0 + m_1 - m_2}\tag{T0328-1}$$

式中　γ_a——试样的表观相对密度;

m_0——试样的烘干质量,g;

m_1——水及容量瓶总质量,g。

m_2——试样、水及容量瓶总质量,g。

5.2　试样的表观密度 ρ_a 按式(T0328-2)计算,精确至0.001 g/cm³。

$$\rho_a = \gamma_a \times \rho_T\tag{T0328-2}$$

式中　ρ_a——试样的表观密度,g/cm³;

ρ_T——试验温度 T 时水的密度,g/cm³。

5.3　取两份试样的相对密度、密度的算术平均值作为试验结果,分别精确至0.001和0.001 g/cm³。

6　允许误差

相对密度和密度重复性试验的允许误差为0.02。

7　报告

7.1　试验项目名称和执行标准。

7.2　样品的编号、名称、产地和规格。

7.3　接样日期、样品描述。

7.4　试验日期、样品缩分方法。

7.5　主要仪器设备的名称、型号及编号。

7.6　试验水温、浸泡时间和烘干时间。

7.7　表观相对密度、表观密度和吸水率试验结果。

7.8　需要说明的其他内容。

(2)完成本试验需思考的问题及提示

完成"细集料表观密度试验"需思考的问题及提示见表1.16。

表1.16　完成"细集料表观密度试验"需思考的问题及提示

序号	问题	提示	备注
1	适用范围要求	根据本试验1条确定	——
2	水温要求	根据本试验4.2条确定	思考"水温如何控制"
3	如何判定水面与刻度线齐平	——	视线、刻度线、水面三者齐平
4	结果计算至小数点后几位	根据本试验5条确定	根据"数据修约规则"进行修约
5	重复性试验的精度要求	正确理解本试验6条的要求	思考"什么是重复性试验"
6	试样需浸水24 h	——	注意时间的统筹安排

（3）填写试验检测记录表

"细集料表观密度试验检测记录表"填写要求见表1.17。

表 1.17 　"细集料表观密度试验检测记录表"填写要求

记录表名称	代号	填写要求
细集料密度试验检测记录表	本项目 JGLQ02014b	1. 基本信息区内容参照任务单内容填写，"试验条件"为环境条件； 2. 主要仪器设备名称要填写； 3. 数据区用铅笔填写，教师批阅后可修改； 4. 落款区"试验"处由本人签名，"复核"处由小组长签名； 5. 分别填写天然砂和石屑记录表； 6. 空白格中画"—"

2）测定天然砂的含泥量

（1）试验方法

T0333—2000 细集料含泥量试验（筛洗法）

1 　目的与适用范围

1.1 　本方法仅用于测定天然砂中粒径小于 0.075 mm 的黏土、淤泥和尘屑的含量。

1.2 　本方法不适用于机制砂、石屑及特细砂等细集料。

2 　仪具与材料

2.1 　天平：称量不小于 1 kg，感量不大于 0.1 g。

2.2 　烘箱：鼓风干燥箱，恒温 105 ℃±5 ℃，并满足 T0302 中 2.4 的要求。

2.3 　试验筛：孔径为 1.18 mm、0.075 mm 的方孔筛，并满足 T0302 中 2.1 的要求。

2.4 　盛水容器：浸泡试样用容器，不锈钢盆或塑料桶，容积足够大，试验时不致试样溅出。

2.5 　其他：金属盘、毛刷等。

3 　试验准备

将样品缩分至约 400 g 的试样两份，在 105 ℃±5 ℃烘干至恒重，并冷却至室温。

4 　试验步骤

4.1 　称取一份试样（m_0）装入盛水容器内摊平，加水至水面高出试样 150 mm，并充分搅拌均匀，然后浸泡 2 h。

4.2 　用手在水中淘洗颗粒，使尘屑、淤泥和黏土与试样颗粒分开，并使之悬浮于水中；缓缓将浑浊液倒入 1.18 mm 及 0.075 mm 的套筛上，滤去小于 0.075 mm 的细粉；试验前，筛子的两面应先用水湿润；在整个试验过程中，应注意避免试样颗粒丢失。

　　注：不得直接将试样放在 0.075 mm 筛上用水冲洗，或者将试样放在 0.075 mm 筛上后在水中淘洗，以避免造成试样颗粒丢失。

4.3 　采用水冲洗等方法将两只筛上颗粒并入盛水容器中。再次加水于盛水容器中，重复上述步骤 4.2，直到洗出的水目测清澈为止。

4.4 　将两只筛上及盛水容器中的试样全部回收到一个金属盘中。当盛水容器和筛上沾附有集料颗粒时，在盛水容器中加水、搅动使细粉悬浮在水中，并快速全部倒入套筛上；再将筛子倒扣在金属盘上，用少量的水并辅以毛刷将颗粒刷落入盘中。待细粉沉淀后，泌去金属盘中的水,注意不要散失细粉。

4.5　将金属盘连同试样一起置于105 ℃±5 ℃烘箱中烘干至恒重,冷却至室温后称取试样的质量(m_1)。

5　结果整理

5.1　试样的含泥量按式(T0333-1)计算,精确至0.01%。

$$Q_n = \frac{m_0 - m_1}{m_0} \times 100 \tag{T0333-1}$$

式中　Q_n——试样的含泥量,%;

m_0——试验前烘干试样质量,g;

m_1——试验后烘干试样质量,g。

5.2　取两份试样的含泥量算术平均值作为试验结果,精确至0.1%。

6　允许误差

含泥量重复性试验的允许误差为0.5%。

7　报告

7.1　试验项目名称和执行标准。

7.2　样品的编号、名称、产地和规格。

7.3　接样日期、样品描述。

7.4　试验日期、样品缩分方法。

7.5　浸泡时间和烘干时间。

7.6　含泥量试验结果。

7.7　需要说明的其他内容。

(2)完成本试验需思考的问题提示

完成"细集料含泥量试验"需思考的问题及提示见表1.18。

表1.18　完成"细集料含泥量试验"需思考的问题及提示

序号	问题	提示	备注
1	适用范围要求	根据本试验1条确定	—
2	准备试样要求	根据本试验3条确定	—
3	筛洗时,为什么要用1.18 mm和0.075 mm套筛	—	从保护筛面思考
4	结果计算至小数点后几位	根据本试验5条确定	根据"数据修约规则"进行修约
5	重复性试验的精度超过要求怎么办	正确理解本试验6条的要求	—

(3)填写试验检测记录表

"细集料含泥量试验检测记录表"填写要求见表1.19。

表 1.19　"细集料含泥量试验检测记录表"填写要求

记录表名称	代号	填写要求
细集料含泥量 试验检测记录表	本项目 JGLQ02017	1. 基本信息区内容参照任务单内容填写,"试验条件"为环境条件; 2. 主要仪器设备名称要填写; 3. 数据区用铅笔填写,教师批阅后可修改; 4. 落款区"试验"处要本人签名,"复核"处要小组长签名; 5. 空白格中画"—"

3）测定石屑砂当量

（1）试验方法

测定石屑砂当量的方法可扫描右侧二维码学习。

细集料砂
当量试验

（2）完成本试验需思考的问题及提示

完成"细集料砂当量试验"需思考的问题及提示见表 1.20。

表 1.20　完成"细集料砂当量试验"需思考的问题及提示

序号	问题	提示	备注
1	"砂当量"是评定石屑哪种技术性质的指标	根据本试验 1 条确定	—
2	冲洗液的使用期限要求	根据本试验 3.1.6 条确定	—
3	试样粒径要求	根据本试验 3.2.1 条确定	—
4	本试验 3.2.1 要求"用包橡胶的小锤打结团细集料",为什么结团细集料能作为粗颗粒筛除	—	从砂当量表征石屑的哪种技术性质方面思考
5	一份砂当量试样质量如何确定	根据本试验 3.2.3 条确定	—
6	砂当量试验过程中环境和冲洗液温度控制要求	根据本试验 3.3 条确定	—
7	砂当量结果的表示	根据本试验 5.1 条确定	根据"数据修约规则"进行修约

（3）填写试验检测记录表

"细集料砂当量试验检测记录表"填写要求见表 1.21。

表 1.21　"细集料砂当量试验检测记录表"填写要求

记录表名称	代号	填写要求
细集料砂当量试验 检测记录表	本项目 JGLQ02021	1. 基本信息区内容参照任务单内容填写,"试验条件"为环境条件; 2. 主要仪器设备名称要填写; 3. 数据区用铅笔填写,教师批阅后可修改; 4. 落款区"试验"处由本人签名,"复核"处由小组长签名; 5. 空白格中画"—"

4)测定天然砂、石屑的颗粒级配

(1)试验方法

T0327—2005 细集料的筛分试验

1 目的与适用范围

1.1 本方法适用于测定细集料的颗粒组成、计算细度模数。

1.2 对于水泥混凝土、水泥砂浆用细集料,可采用干筛法进行筛分试验,也可用水洗法进行筛分试验;当0.075 mm通过率大于5%时,宜采用水洗法进行筛分试验。对于沥青混合料、无结合料粒料材料及无机稳定材料用细集料,应采用水洗法进行筛分试验。

1.3 对于轻集料,应采用干筛法进行筛分试验。

2 仪具与材料

2.1 试验筛:根据集料粒级选用不同孔径的方孔筛,带筛底、筛盖,并满足T0302中2.1的要求。

2.2 天平:称量不小于1 kg,感量不大于0.1 g。

2.3 摇筛机。

2.4 烘箱:鼓风干燥箱,恒温105 ℃±5 ℃,并满足T0302中2.4的要求。

2.5 盛水容器:浸泡试样用容器、不锈钢盆等。

2.6 其他:金属盘、铲子、毛刷、搅拌棒等。

3 试验准备

将样品缩分至表T0327-1要求质量的试样两份,置于105 ℃±5 ℃烘箱中烘干至恒重,冷却至室温备用。

表 T0327-1　细集料筛分试验的试样质量

公称最大粒径/mm	4.75	≤2.36
一份试样的最小质量/g	500	300
轻集料一份试样的最小体积/L	0.3	

注:特细砂试样的最小质量可减少为100 g。

4 试验步骤

4.1 干筛法试验步骤

4.1.1 取一份干燥试样,称取试样总质量(m_0)。

4.1.2 按T0302方法中干筛法试验步骤进行筛分,称量每号筛的分计筛余量(m_i)和筛底质量($m_底$)。

4.2 水洗法试验步骤

4.2.1 取一份干燥试样,称取试样总质量(m_0)。

4.2.2 按T0302方法中水洗法试验步骤进行水洗、烘干、筛分,称取水洗后的干燥试样总质量(m)及每号筛的分计筛余量(m_i)和筛底质量($m_底$)。

5 结果整理

5.1 试样的筛分损耗率、分计筛余率、筛余率和通过率按照T0302中6.1和6.2的方法计算。

5.2 试样的细度模数按式(T0327-1)计算,精确至0.01。

$$M_X = \frac{(A_{0.15} + A_{0.3} + A_{0.6} + A_{1.18} + A_{2.36}) - 5A_{4.75}}{100 - A_{4.75}}$$ (T0327-1)

式中 M_X——砂的细度模数;

$A_{0.15}$、$A_{0.3}$、…、$A_{4.75}$——分别为0.15 mm、0.3 mm、…、4.75 mm各号筛的筛余率,%。

5.3 若一份试样的筛分损耗率大于0.5%,其试验结果无效。

5.4 取两份试样的各号筛通过率的算术平均值作为样品通过率的试验结果,精确至0.1%。

5.5 取两份试样的细度模数的算术平均值作为样品细度模数试验结果,精确至0.1。

6 允许误差

6.1 一份试样的筛分损耗率应不大于0.5%。

6.2 0.075 mm通过率重复性试验的允许误差为1%。

6.3 细度模数重复性试验的允许误差为0.2。

7 报告

7.1 试验项目名称和执行标准。

7.2 样品的编号、名称、产地和规格。

7.3 接样日期、样品描述。

7.4 试验日期、样品缩分方法。

7.5 主要仪器设备的名称、型号及编号。

7.6 试验方法(干筛法或水筛法)。

7.7 筛分数据可根据各筛孔通过率绘制级配曲线,其横坐标为筛孔尺寸的0.45次方,纵坐标为通过率。

7.8 各号筛的通过率、筛余率(必要时)和细度模数试验结果。

7.9 需要说明的其他内容。

(2)完成本试验需思考的问题及提示

完成"细集料筛分试验"需思考的问题及提示见表1.22。

表1.22 完成"细集料筛分试验"需思考的问题及提示

序号	问题	提示	备注
1	试验目的	根据本试验1.1条确定	—
2	细集料筛分试验有几种方法,沥青混凝土用细集料筛分用什么方法	根据本试验1.2条确定	—
3	沥青混凝土用细集料筛分试验准备试样粒径要求	根据本试验3条确定	回答试样过筛尺寸
4	沥青混合料用细集料筛分试验水洗的目的是什么	根据本试验4.2.2条回答	进一步解释这样做的理论依据
5	级配参数、细度模数结果计算至小数点后几位	根据本试验5条确定	根据"数据修约规则"进行修约
6	重复性试验的精度超过要求怎么办	正确理解本试验6条的要求	—

（3）填写试验检测记录表

"细集料筛分试验检测记录表"填写要求见表1.23。

表1.23 "细集料筛分试验检测记录表"填写要求

记录表名称	代号	填写要求
细集料筛分试验检测记录表	本项目 JGLQ02013b	1. 基本信息区内容参照任务单内容填写，"试验条件"为环境条件； 2. 主要仪器设备名称要填写； 3. 数据区用铅笔填写，教师批阅后可修改； 4. 落款区"试验"处由本人签名，"复核"处由小组长签名； 5. 分别填写天然砂和石屑记录表； 6. 空白格中画"—"

2. 编制检测报告

1）细集料的技术要求

《公路沥青路面施工技术规范》（JTG F40—2004）规定，细集料必须由具有生产许可证的采石场、采砂场生产，其技术要求如下：

（1）物理性能要求

细集料应洁净、干燥、无风化、无杂质，应符合表1.24的规定。

表1.24 沥青混合料用细集料质量要求

项目	单位	高速公路、一级公路	其他等级公路	试验方法
表观相对密度	—	≥2.50	≥2.45	T0328
坚固性（>0.3 mm）	%	≥12	—	T0340
含泥量（小于0.075 mm的含量）	%	≤3	≤5	T0330
砂当量	%	≥60	≥50	T0334
亚甲蓝值	g/kg	≤25	—	T0346
棱角性（流动时间）	s	≥30	—	T0345

（2）粒径规格要求

天然砂可采用河砂或海砂。通常采用粗砂、中砂，其规格应符合表1.25的要求。砂的含泥量超过规定，应水洗后使用。海砂中的贝壳类材料必须筛除。在热拌密级配沥青混合料中，天然砂的用量不宜超过集料总量的20%；SMA和OGFC混合料不宜使用天然砂。石屑是指采石场破碎岩石时通过4.75 mm或2.36 mm的筛下部分，其规格应符合表1.26的要求。采石场生产石屑的过程中应具备抽吸设备。机制砂采用专用的制砂机制造，并选用优质石料生产，其级配应符合表1.26中S16的要求。细集料与粗集料和填料配制成矿质混合料，其级配应符合要求。当一种细集料不能满足级配要求时，可采用两种或两种以上的细集料掺和使用。

表 1.25　沥青混合料用天然砂规格

筛孔尺寸/mm	通过各筛孔的质量百分率/%		
	粗砂	中砂	细砂
9.5	100	100	100
4.75	90～100	90～100	90～100
2.36	65～95	75～100	85～100
1.18	35～65	50～90	75～100
0.6	15～29	30～59	60～84
0.3	5～20	8～30	15～45
0.15	0～10	0～10	0～10
0.075	0～5	0～5	0～5

表 1.26　沥青混合料用机制砂或石屑规格

规格	公称粒径/mm	水洗法通过各筛孔的质量百分率/%							
		9.5	4.75	2.36	1.18	0.6	0.3	0.15	0.075
S15	0～5	100	90～100	60～90	40～75	20～55	7～40	2～20	0～10
S16	0～3	—	100	80～100	50～80	25～60	8～45	0～25	0～15

注:当生产石屑采用喷水抑制扬尘时,应特别注意含粉量不得超过表中要求。

2) 检测报告的编制要求

沥青混合料用细集料检测报告编制要求见表 1.27。

表 1.27　沥青混合料用细集料检验检测报告编制要求

检测报告名称	代号	填写要求
沥青混合料用细集料试验检测报告	本项目检验报告中"报告续页BGLQ02004F"	1. 基本信息区参照委托单内容填写; 2. 判定依据为《公路沥青路面施工技术规范》(JTG F40—2004); 3. 主要仪器设备名称要填写; 4. 数据区用签字笔填写,错误处按要求"杠改"并在修改处签名; 5. 检测结论应严谨准确; 6. 落款区"试验"处由本人签名,"复核"处由小组长签名,"签发"处由指导教师签名; 7. 各自独立编制石屑和天然砂检测报告; 8 空白格中画"—"

1.1.3 矿粉的指标检测

1.检测各项技术指标,填写试验检测记录表

检测矿粉的密度及颗粒级配,试验依据为《公路工程集料试验规程》(JTG 3432—2024)。

1)测定矿粉的表观密度及表观相对密度

(1)试验方法

T0352—2024 填料密度试验

1 目的与适用范围

本方法适用于测定填料的密度。

2 仪具与材料

2.1 李氏比重瓶:结构示意图如图 T0352-1 所示。容积为 250 mL,带有长 180~200 mm、直径约 10 mm 的细颈,细颈上刻度为 0~24 mL,且 0~1 mL 和 18~24 mL 之间分度值为 0.1 mL。其结构材料是优质玻璃,透明无条纹,具有抗化学侵蚀性且热滞后性小,具有足够的厚度。

2.2 天平:称量不小于 500 g,感量不大于 0.01 g。

2.3 烘箱:鼓风干燥箱,恒温 105 ℃±5 ℃,并满足 T0302 中 2.4 的要求。

2.4 恒温水槽:恒温 23 ℃±0.5 ℃。

2.5 温度计:量程 0~50 ℃,分度值 0.1 ℃;量程 0~200 ℃,分度值 1 ℃。

2.6 其他:瓷皿、小牛角匙、干燥器(内装变色硅胶)、漏斗等。

2.7 滤纸。

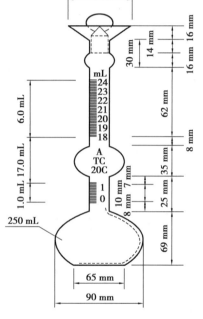

图 T0352-1 李氏比重瓶结构图

2.8 浸没液体:蒸馏水,或去离子水;或重馏煤油(又称石蜡油),为沸点在 190~260 ℃ 的石油馏分。

注:根据填料特性选择合适的浸没液体。填料成分应不溶于浸没液体,也不得与浸没液体发生反应。对于一般矿粉,可采用蒸馏水或去离子水;对于水泥、消石灰等亲水性填料,含水溶性物质的填料,或相对密度小于 1 的填料,或掺加前述材料的混合填料,应采用重馏煤油。

3 试验准备

将样品缩分至约 200 g 试样两份,置于瓷皿中,在 105 ℃±5 ℃ 烘干至恒重,放入干燥器中冷却。如颗粒结团,可用橡皮头研杵研磨粉碎。

4 试验步骤

4.1 向李氏比重瓶中注入浸没液体,至刻度 0~1 mL 之间(以弯月面下部为准),盖上瓶塞,放入 23 ℃±0.5 ℃ 的恒温水槽中,恒温 120 min 后读取李氏比重瓶中水面的刻度初始读数(V_1)。读数时,眼睛、弯月面的最低点及刻度线处于同一水平线。

4.2　从恒温水槽中取出李氏比重瓶,用滤纸将瓶内浸没液体液面以上残留液体仔细擦净。

4.3　将瓷皿、烘干的试样,连同小牛角匙、漏斗一起称量质量(m_1);用小牛角匙将试样通过漏斗徐徐加入李氏比重瓶中,待李氏比重瓶中水的液面上升至接近李氏比重瓶的最大读数时为止;反复摇动李氏比重瓶,直至没有气泡排出。

4.4　再次将李氏比重瓶放入恒温水槽中,恒温 120 min 后,按照 4.2 条方法读取李氏比重瓶的第二次读数(V_2)。前后两次读数时,恒温水槽的温度差不大于 0.5 ℃。

5　结果整理

5.1　试样的表观密度按式(T0352-1)计算,精确至 0.001 g/cm³。

$$\rho_a = \frac{m_1 - m_2}{V_2 - V_1} \qquad (\text{T0352-1})$$

式中　ρ_a——试样的表观密度,g/cm³;

　　　m_1——牛角匙、瓷皿、漏斗及试验前瓷器中矿粉的干燥质量,g;

　　　m_2——牛角匙、瓷皿、漏斗及试验后瓷器中矿粉的干燥质量,g;

　　　V_1——李氏比重瓶加试样前的第一次读数,mL;

　　　V_2——李氏比重瓶加试样后的第二次读数,mL。

5.2　试样的表观相对密度按式(T0352-2)计算,精确至 0.001。

$$\gamma_a = \frac{\rho_a}{\rho_T} \qquad (\text{T0352-2})$$

式中　γ_a——试样的表观相对密度;

　　　ρ_T——23 ℃水的密度,为 0.997 56 g/cm³。

5.3　取两份试样的相对密度、密度的算术平均值作为试验结果,精确至 0.001 和 0.001 g/cm³。

6　允许误差

密度重复性试验的允许误差为 0.02 g/cm³。

7　报告

7.1　试验项目名称和执行标准。

7.2　样品的编号、名称、产地和规格。

7.3　接样日期、样品描述。

7.4　试验日期、样品缩分方法。

7.5　主要仪器设备的名称、型号及编号。

7.6　浸没液体名称、恒温温度、浸泡时间。

7.7　表观相对密度、表观密度试验结果。

7.8　需要说明的其他内容。

(2)完成本试验需思考的问题及提示

完成"矿粉密度试验"需思考的问题及提示见表 1.28。

表 1.28　完成"矿粉密度试验"需思考的问题及提示

序号	问题	提示	备注
1	本试验所用天平的感量	根据本试验2.2条确定	查看仪器铭牌上的内容
2	本试验4.3条为什么规定"连同小牛角匙、漏斗一起准确称量"	—	从准确称取矿粉的质量并使矿粉不损失方面考虑
3	整个试验中比重瓶的水温变化要求	根据本试验4.4条确定	—
4	结果计算至小数点后几位	根据本试验5条确定	根据"数据修约规则"进行修约
5	重复性试验的精度超过要求怎么办	正确理解本试验6条的要求	—

（3）填写试验检测记录表

"矿粉密度试验检测记录表"填写要求见表 1.29。

表 1.29　"矿粉密度试验检测记录表"填写要求

记录表名称	代号	填写要求
矿粉密度试验检测记录表	本项目JGLQ02027	1. 基本信息区参照任务单内容填写，"试验条件"为环境条件； 2. 主要仪器设备名称要填写； 3. 数据区填写"密度"检测相关数据，用铅笔填写，教师批阅后可修改

2）测定矿粉的颗粒级配

（1）试验方法

T0351—2000 矿粉筛分试验（水洗法）

1　目的与适用范围

1.1　本方法适用于测定填料的颗粒级配。

1.2　本方法不适用于测定含有水溶性物质的填料颗粒级配。

1.3　本方法是矿粉等不含水溶性物质材料筛分标准试验方法。

2　仪具与材料

2.1　试验筛：孔径为 0.6 mm、0.3 mm、0.15 mm、0.075 mm 的方孔筛，并满足 T0302 中 2.1 的要求。

2.2　天平：称量不小于 200 g，感量不大于 0.01 g。

2.3　烘箱：鼓风干燥箱，恒温 105 ℃±5 ℃，并满足 T0302 中 2.4 的要求。

2.4　试验用水：饮用水。

2.5　其他：金属盘、橡皮头研杵等。

3　试验准备

将样品缩分至约 100 g±0.1 g 试样两份，在 105 ℃±5 ℃烘干至恒重，放入干燥器中冷却不少于 90 min。如颗粒结团，可用橡皮头研杵研磨粉碎。

4　试验步骤

4.1　取一份试样，称量质量 m_0。将 0.075 mm 筛装在筛底上，倒入试样，盖上筛盖。人工充分干筛分后,去除筛底。

4.2　按 0.6 mm、0.3 mm、0.15 mm、0.075 mm 筛孔组成套筛。将 4.1 步骤中 0.075 mm 筛上物倒在套筛顶部。在自来水龙头上接一胶管,打开自来水,用胶管的水冲洗试样、过筛,直至 0.075 mm 筛下流出的水目测清澈为止。水洗过程中,可以适当用手搅动试样,加速水洗过筛。待上层筛冲干净后,取去 0.6 mm 筛;按以上步骤依次从 0.3 mm、0.15 mm 筛上冲洗试样;0.15 mm 筛上冲洗完成后,结束冲洗。

注:①冲洗时,水流速度不可太大,防止将试样颗粒冲出,且水不得从两层筛之间流出;同时注意 0.075 mm 筛上聚集过多的水导致堵塞。

②不得直接冲洗 0.075 mm 筛上物,这可能使筛面变形或筛面共振,造成筛孔堵塞。

4.3　分别将各筛上的筛余物倒入不同的金属盘中,再将筛子倒扣在盘上用少量的水并辅以毛刷将细小颗粒刷落入盘中。待细粉沉淀后,泌去金属盘中的水,注意不要散失细粉。

4.4　将各金属盘放入 105 ℃±5 ℃烘箱中,烘干至恒重。称取各号筛上的分计筛余量 (m_i)。

5　结果整理

5.1　试样的各号筛分计筛余率按式(T0351-1)计算,精确至 0.01%。

$$p'_i = \frac{m_i}{m_0} \times 100 \qquad (\text{T0351-1})$$

式中　p'_i——各号筛分计筛余率,%;

m_i——各号筛分计筛余量,g;

i——依次对应 0.075 mm、0.15 mm、0.30 mm 和 0.6 mm 筛孔;

m_0——筛分前干燥试样质量,g。

5.2　试样的各号筛的筛余率 A_i 为该号筛及以上各号筛的分计筛余率之和,精确至 0.01%。

5.3　试样的各号筛的通过率 P_i 为 100 减去该号筛的筛余率,精确至 0.01%。

5.4　取两份试样的通过率算术平均值作为试验结果,精确至 0.1%。

6　允许误差

通过率重复性试验的允许误差为 2%。

7　报告

7.1　试验项目名称和执行标准。

7.2　接样日期、样品描述。

7.3　接样日期、样品描述。

7.4　试验日期、样品缩分方法。

7.5　主要仪器设备的名称、型号及编号。

7.6　各号筛的通过率、筛余率(必要时)试验结果。

7.7　需要说明的其他内容。

(2)完成本试验需思考的问题及提示

完成"矿粉筛分试验"需思考的问题及提示见表 1.30。

表 1.30　完成"矿粉筛分试验"需思考的问题及提示

序号	问题	提示	备注
1	冲洗方法	根据本试验 4.2 条确定	—
2	如何称取各筛上的筛余量	根据本试验 4.3 条确定	—
3	分计筛余率、筛余率、通过率计算至小数点后几位	根据本试验 5 条确定	根据"数据修约规则"进行修约
4	重复性试验的精度要求	根据本试验 6 条确定	—

（3）填写试验检测记录表

"矿粉筛分试验检测记录表"填写要求见表 1.31。

表 1.31　"矿粉筛分试验检测记录表"填写要求

记录表名称	代号	填写要求
矿粉筛分试验检测记录表	本项目 JGLQ02026	1. 与"矿粉密度试验"为同一试验检测记录表； 2. 数据区用铅笔填写，教师批阅后可修改； 3. 填写"筛分试验"检测数据； 4. 落款区"试验"处由本人签名，"复核"处由小组长签名； 5. 空白格中画"—"

2. 编制检测报告

（1）矿粉的技术要求

《公路沥青路面施工技术规范》(JTG F40—2004)规定,沥青混合料用矿粉必须采用石灰岩或岩浆岩中的强基性岩石(碱性岩石)磨细制得的矿粉。矿粉应干燥、洁净,其质量应符合表 1.32 的要求。若使用粉煤灰作为填料时,其用量不得超过填料总量的 50% ,烧失量应小于 12% ,与矿粉混合后塑性指数小于 4% ,其余质量要求与矿粉相同。高速公路、一级公路沥青面层不宜采用粉煤灰作填料。拌和机的粉尘可作为矿粉的一部分回收使用,但每盘用量不得超过填料总量的 25% ,掺有粉尘填料的塑性指数不得大于 4% 。

表 1.32　沥青混合料用矿粉质量要求

项目		单位	高速公路、一级公路	其他等级公路	试验方法
表观密度		t/m³	≥2.50	≥2.45	T0352
含水率		%	≤1	≤1	T0103 烘干法
粒度范围	<0.6 mm	%	100	100	T0351
	<0.15 mm	%	90~100	90~100	
	<0.075 mm	%	75~100	70~100	
外观		—	无团粒结块	—	—
亲水系数		—	<1	—	T0353

项目	单位	高速公路、一级公路	其他等级公路	试验方法
塑性指数	%	<4	—	T0354
加热安定性	—	实测记录	—	T0355

（2）检测报告编制要求

矿粉试验检测报告编制要求见表 1.33。

表 1.33 矿粉试验检测报告编制要求

检测报告名称	代号	填写要求
矿粉试验检测报告	本项目检验报告中"报告续页 BGLQ02005F"	1. 基本信息区参照委托单内容填写； 2. 判定依据为《公路沥青路面施工技术规范》（JTG F40—2004）； 3. 主要仪器设备名称要填写； 4. 数据区用签字笔填写，错误处按要求"杠改"并在修改处签名； 5. 绘制矿粉的颗粒级配曲线； 6. 检测结论应严谨准确； 7. 落款区"试验"处由本人签名，"复核"处由小组长签名，"签发"处由指导教师签名； 8. 空白格中画"——"

1.1.4 矿质混合料的组成设计

1. 确定沥青混合料的矿料级配范围

沥青路面工程矿质混合料的级配范围由工程设计文件或招标文件规定。工程设计级配范围不宜超出施工规范要求，应符合表 1.34 的要求。

本项目委托单中，要求矿质混合料的级配范围符合表 1.34 中 AC-13 的规定。

表 1.34 密级配沥青混凝土混合料矿料级配范围

级配类型		通过下列筛孔（方孔筛，mm）的质量百分率/%											
		31.5	26.5	19.0	16.0	13.2	9.5	4.75	2.36	1.18	0.6	0.3	0.15	0.075
粗粒式	AC-25	100	90~100	75~90	65~83	57~76	46~65	24~52	16~42	12~33	8~24	5~17	4~13	3~7
中粒式	AC-20	—	100	90~100	78~92	62~80	50~72	26~56	16~44	12~33	8~24	5~17	4~13	3~7
	AC-16	—	—	100	90~100	76~92	60~80	34~62	20~48	13~36	9~26	7~18	5~14	4~8
细粒式	AC-13	—	—	—	100	90~100	68~85	38~68	24~50	15~38	10~28	7~20	5~15	4~8
	AC-10	—	—	—	—	100	90~100	45~75	30~58	20~44	13~32	9~23	6~16	4~8
砂粒式	AC-5	—	—	—	—	—	100	90~100	55~75	35~55	20~40	12~28	7~18	5~10

2.汇总各组成矿料的筛分结果

汇总 10~15 mm 碎石、5~10 mm 碎石、石屑、天然砂和矿粉的筛分结果。

3.设计组成材料的配合比,填写记录表

1)确定组成材料的初步比例

根据各组成材料的筛分试验资料,采用图解法确定符合级配范围的各组成材料用量比例。图解法步骤如下:

（1）绘制级配曲线坐标图

按照一定的尺寸绘制矩形图框,通常纵坐标通过量取 10 cm,横坐标筛孔尺寸(或粒径)取 15 cm。连接对角线 OO' 作为设计级配中值曲线,如图 1.1 所示。按常数(算术)标尺在纵坐标上标出通过百分率(0~100%)位置,然后将设计要求的级配范围中值(各筛孔通过百分率),表 1.35 中数据标于纵坐标上,并从纵坐标引水平线与对角线相交,再从交点作垂线与横坐标相交,该交点即为各相应筛孔尺寸的位置。

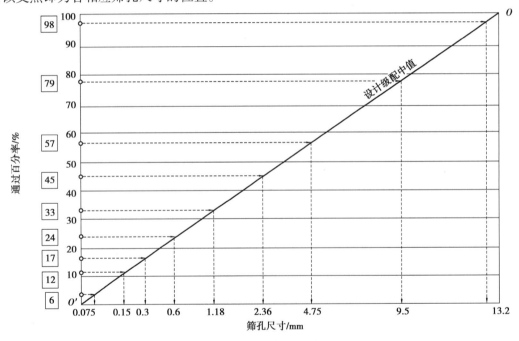

图 1.1　设计级配范围中值曲线

表 1.35　某混合料用矿料级配范围

筛孔尺寸/mm	16.0	13.2	9.5	4.75	2.36	1.18	0.6	0.3	0.15	0.075
级配范围/mm	100	95~100	70~88	48~68	36~53	24~41	18~30	12~22	8~16	4~8
级配中值/mm	100	98	79	58	45	33	24	17	12	6

（2）确定各种集料用量

以图 1.1 为基础,将各种集料的通过百分率级配曲线绘制于图上(图 1.2),然后根据相邻两条级配曲线之间的关系确定各种集料的用量。

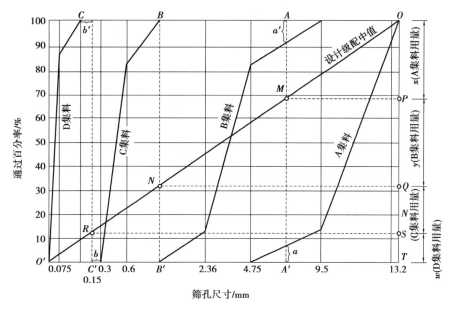

图 1.2 图解法

由图 1.3 可知,任意两条相邻的集料级配曲线之间的关系只可能是下列 3 种情况之一:

①两相邻级配曲线重叠。在图 1.3 中,集料 A 的级配曲线下部与集料 B 的级配曲线上部搭接。此时,在两级配曲线之间引一根垂线 AA',使其与集料 A、B 的级配曲线截距相等,即 $a = a'$。垂线 AA' 与对角线 OO' 交于点 M,通过 M 作一水平线与纵坐标交于 P 点,OP 即为集料 A 的用量。

②两相邻级配曲线相接。在图 1.3 中,集料 B 的级配曲线末端与集料 C 的级配曲线首端正好在同一垂直线上。对于这种情况,仅需将集料 B 的级配曲线末端与集料 C 的级配曲线首端直接相连,得垂线 BB'。BB' 与对角线 OO' 交于点 N,过点 N 作一水平线与纵坐标交于 Q 点,PQ 即为集料 B 的用量。

③两相邻级配曲线相离。在图 1.3 中,集料 C 的级配曲线末端与集料 D 的级配曲线首端在水平方向彼此分离。此时,作一条垂线 CC' 平分这段水平距离,使 $b = b'$,垂线 CC' 与对角线 OO' 交于点 R,通过 R 作一水平线与纵坐标交于 S 点,QS 即为集料 C 的用量。剩余 ST 即为集料 D 的用量。

2)合成级配的计算与校核

在图解法求解过程中,各种集料用量比例也是根据部分筛孔确定的。所以,需要用电算法对矿料的合成级配进行计算,同时参照级配范围进行校核。

3)合成级配的调整

当合成级配超出级配范围或级配不好时,需要调整各集料的用量。

4)完成配合比设计需思考的问题及提示

完成"矿质混合料配合比设计"需思考的问题及提示见表 1.36。

5)配合比设计试验检测记录表填写要求

"矿质混合料配合比设计试验检测记录表"填写要求见表 1.37。

表 1.36　完成"矿质混合料配合比设计"需思考的问题及提示

序号	问题	提示	备注
1	合成级配曲线位于级配范围曲线内偏上偏下位置,对应矿质混合料整体的粗细程度	根据通过率的定义思考	—
2	为什么合成级配曲线在 0.3～0.6 mm 处不能出现"驼峰"	根据细集料的棱角性指标含义思考	—
3	0.075 mm 的通过率主要取决于哪种矿料的用量	根据各种矿料的筛分结果分析	—
4	如果级配曲线呈反"S"形状,对沥青混合料的性质有什么影响,对其施工性能有什么影响	—	—

表 1.37　"矿质混合料配合比设计试验检测记录表"填写要求

记录表名称	代号	填写要求
矿质混合料配合比设计试验检测记录表	本项目JGLQ11001	1. 本记录表共 2 页; 2. 基本信息区"样品名称、样品编号、样品描述、试验条件、主要仪器设备"不填; 3. 试验依据为《公路沥青路面施工技术规范》(JTG F40—2004); 4. 数据区用铅笔填写,教师批阅后可修改; 5. 数据区"规定通过百分率"按级配范围填写; 6. 数据区矿料合成级配图横坐标按筛孔尺寸的 0.45 次方绘制; 7. 落款区"试验"处由本人签名,"复核"处由小组长签名; 8. 空白部分画"—"

4. 编制检测报告

"矿质混合料配合比设计试验检测报告"编制要求见表 1.38。

表 1.38　"矿质混合料配合比设计试验检测报告"编制要求

检测报告名称	代号	填写要求
矿质混合料配合比设计试验检测报告	本项目检验报告中"报告续页BGLQ11001F"	1. 基本信息区参照委托单内容填写; 2. 基本信息区"样品名称、样品编号、样品描述、试验条件、主要仪器设备"不填; 3. 判定依据为《公路沥青路面施工技术规范》(JTG F40—2004)、设计文件; 4. 数据区用签字笔填写,错误处按要求"杠改"并在修改处签名; 5. 检测结论要严谨准确; 6. 落款区"试验"处由本人签名,"复核"处由小组长签名,"签发"处由指导教师签名; 7. 矿料合成级配图横坐标按筛孔尺寸的 0.45 次方绘制; 8. 空白部分画"—"

任务 1.2　沥青的指标检测

本任务是学生模拟检测中心沥青室试验检测人员独立完成附表 3 中 70#A 级道路石油沥青的技术指标检测任务,正确完整填写检验记录表,并编制检验报告。

1.2.1　检测各项技术指标,填写检测记录表

检测 70 #A 级道路石油沥青的各项技术指标,试验依据为《公路工程沥青及沥青混合料试验规程》(JTG E20—2011)。

1. 沥青的取样方法及试样制备方法

1)试验方法

沥青取样方法可扫描右侧二维码学习。

2)完成正确取样需思考的问题及提示

完成"沥青的正确取样"需思考的问题及提示见表 1.39。

沥青取样法

表 1.39　完成"沥青的正确取样"需思考的问题及提示

序号	问题	提示	备注
1	取样时金属桶的要求	根据本试验 3.1 条确定	—
2	从沥青桶中取样	根据本试验 3.2.6 条确定	—
3	样品取用加热次数	根据本试验 3.3.4 条确定	思考"加热次数为什么不能过多"

2. 沥青试样制备方法

1)试验方法

沥青试样制备方法可扫描右侧二维码学习。

2)完成正确制备试样需思考的问题及提示

完成"正确制备沥青试样"需思考的问题及提示见表 1.40。

沥青试样制备方法

表 1.40　完成"正确制备沥青试样"需思考的问题及提示

序号	问题	提示	备注
1	沥青的脱水加热仪器	根据本试验 3.1.2 条确定	—
2	沥青的脱水温度要求	根据本试验 3.1.2 条确定	—
3	沥青的脱水时间要求	根据本试验 3.1.2 条确定	—
4	脱水后沥青的加热温度	根据本试验 3.1.2 条确定	—
5	浇模前沥青过筛要求	根据本试验 3.1.3 条确定	思考"筛过沥青的筛子如何清洗"

续表

序号	问题	提示	备注
6	试样反复加热的次数	根据本试验3.1.4条确定	—
7	灌模剩余的沥青如何处理	根据本试验3.1.5条确定	—

3. 测定密度及相对密度

1) 试验方法

T0603—2011 沥青密度与相对密度试验

1 目的与适用范围

本方法适用于使用比重瓶测定各种沥青材料的密度与相对密度。非特殊要求,本方法宜在试验温度25 ℃及15 ℃下测定沥青密度与相对密度。

注:对液体石油沥青,也可以采用适宜的液体比重计测定密度或相对密度。

2 主要仪器设备

2.1 比重瓶:玻璃制瓶塞下部与瓶口处须仔细研磨。瓶塞中间有一个垂直孔,其下部为凹形,以便由孔中排出空气。比重瓶的容积为 20 ~ 30 mL,质量不超过 40 g,形状和尺寸如图T0603-1所示。

2.2 恒温水槽:控温的精度为 0.1 ℃。

2.3 烘箱:200 ℃,装有温度自动调节器。

2.4 天平:感量不大于 1 mg。

2.5 滤筛:0.6 mm、2.36 mm 各一个。

2.6 温度计:0 ~ 50 ℃,分度为 0.1 ℃。

2.7 烧杯:600 ~ 800 mL。

2.8 真空干燥剂。

2.9 洗液:玻璃仪器清洗液、三氯乙烯(分析纯)等。

2.10 蒸馏水(或纯净水)。

2.11 表面活性剂:洗衣粉(或洗涤灵)。

2.12 其他:软布、滤纸等。

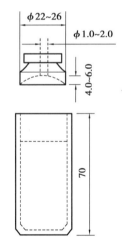

图 T0603-1 比重瓶

(单位:mm)

3 试验方法与步骤

3.1 准备工作

3.1.1 用洗液、水、蒸馏水先后仔细洗涤比重瓶,然后烘干称其质量(m_1),精确至 1 mg。

3.1.2 将盛有冷却蒸馏水的烧杯浸入恒温水槽中保温,在烧杯中插入温度计,水的深度必须超过比重瓶顶部 40 mm 以上。

3.1.3 使恒温水槽及烧杯中的蒸馏水达到规定的试验温度±0.1 ℃。

3.2 比重瓶水值的测定步骤

3.2.1 将比重瓶及瓶塞放入恒温水槽里的烧杯中,烧杯底浸没水中的深度应不少于100 mm,烧杯口露出水面,并用夹具将其固牢。

3.2.2 待烧杯中水温再次达至规定温度并保温30 min后,将瓶塞塞入瓶口,使多余的水由瓶塞上的毛细孔中挤出。注意,比重瓶内不得有气泡。

3.2.3　将烧杯从水槽中取出,再从烧杯中取出比重瓶,立即用干净软布将瓶塞顶部擦拭一次,再迅速擦干比重瓶外面的水分,称其质量(m_2),精确至 1 mg。注意:瓶塞顶部只能擦拭一次,即使由于膨胀瓶塞上有小水滴也不能再擦拭。

3.2.4　以 m_2-m_1 作为试验温度时比重瓶的水质量。

注:比重瓶的水值应经常校正,一般每年至少进行一次。

3.3　液体沥青试样的试验步骤

3.3.1　将试样过筛(0.6 mm)后注入干燥比重瓶中至满,注意不要混入气泡。

3.3.2　将盛有试样的比重瓶及瓶塞移入恒温水槽(测定温度±0.1 ℃)内盛有水的烧杯中,水面应在瓶口下约 40 mm。注意:勿使水浸入瓶内。

3.3.3　从烧杯内的水温达到要求的温度后起算保温 30 min 后,然后将瓶塞塞上,使多余的试样由瓶塞的毛细孔中挤出。仔细用蘸有三氯乙烯的棉花擦净孔口挤出的试样,并注意保持孔中充满试样。

3.3.4　从水中取出比重瓶,立即用干净软布仔细地擦去瓶外的水分或黏附的试样(不得再擦孔口)后,称其质量(m_3),精确至 3 位小数。

3.4　黏稠沥青试样的试验步骤

3.4.1　按 T0602 方法准备沥青试样,沥青的加热温度不高于估计软化点以上 100 ℃(石油沥青或聚合物改性沥青),将沥青小心注入比重瓶中,约至 2/3 高度。不得使试样黏附瓶口或上方瓶壁,并防止混入气泡。

3.4.2　取出盛有试样的比重瓶,移入干燥器中,在室温下冷却不少于 1 h,连同瓶塞称其质量(m_4),精确至 3 位小数。

3.4.3　将盛有蒸馏水的烧杯放入已达试验温度的恒温水槽中,然后将称量后盛有试样的比重瓶放入烧杯中(瓶塞也放进烧杯中),等烧杯中的水温达到规定试验温度后保温 30 min,使比重瓶中气泡上升到水面,待确认比重瓶已经恒温且无气泡后,再将比重瓶塞塞紧,使多余的水从塞孔中溢出,此时应不得带入气泡。

3.4.4　取出比重瓶,按前述方法迅速揩干瓶外水分后称其质量(m_5),精确至 3 位小数。

3.5　固体沥青试样的试验步骤

3.5.1　试验前,如试样表面潮湿,可在干燥、清洁的环境下自然吹干,或置 50 ℃烘箱中烘干。

3.5.2　将 50~100 g 试样打碎,过 0.6 mm 及 2.36 mm 筛。取 0.6~2.36 mm 的粉碎试样不少于 5 g 放入清洁、干燥的比重瓶中,塞紧瓶塞后称其质量(m_6),精确至 3 位小数。

3.5.3　取下瓶塞,将恒温水槽内烧杯中的蒸馏水注入比重瓶,水面高于试样约 10 mm,同时加入几滴表面活性剂溶液(如 1% 洗衣粉、洗涤灵),并摇动比重瓶使大部分试样沉入水底,必须使试样颗粒表面上附气泡逸出。注意:摇动时,勿使试样摇出瓶外。

3.5.4　取下瓶塞,将盛有试样和蒸馏水的比重瓶置真空干燥箱(器)中抽真空,逐渐达到真空度 98 kPa(735 mmHg)不少于 15 min。当比重瓶试样表面仍有气泡时,可再加几滴表面活性剂溶液,摇动后再抽真空。必要时,可反复几次操作,直至无气泡为止。

注:抽真空不宜过快,以防止样品带出比重瓶。

3.5.5 将保温烧杯中的蒸馏水再注入比重瓶中至满,轻轻地塞好瓶塞,再将带塞的比重瓶放入盛有蒸馏水的烧杯中,并塞紧瓶塞。

3.5.6 将装有比重瓶的盛水烧杯再置恒温水槽(试验温度±0.1 ℃)中保持至少30 min后,取出比重瓶,迅速揩干瓶外水分后称其质量(m_7),精确至3位小数。

4 计算

4.1 试验温度下液体沥青试样的密度或相对密度按式(T0603-1)及式(T0603-2)计算。

$$\rho_b = \frac{m_3 - m_1}{m_2 - m_1} \times \rho_w \tag{T0603-1}$$

$$\gamma_b = \frac{m_3 - m_1}{m_2 - m_1} \tag{T0603-2}$$

式中 ρ_b——试样在试验温度下的密度,g/cm³;

  γ_b——试样在试验温度下的相对密度;

  m_1——比重瓶质量,g;

  m_2——比重瓶与所盛满水时的合计质量,g;

  m_3——比重瓶与所盛满试样时的合计质量,g;

  ρ_w——试验温度下水的密度,g/cm³;15 ℃水的密度为0.999 1 g/cm³,25 ℃水的密度为0.997 1 g/cm³。

4.2 试验温度下,黏稠沥青试样的密度或相对密度按式(T0603-3)及式(T0603-4)计算。

$$\rho_b = \frac{m_4 - m_1}{(m_2 - m_1) - (m_5 - m_4)} \times \rho_w \tag{T0603-3}$$

$$\gamma_b = \frac{m_4 - m_1}{(m_2 - m_1) - (m_5 - m_4)} \tag{T0603-4}$$

式中 m_4——比重瓶与沥青试样合计质量,g;

  m_5——比重瓶与试样和水合计质量,g。

4.3 试验温度下,固体沥青试样的密度或相对密度按式(T0603-5)及式(T0603-6)计算。

$$\rho_b = \frac{m_6 - m_1}{(m_2 - m_1) - (m_7 - m_6)} \times \rho_w \tag{T0603-5}$$

$$\gamma_b = \frac{m_6 - m_1}{(m_2 - m_1) - (m_7 - m_6)} \tag{T0603-6}$$

式中 m_6——比重瓶与沥青试样合计质量,g;

  m_7——比重瓶与试样和水合计质量,g。

5 报告

同一试样应平行试验两次。当两次试验结果的差值符合重复性试验的要求时,以平均值作为沥青的密度试验结果,精确至3位小数,试验报告应注明试验温度。

6 允许误差

6.1 对于黏稠石油沥青及液体沥青,重复性试验的允许差为0.003 g/m³,再现性试验的允许差为0.007 g/cm³。

6.2 对于固体沥青,重复性试验的允许差为0.01 g/cm³,复现性试验的允许差为0.02 g/cm³。

6.3 相对密度的允许误差要求与密度相同(无单位)。

2）完成本试验需思考的问题及提示

完成"沥青密度和相对密度试验"需思考的问题及提示见表 1.41。

表 1.41　完成"沥青密度和相对密度试验"需思考的问题及提示

序号	问题	提示	备注
1	适用范围	根据本试验 1 条确定	思考"25 ℃和 15 ℃下沥青的密度"各自的用途
2	天平感量要求	根据本试验 2.4 条确定	观察仪器铭牌,正确选择
3	比重瓶水值的校正间隔	根据本试验 3.2.4 条"注"确定	—
4	沥青的加热温度不宜高于软化点以上 100 ℃	—	思考这样规定的理论依据
5	试验报告要求	根据本试验 5 条确定	进一步解释这样做的理论依据

3）填写试验检测记录表

"沥青密度试验检测记录表"填写要求见表 1.42。

表 1.42　"沥青密度试验检测记录表"填写要求

记录表名称	代号	填写要求
沥青密度试验检测记录表	本项目 JGLQ10001	1. 基本信息区参照任务单内容填写,"试验条件"为环境条件; 2. 主要仪器设备名称要填写; 3. 只测定沥青 25 ℃的密度和相对密度; 4. 数据区用铅笔填写,教师批阅后可修改; 5. 落款区"试验"处由本人签名,"复核"处由小组长签名; 6. 空白格中画"—"

4. 测定沥青的针入度

1）试验方法

T0604—2011 石油沥青的针入度试验

1　目的和适用范围

本方法适用于测定道路石油沥青、聚合物改性沥青针入度以及液体石油沥青蒸馏或乳化沥青蒸发后残留物的针入度,以 0.1 mm 计。其标准试验条件为温度 25 ℃、荷重 100 g、贯入时间 5 s。

针入度指数 PI 用以描述沥青的温度敏感性,宜在 15 ℃、25 ℃、30 ℃ 3 个或 3 个以上温度条件下测定针入度后按规定的方法计算得到。若 30 ℃时的针入度过大,可采用 5 ℃代替。当量软化点 T_{800} 是相当于沥青针入度为 1.2 时的温度,用以评价沥青的低温抗裂性能。

2　主要仪器设备

2.1　针入度仪:为提高测试精度,针入度仪试验宜采用能够自动计时的针入度仪进行测定;要求针与针连杆在无明显摩擦下垂直运动,针的贯入深度精确至 0.1 mm。针和针连杆组合件总质量为 50 g±0.05 g,另附 50 g±0.05 g 砝码一只,试验时总质量为 100 g±0.05 g。仪器应有放置平底玻璃保温皿的平台,并有调节水平的装置,针连杆应与平台相垂直。应有针连杆制动按钮,使针连杆可以自由下落。针连杆易于装拆,以便检查其质量。仪器还设有可自动转动与调节距离的悬臂,其端部有一面小镜或聚光灯泡,借以观察针尖与试样表面接触情况。当采用自动针入度仪时,各项要求与此相同。温度采用温度传感器测定,针入度值采用位移计测定。应对装置的准确性经常校验。当采用其他试验条件时,应在试验结果中注明。

2.2　标准针:由硬化回火的不锈钢制成,洛氏硬度为 HRC54 ~ 60,表面粗糙度为 Ra0.2 ~ 0.3 μm,针及针连杆总质量为 2.5 g±0.05 g。针杆上应打印有号码标志,针应设有固定用装置盒(筒),以免碰撞针尖。每根针必须附有计量部门的检验单,并定期进行检验。其尺寸及形状如图 T0604-1 所示。

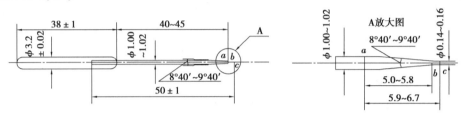

图 T0604-1　针入度标准针(单位:mm)

2.3　盛样皿:金属制,圆柱形平底。小盛样皿的内径为 55 mm,深 35 mm(适用于针入度小于 200 的试样);大盛样皿内径为 70 mm,深 45 mm(适用于针入度为 200 ~ 350 的试样);对针入度大于 350 的试样,需使用特殊盛样皿,其深度不小于 60 mm,试样体积不小于 125 mL。

2.4　恒温水槽:容量不小于 10 L,控温的精度为 0.1 ℃。水槽中应设有一带孔的搁架,位于水面下不得少于 100 mm,距水槽底不得少于 50 mm 处。

2.5　平底玻璃皿:容量不少于 1 L,深度不少于 80 mm。内设有一不锈钢三角支架,能使盛样皿稳定。

2.6　温度计或温度传感器:精度为 0.1 ℃。

2.7　计数器:精度为 0.1 s。

2.8　位移计或位移传感器:精度为 0.1 mm。

2.9　盛样皿盖:平板玻璃,直径不小于盛样皿开口尺寸。

2.10　溶剂:三氯乙烯等。

2.11　其他:电炉或砂浴、石棉网、金属锅或瓷坩埚等。

3　试验方法与步骤

3.1　准备工作

3.1.1　按 T0602 的方法准备试样。

3.1.2　按试验要求将恒温水槽调节到要求的试验温度 25 ℃或 15 ℃、30 ℃(5 ℃),保持稳定。

3.1.3　将试样注入盛样皿中,试样高度应超过预计针入度值 10 mm,并盖上盛样皿,以防落入灰尘。盛有试样的盛样皿在 15 ~ 30 ℃室温中冷却不少于 1.5 h(小盛样皿)、2 h(大盛样皿)或 3 h(特殊盛样皿)后,移入保持规定试验温度±0.1 ℃的恒温水槽中,并应保温不少于 1.5 h(小盛样皿)、2 h(大试样皿)或 2.5 h(特殊盛样皿)。

3.1.4 调整针入度仪使之水平。检查针连杆和导轨,以确认无水和其他外来物,无明显摩擦。用三氯乙烯或其他溶剂清洗标准针,并擦干。将标准针插入针连杆,用螺丝固紧。按试验条件,加上附加砝码。

3.2 试验步骤

3.2.1 取出达到恒温的盛样皿,并移入水温控制在试验温度±0.1 ℃(可用恒温水槽中的水)的平底玻璃皿中的三脚支架上,试样表面以上的水层深度不少于 10 mm。

3.2.2 将盛有试样的平底玻璃皿置于针入度仪的平台上。慢慢放下针连杆,用适当位置的反光镜或灯光反射观察,使针尖恰好与试样表面接触。拉下刻度盘的拉杆,使其与针连杆顶端轻轻接触,将位移计或刻度盘指针复位为零。

3.2.3 开始试验,按下释放键,这时计时与标准针落下贯入试样同时开始,至 5 s 时自动停止。

3.2.4 读取位移计或刻度盘指针的读数,精确至 0.1 mm。

3.2.5 同一试样平行试验至少 3 次,各测试点之间及与盛样皿边缘的距离不应少于 10 mm。每次试验后,应将盛有盛样皿的平底玻璃皿放入恒温水槽,使平底玻璃皿中水温保持试验温度。每次试验应换一根干净标准针或将标准针取下,用蘸有三氯乙烯溶剂的棉花或布揩净,再用干棉花或布擦干。

3.2.6 测定针入度大于 200 的沥青试样时,至少用 3 支标准针;每次试验后将针留在试样中,直至 3 次平行试验完成后,才能将标准针取出。

3.2.7 测定针入度指数 PI 时,按同样的方法在 15 ℃、25 ℃、30 ℃(或 5 ℃)3 个或 3 个以上(必要时,增加 10 ℃、20 ℃等)温度条件下分别测定沥青的针入度,但用以仲裁试验的温度条件应为 5 个。

4 计算

根据测试结果,可按以下方法计算针入度指数、当量软化点及当量脆点。

4.1 公式计算法

4.1.1 将 3 个或 3 个以上不同温度条件下测试的针入度值取对数,令 $y=\lg P, x=T$,按式(T0604-1)的针入度指数与温度的直线关系,进行 $y=a+bx$ 一元一次方程的直线回归,求取针入度温度指数 $A_{\lg pen}$。

$$\lg P = K + A_{\lg pen} \times T \tag{T0604-1}$$

式中 $\lg P$——不同温度条件下测得的针入度值的对数;

T——试验温度,℃;

K——回归方程的常数项 a;

$A_{\lg pen}$——回归方程的系数 b。

按式(T0604-1)回归时,必须进行相关性检验,直线回归相关系数 R 不得小于 0.997(置信度95%),否则,试验无效。

4.1.2 按式(T0604-2)确定沥青的针入度指数,并记为 PI。

$$PI = \frac{20 - 500A_{\lg pen}}{1 + 50A_{\lg pen}} \tag{T0604-2}$$

4.1.3 按式(T0604-3)确定沥青的当量软化点 T_{800}。

$$T_{800} = \frac{\lg 800 - K}{A_{\lg pen}} = \frac{2.903\ 1 - K}{A_{\lg pen}} \qquad (\text{T0604-3})$$

4.1.4   按式(T0604-4)确定沥青的当量脆点 $T_{1.2}$。

$$T_{1.2} = \frac{\lg 1.2 - K}{A_{\lg Pen}} = \frac{0.079\ 2 - K}{A_{\lg Pen}} \qquad (\text{T0604-4})$$

4.1.5   按式(T0604-5)计算沥青的塑性温度范围 DT。

$$DT = T_{800} - T_{1.2} = \frac{2.823\ 9}{A_{\lg pen}} \qquad (\text{T0604-5})$$

确定道路沥青 PI、T_{800}、$T_{1.2}$ 的针入度温度关系,如图 T0604-2 所示。

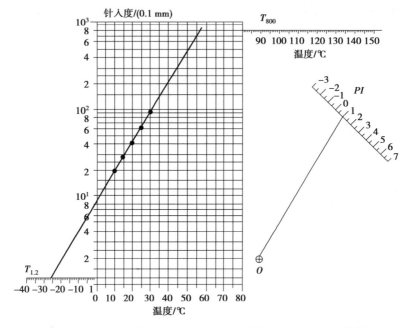

图 T0604-2   确定道路沥青 PI、T_{800}、$T_{1.2}$ 的针入度温度关系诺模图

5   报告

5.1   应报告标准温度(25 ℃)时的针入度及其他试验温度 T 所对应的针入度,以及由此求取针入度指数 PI、当量软化点 T_{800}、当量脆点 $T_{1.2}$ 的方法和结果。当采用公式计算法时,应报告按式(T0604-1)回归的直线相关系数 R。

5.2   同一试样3次平行试验结果的最大值和最小值之差在表 T0604-1 所示允许偏差范围内时,计算3次试验结果的平均值,取整数作为针入度试验结果,以 0.1 mm 为单位。当试验值不符合此要求时,应重新进行试验。

表 T0604-1   精度或允许偏差范围

针入度/(0.1 mm)	允许差值/(0.1 mm)
0 ~ 49	2
50 ~ 149	4
150 ~ 249	12
250 ~ 500	20

6 允许误差

6.1　当试验结果小于 50(0.1 mm)时,重复性试验的允许误差为 2(0.1 mm),再现性试验的允许误差为 4(0.1 mm)。

6.2　当试验结果大于或等于 50(0.1 mm)时,重复性试验的允许误差为平均值的 4%,再现性试验的允许误差为平均值的 8%。

2)完成本试验需思考的问题及提示

完成"沥青的针入度试验"需思考的问题及提示见表 1.43。

表 1.43　完成"沥青的针入度试验"需思考的问题及提示

序号	问题	提示	备注
1	针入度的单位	根据本试验 1 条确定	—
2	标准针的检验要求	根据本试验 2.2 条确定	要正确使用标准针,以免损坏
3	冷却及保温时间	根据本试验 3.1.3 条确定	—
4	如何判定针尖与表面接触	试样中针的倒影与针的位置关系	本试验的关键点之一
5	平行试验距离要求	根据本试验 3.2.5 条确定	—
6	允许误差要求	根据本试验 6 条确定	思考"什么是重复性试验""什么是再现性试验"

3)填写试验检测记录表

"沥青的针入度试验检测记录表"填写要求见表 1.44。

表 1.44　"沥青的针入度试验检测记录表"填写要求

记录表名称	代号	填写要求
沥青三大指标试验检测记录表	本项目 JGLQ10002	1.基本信息区参照任务单内容填写,"试验条件"为环境条件,"样品名称"要反映沥青标号; 2.主要仪器设备名称要填写; 3.只填写针入度试验部分数据、针入度指数等内容;如果没做,画"—"; 4.数据区用铅笔填写,教师批阅后可修改

5.测定沥青的延度

1)试验方法

T0605—2011 石油沥青的延度试验

1 目的与适用范围

1.1　本方法适用于测定道路石油沥青、聚合物改性沥青针入度以及液体石油沥青蒸馏或乳化沥青蒸发后残留物的延度。

1.2　沥青延度的试验温度与拉伸速率可根据要求采用,通常采用的试验温度为 25 ℃、

15 ℃、10 ℃或5 ℃,拉伸速度为5 cm/min±0.25 cm/min。当低温采用1 cm/min±0.05 cm/min拉伸速度时,应在报告中注明。

2　仪具与材料技术要求

2.1　延度仪:测量长度不宜大于150 cm,仪器应采用自动控温、控速系统。试件浸没于水中,能保持规定的试验温度及规定的拉伸速度拉伸试件,且试验时无明显振动。该仪器的形状及组成如图T0605-1所示。

2.2　延度试模:黄铜制,由两个端模和两个侧模组成,试模内侧表面粗糙度为Ra0.2 μm,其形状及尺寸如图T0605-2所示。

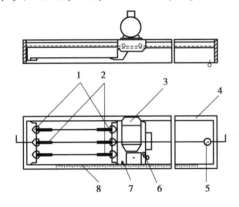

图 T0605-1　延度仪　　　　　　　图 T0605-2　延度试模(单位:mm)

1—试模;2—试样;3—电机;4—水槽;
5—卸水孔;6—开关柄;7—指针;8—标尺

2.3　试模底板:玻璃板或磨光的铜板、不锈钢板(表面粗糙度为Ra0.2 μm)。

2.4　恒温水槽:容量不少于10 L,控制温度的精度为0.1 ℃,水槽中应设有带孔的搁架,搁架距水槽底不得少于50 mm。试件浸入水中深度不小于100 mm。

2.5　温度计:0~50 ℃,分度为0.1 ℃。

2.6　砂浴或其他加热炉具。

2.7　甘油滑石粉隔离剂(甘油与滑石粉的质量比2:1)。

2.8　其他:平刮刀、石棉网、酒精、食盐等。

3　方法与步骤

3.1　准备工作

3.1.1　将隔离剂拌和均匀,涂于清洁、干燥的试模底板和两个侧模的内侧表面,并将试模在试模底板上装妥。

3.1.2　按T0602规定的方法准备试样,然后将试样仔细自试模的一端至另一端往返数次缓缓注入模中,最后略高出试模,灌模时应注意勿使气泡混入。

3.1.3　浇筑好的试件在室温中冷却不少于1.5 h,然后用热刮刀刮除高出试模的沥青,使沥青面与试模面齐平。沥青的刮法应自试模的中间刮向两端,且表面应刮得平滑。将试模连同底板再浸入规定试验温度的水槽中1.5 h。

3.1.4　检查延度仪延伸速度是否符合规定要求,然后移动滑板,使其指针正对标尺的零点。向延度仪注水,并保温至试验温度±0.1 ℃。

3.2 试验步骤

3.2.1 　 将保温后的试件连同底板移入延度仪的水槽中,然后将盛有试样的试模自玻璃板或不锈钢板上取下,将试模两端的孔分别套在滑板及槽端固定板的金属柱上,并取下侧模。水面距试件表面应不小于 25 mm。

3.2.2 　 开动延度仪,并注意观察试样的延伸情况。此时应注意,在试验过程中,水温应始终保持在试验温度规定范围内,且仪器不得有振动,水面不得有晃动。当水槽采用循环水时,应暂时中断循环,停止水流。在试验中,如发现沥青细丝浮于水面或沉入槽底时,则应在水中加入酒精或食盐,调整水的密度至与试样相近后,重新试验。

3.2.3 　 试件拉断时,读取指针所指标尺上的读数,以 cm 计。正常情况下,试件延伸时应呈锥尖状,拉断时实际断面接近零。如不能得到这种结果,则应在报告中注明。

4 报告

同一样品,每次平行试验不少于 3 个。如 3 个测定结果均大于 100 cm,试验结果记作 “>100 cm”。特殊需要也可分别记录实测值。如 3 个测定结果中,有一个以上的测定值小于 100 cm 时,若最大值或最小值与平均值之差满足重复性试验精度要求,则取 3 个测定结果的平均值的整数作为延度试验结果;若平均值大于 100 cm,记作 “>100 cm”。若最大值或最小值与平均值之差不符合重复性试验精度要求时,试验应重新进行。

5 允许误差

当试验结果小于 100 cm 时,重复性试验的允许误差为平均值的 20%,复现性试验的允许误差为平均值的 30%。

2) 完成本试验需思考的问题及提示

完成 “沥青的延度试验” 需思考的问题及提示见表 1.45。

表 1.45 　 完成 “沥青的延度试验” 需思考的问题及提示

序号	问题	提示	备注
1	隔离剂名称和配比	根据本试验 2.7 条确定	—
2	隔离剂的涂抹位置	根据本试验 3.1.1 条确定	—
3	试样冷却时间	根据本试验 3.1.3 条确定	—
4	刮模方法	根据本试验 3.1.3 条确定	—
5	试样保温时间	根据本试验 3.1.3 条确定	—
6	试验中,沥青丝浮于水面或沉入槽底如何处理	根据本试验 3.2.2 确定	思考这样处理的理论依据
7	延度单位	根据本试验 3.2.3 条确定	—
8	试验结果如何记录	根据本试验 4 条确定	—

3) 填写试验检测记录表

“沥青的延度试验检测记录表” 填写要求见表 1.46。

表 1.46　"沥青的延度试验检测记录表"填写要求

记录表名称	代号	填写要求
沥青三大指标试验 检测记录表	本项目 JGLQ10003	1. 与"针入度试验"为同一记录表; 2. 填写延度试验部分,如果 10 ℃延度没做,画"__"; 3. 数据区用铅笔填写,教师批阅后可修改

6.测定沥青的软化点

1)试验方法

T0606—2011 沥青软化点试验(环球法)

1　目的与适用范围

本方法适用于测定道路石油沥青、煤沥青的软化点,也适用于测定液体石油沥青经蒸馏或乳化沥青破乳蒸发后残留物的软化点。

2　仪具与材料技术要求

2.1　软化点试验仪:如图 T0606-1 所示,由下列部件组成:

2.1.1　钢球:直径为 9.53 mm,质量为 3.5 g±0.05 g。

2.1.2　试样环:黄铜或不锈钢等制成,形状尺寸如图 T0606-2 所示。

2.1.3　钢球定位环:黄铜或不锈钢制成,形状尺寸如图 T0606-3 所示。

2.1.4　金属支架:由两根主杆和三层平行的金属板组成。上层为一圆盘,直径略大于烧杯直径,中间有一圆孔,用以插放温度计。中层板形状尺寸如图 T0606-4 所示。板上有两个孔,各放置金属杯,中间有一小孔可支持温度计的测温端部。一侧立杆距杯上面 51 mm 处刻有水高标记。环下面距下层底板为 25.4 mm,下底板距烧杯底不小于 12.7 mm、也不得大于 19 mm。三层金属板和两根主杆由两螺母固定在一起。

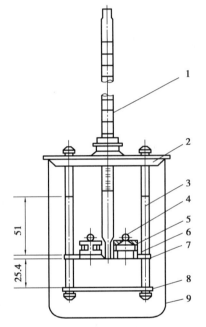

图 T0606-1　软化点试验仪(单位:mm)
1—温度计;2—上盖板;3—立杆;
4—钢球;5—钢球定位环;6—金属环;
7—中层板;8—下底板;9—烧杯

2.1.5　耐热玻璃烧杯:容量为 800 ~ 1 000 mL,直径不小于 86 mm,高度不小于 120 mm。

2.1.6　温度计:0 ~ 80 ℃,分度为 0.5 ℃。

2.2　装有温度调节器的电炉或其他加热炉具(液化石油气、天然气等),应采用带有振荡搅拌器的加热电炉,振荡子置于烧杯底部。

2.3　当采用自动软化点试验仪时,各项要求应与 2.1 及 2.2 相同。温度采用温度传感器测定,并能自动显示或记录,且应对自动装置的准确性经常校验。

2.4　试样底板:金属板(表面粗糙度应达 Ra0.8 μm)或玻璃板。

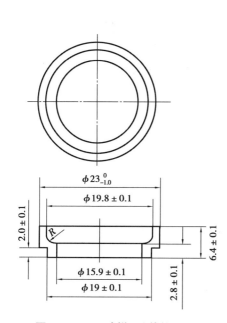
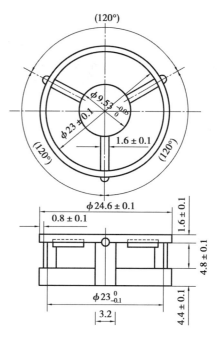

图 T0606-2　试样环(单位:mm)　　　图 T0606-3　钢球定位环(单位:mm)

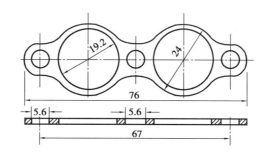

图 T0606-4　中层板(单位:mm)

2.5　恒温水槽:控温精度为±0.5 ℃。

2.6　平直刮刀。

2.7　甘油滑石粉隔离剂(甘油与滑石粉的比例为质量比2∶1)。

2.8　蒸馏水或纯净水。

2.9　其他:石棉网。

3　方法与步骤

3.1　试验前准备工作

3.1.1　将试样环置于涂有甘油滑石粉隔离剂的试样底板上。按 T0602 的规定方法将准备好的沥青试样徐徐注入试样环内至略高出环面为止。

如估计试样软化点高于 120 ℃,则试样环和试样底板(不用玻璃板)均应预热至 80～100 ℃。

3.1.2　试样在室温冷却 30 min 后,用热刮刀刮除环面上的试样,应使其与环面齐平。

3.2　试验步骤

3.2.1　试样软化点在 80 ℃以下者:

①将装有试样的试样环连同试样底板置于 5 ℃±0.5 ℃水的恒温水槽中至少 15 min;同时,

将金属支架、钢球、钢球定位环等亦置于相同水槽中。

②烧杯内注入新煮沸并冷却至5 ℃的蒸馏水,水面略低于立杆上的深度标记。

③从恒温水槽中取出盛有试样的试样环放置在支架中层板的圆孔中,套上定位环;然后将整个环架放入烧杯中,调整水面至深度标记,并保持水温为5 ℃±0.5 ℃。环架上任何部分不得附有气泡。将0~100 ℃的温度计由上层板中心孔垂直插入,使端部测温头底部与试样环下面齐平。

④将盛有水和环架的烧杯移至放有石棉网的加热炉具上,然后将钢球放在定位环中间的试样中央,立即开动振荡搅拌器,使水微微振荡,并开始加热,使杯中水温在3 min内调节至维持每分钟上升5 ℃±0.5 ℃。在加热过程中,应记录每分钟上升的温度值。如温度上升速度超出此范围时,则试验应重做。

⑤试样受热软化逐渐下坠,至与下层底板表面接触时,立即读取温度,精确至0.5 ℃。

3.2.2　试样软化点在80 ℃以上者:

①将装有试样的试样环连同试样底板置于装有32 ℃±1 ℃甘油的恒温槽中至少15 min;同时,将金属支架、钢球、钢球定位环等亦置于甘油中。

②在烧杯内注入预先加热至32 ℃的甘油,其液面略低于立杆上的深度标记。

③从恒温槽中取出装有试样的试样环,按前述3.2.1的方法进行测定,精确至1 ℃。

4　报　告

同一试样平行试验两次,当两次测定值的差值符合重复性试验精度要求时,取其平均值作为软化点试验结果,准确至0.5 ℃。

5　允许误差

5.1　当试样软化点小于80 ℃时,重复性试验的允许误差为1 ℃,复现性试验的允许误差为4 ℃。

5.2　当试样软化点大于或等于80 ℃时,重复性试验的允许误差为2 ℃,复现性试验的允许误差为8 ℃。

2) 完成本试验需思考的问题及提示

完成"沥青的软化点试验"需思考的问题及提示见表1.47。

表1.47　完成"沥青的软化点试验"需思考的问题及提示

序号	问题	提示	备注
1	冷却时间	根据本试验3.1.2条确定	—
2	刮平试样时刮刀要求	根据本试验3.1.2条确定	—
3	软化点结果准确要求	根据本试验4条确定	根据"数据修约规则"0.5倍修约方法进行修约
4	平行试验的精度超过要求怎么办	正确理解本试验6条的要求	—

3) 填写试验检测记录表

"沥青的软化点试验检测记录表"填写要求见表1.48。

表 1.48   "沥青的软化点试验检测记录表"填写要求

记录表名称	代号	填写要求
沥青三大指标试验检测记录表	本项目 JGLQ10004	1. 与"针入度试验"为同一记录表; 2. 填写软化点试验部分; 3. 数据区用铅笔填写,教师批阅后可修改; 4. 落款区"试验"处由本人签名,"复核"处由小组长签名; 5. 空白格中画"__"

1.2.2   编制检测报告

1. 确定沥青路面使用性能的气候分区

沥青混合料的技术性质与使用环境(如气温和湿度)关系密切。因此,在选择沥青材料的等级、进行沥青混合料配合比设计、检验沥青混合料的使用性能时,应适应公路环境条件的需要,能经受高温、低温、雨(雪)水的考验。所以,应对工程所在地作出具体的气候区划分,以适应地区具体气候条件的需要。气候分区指标分为高温指标、低温指标和雨量指标。根据表 1.49 的规定,确定山西省太原市沥青路面使用性能的气候分区。

①高温指标:采用近 30 年内最热月平均日最高气温的平均值作为反映高温和重载条件下出现车辙等流动变形的气候因子,并作为气候区划的一级指标分为 3 个区,见表 1.49。

②低温指标:采用最近 30 年的极端最低气温作为反映路面温缩裂缝的气候因子,并作为气候区划的二级指标,分为 4 个区,见表 1.49。

③雨量指标:采用最近 30 年内的年降水量的平均值作为反映沥青路面受雨(雪)水影响的气候因子,并作为气候区划的三级指标,分为 4 个区,见表 1.49。

表 1.49   沥青路面使用性能气候分区

气候分区指标		气候分区			
按照高温指标	高温气候区	1	2		3
	气候区名称	夏炎热区	夏热区		夏凉区
	七月平均最高温度/℃	>30	20~30		<20
按照低温指标	低温气候区	1	2	3	4
	气候区名称	冬严寒区	冬寒区	冬冷区	冬温区
	极端最低气温/℃	<−37.5	−37.5~−21.5	−21.5~−9.0	>−9.0
按照雨量指标	雨量气候区	1	2	3	4
	气候区名称	潮湿区	湿润区	半干区	干旱区
	年降雨量/mm	>1 000	1 000~500	500~250	<250

2. 道路石油沥青的技术要求

道路石油沥青的技术要求见表 1.50。

表 1.50　道路石油沥青技术要求

指标	单位	等级	160号	130号	110号	90号	70号③	50号	30号	试验方法①
针入度(25 ℃,5 s,100 g)⑥	0.1 mm	—	140~200④	120~140④	100~120	80~100	60~80	40~60	20~40	T0604
适用的气候分区⑥	—	—	注④	注④	2-1	1-1　1-2　1-3　2-2　2-3　3-2	1-3　1-4　2-2　2-3　2-4	1-4	注④	附录 A⑤
针入度指数 PI②	—	A	-1.5 ~ +1.0（适用所有标号）							T0604
		B	-1.8 ~ +1.0（适用所有标号）							
软化点(R&B)	℃	A	≥38	≥40	≥43	≥45　≥44	≥46　≥44	≥49	≥55	T0606
		B	≥36	≥39	≥42	≥43　≥42	≥44　≥43	≥46	≥53	
		C	≥35	≥37	≥41	≥42	≥43	≥45	≥50	
60 ℃动力黏度②	Pa·s	A	—	≥60	≥120	≥160	≥180　≥160　≥140	≥200	≥260	T0620
10 ℃延度②	cm	A	≥50	≥50	≥40	≥45　≥30　≥20	≥25　≥20　≥15	≥15	≥10	T0605
		B	≥30	≥30	≥30	≥30　≥20　≥15	≥20　≥15　≥10	≥10	≥8	
15 ℃延度	cm	A、B				≥100	≥100	≥80	≥50	T0605
		C	≥80	≥80	≥60	≥50	≥40	≥30	≥20	
含蜡量(蒸馏法)	%	A	≤2.2（适用所有标号）							T0615
		B	≤3.0（适用所有标号）							
		C	≤4.5（适用所有标号）							
闪点	℃		≥230	≥230	≥230	≥245	≥260	≥260	≥260	T0611
溶解度	%		≥99.5（适用所有标号）							T0607
密度(15 ℃)	g/cm³		实测记录（适用所有标号）							T0603
TFOT(或 RTFOT)后 质量变化	%		≤±0.8（适用所有标号）							T0610 或 T0609
残留针入度比	%	A	≥48	≥54	≥55	≥57	≥61	≥63	≥65	T0604
		B	≥45	≥50	≥52	≥54	≥58	≥60	≥62	
		C	≥40	≥45	≥48	≥50	≥54	≥58	≥60	

		A	≥12	≥12	≥10	≥8	≥6	≥4	—	T0605
残留延度（10 ℃）	cm	B	≥10	≥10	≥8	≥6	≥4	≥2	—	T0605
残留延度（15 ℃）	cm	C	≥40	≥35	≥30	≥20	≥15	≥10	—	T0605

注：①试验方法按照《公路工程沥青及沥青混合料试验规程》（JTG E20—2011）规定的方法执行。用于仲裁试验求取 PI 时的 5 个温度的针入度试验的相关关系的相关系数不得小于 0.997。

②经建设单位同意，表中 PI 值、60 ℃动力黏度、10 ℃延度可作为选择性指标，也可不作为施工质量检验指标。

③70 号沥青可根据需要求供应商提供针入度范围为 60～70 或 70～80 的沥青，50 号沥青可要求提供针入度范围为 40～50 或 50～60 的沥青。

④30 号沥青仅适用于沥青稳定基层。130 号和 160 号沥青除寒冷地区可直接在中低级公路上直接应用外，通常用作乳化沥青、稀释沥青、改性沥青的基质沥青。

⑤老化试验以 TFOT 为准，也可以 RTFOT 代替。

⑥气候分区见表 1.49。

3.检测报告的编制要求

道路石油沥青试验检测报告的编制要求见表 1.51。

表 1.51　道路石油沥青试验检测报告编制要求

检测报告名称	代号	填写要求
道路石油沥青试验检测报告	本项目报告续页 BGLQ10001F	1.基本信息区参照委托单内容填写； 2.判定依据为《公路沥青路面施工技术规范》(JTG F40—2004)； 3.主要仪器设备名称要填写； 4.数据区用签字笔填写，错误处按要求"杠改"并在修改处签名； 5.检测结论要严谨准确； 6.落款区"试验"处由本人签名，"复核"处由小组长签名，"签发处"由指导教师签名； 7.空白空格中画"__"

任务 1.3　最佳沥青用量设计

本任务是学生模拟检测中心沥青混合料室试验检测人员根据附表 4 中提供的材料，在教师指导下完成 AC-13 沥青混凝土配合比设计任务，正确填写试验检测记录表，并编制检验报告。其中，成型马歇尔试件、马歇尔试件物理力学指标测定以学生为主完成，其他在教师指导下分步完成。

1.3.1　成型马歇尔试件

拟定油石比为 4.0%、4.5%、5.0%、5.5%、6.0%，按设计的矿料组成比例成型 5 组马歇尔试件，一组最少成型 4 个合格试件。

1.试件制作温度的选择

沥青混合料试件的制作温度应与施工实际温度相一致，普通沥青混合料可参照表 1.52 执行。

表 1.52　热拌沥青混合料试件的制作温度　　　　　　　　　　　　单位:℃

施工工序	石油沥青标号				
	50 号	70 号	90 号	110 号	130 号
沥青加热温度	160 ~ 170	155 ~ 165	150 ~ 160	145 ~ 155	140 ~ 150
矿料加热温度	集料加热温度比沥青温度高 10 ~ 30 ℃(填料不加热)				
沥青混合料拌和温度	150 ~ 170	145 ~ 165	140 ~ 160	135 ~ 155	130 ~ 150
试件击实成型温度	140 ~ 160	135 ~ 155	130 ~ 150	125 ~ 140	120 ~ 140

2. 成型马歇尔试件

试验依据为《公路工程沥青及沥青混合料试验规程》(JTG E20—2011)。

1)试验方法

T0702—2011 沥青混合料试件制作方法(击实法)

1　目的与适用范围

1.1　本方法适用于标准击实法或大型击实法制作沥青混合料试件,以供试验室进行沥青混合料物理力学性质试验使用。

1.2　标准击实法适用于马歇尔试验、间接抗拉试验(劈裂法)等所使用的 $\phi101.6$ mm× 63.5 mm 圆柱体试件的成型。大型击实法适用于 $\phi152.4$ mm×95.3 mm 的大型圆柱体试件的成型。

1.3　沥青混合料试件制作时,矿料规格及试件数量应符合以下规定:

1.3.1　当集料公称最大粒径小于或等于 26.5 mm 时,采用标准击实法。一组试件的数量不少于 4 个。

1.3.2　当集料公称最大粒径大于 26.5 mm,宜采用大型击实法。一组试件的数量不少于 6 个。

2　仪具与材料技术要求

2.1　自动击实仪:应具有自动记数、控制仪表、按钮设置、复位及暂停等功能。按其用途分为以下两种:

2.1.1　标准击实仪:由击实锤、$\phi98.5$ mm 平圆形压实头及带手柄的导向棒组成。用机械将击实锤提升,从 457.2 mm±1.5 mm 高度沿导向棒自由落下击实,标准击实锤质量为 4 536 g± 9 g。

2.1.2　大型击实仪:由击实锤、$\phi149.5$ mm±1.5 mm 平圆形压实头及带手柄的导向棒组成。用机械将击实锤提升,从 457.2 mm±2.5 mm 高度沿导向棒自由落下击实,大型击实锤质量为 10 210 g±10 g。

2.2　试验室用沥青混合料拌和机:能保证拌和温度并充分拌和均匀,可控制拌和时间,容量不小于 10 L,如图 T0702-1 所示。搅拌叶自转速度为 70~80 r/min,公转速度为 40~50 r/min。

2.3　试模:由高碳钢或工具钢制成,几何尺寸如下:

2.3.1　标准击实仪试模为内径 101.6 mm±0.2 mm、高 87 mm 的圆柱形金属筒,底座直径约为 120.6 mm,套筒内径为 101.6 mm、高 70 mm。

2.3.2　大型击实仪的试模与套筒外径为 165.1 mm、内径为 155.6 mm±0.3 mm、总高 83 mm。试模内径为 152.4 mm±0.2 mm、总高 115 mm,底座板厚 12.7 mm、直径 172 mm。

2.4　脱模器:电动或手动,应能无破损地推出圆柱体试件,备有标准圆柱体试件及大型圆柱体试件尺寸的推出环。

2.5　烘箱:大中型各一台,装有温度调节器。

2.6　天平或电子秤:用于称量沥青的质量,感量不大于 0.1 g;用于称量矿料的质量,感量不大于 0.5 g。

2.7　插刀或大螺丝刀。

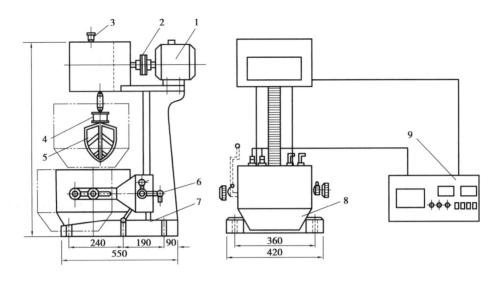

图 T0702-1　试验室用沥青混合料拌和机(单位:mm)

1—电机;2—联轴器;3—变速箱;4—弹簧;5—拌和叶片;6—升降手柄;

7—底座;8—加热拌和锅;9—温度时间控制仪

2.8　温度计:分度为 1 ℃。宜采用有金属插杆的插入式数显温度计,金属插杆的长度不小于 150 mm。量程为 0~300 ℃。

2.9　其他:电炉或煤气炉、沥青熔化锅、拌和铲、标准筛、滤纸(或普通纸)、胶布、卡尺、秒表、粉笔、棉纱等。

3　准备工作

3.1　确定制作沥青混合料试件的拌和与压实温度。

3.1.1　按本规程测定沥青的黏度绘制黏温曲线。按表 T0702-1 的要求确定适宜于沥青混合料拌和及压实的等黏温度。

表 T0702-1　沥青混合料拌和及压实的沥青等黏温度

沥青混合料类型	黏度与测定方法	适宜于拌和的沥青结合料黏度/Pa·s	适宜于压实的沥青结合料黏度/Pa·s
石油沥青	表观黏度,T0625	0.17±0.02	0.28±0.03

注:液体沥青混合料的压实成型温度按石油沥青要求执行。

3.1.2　当缺乏沥青的黏度测定条件时,试件的拌和与压实温度可按表 T0702-2 选用,并根据沥青品种和标号作适当调整。针入度小、稠度大的沥青取高限,针入度大、稠度小的沥青取低限,一般取中值。

表 T0702-2　沥青混合料拌和及压实温度参考表

沥青结合料种类	拌和温度/℃	压实温度/℃
石油沥青	140~160	120~150
改性沥青	160~175	140~170

3.1.3　对于改性沥青,应根据实践经验、改性剂的品种和用量,适当提高混合料的拌和和压实温度;对于大部分聚合物改性沥青,通常在普通沥青的基础上提高10～20 ℃,掺加纤维时,尚需再提高10 ℃左右。

3.1.4　常温沥青混合料的拌和及压实在常温下进行。

3.2　沥青混合料试件的制作条件

3.2.1　在拌和厂或施工现场采取沥青混合料制作试样时,按T0701的方法取样,将试样置于烘箱中加热或保温,在混合料中插入温度计测量温度,待混合料温度符合要求后成型。需要拌和时,可倒入已加热的室内沥青混合料拌和机中适当拌和,时间不超过1 min。不得在电炉或明火上加热炒拌。

3.2.2　在试验室人工配制沥青混合料时,材料准备按下列步骤进行:

①将各种规格的矿料置105 ℃±5 ℃的烘箱中烘干至恒重(一般不少于4～6 h)。

②将烘干分级的粗细集料按每个试件设计级配要求称其质量,在一金属盘内混合均匀;矿粉单独加热置烘箱中预热至沥青拌和温度以上约15 ℃(采用石油沥青时通常为163 ℃,采用改性沥青时通常为180 ℃)备用。一般按一组试件(每组4～6个)备料,但进行配合比设计时,宜对每个试件分别备料。常温沥青混合料的矿料不应加热。

③将按规定T0601方法采集的沥青试样,用烘箱加热至规定的沥青混合料拌和温度,但不得超过175 ℃。当不得已采用燃气炉或电炉直接加热进行脱水时,必须使用石棉垫隔开。

4　拌制沥青混合料

4.1　黏稠石油沥青混合料

4.1.1　用蘸有少许黄油的棉纱擦净试模、套筒及击实座等置于100 ℃左右烘箱中加热1 h备用。常温沥青混合料用试模不用加热。

4.1.2　将沥青混合料拌和机预热至拌和温度以上10 ℃左右。

4.1.3　将加热的粗细集料置于拌和机中,用小铲子适当混合,然后加入需要数量的沥青(如沥青已称量在一专用容器内时,可在倒掉沥青后用一部分热矿粉将沾在容器壁上的沥青擦拭并一起倒入拌和锅中);开动拌和机,一边搅拌一边将拌和叶片插入混合料中拌和1～1.5 min,然后暂停拌和;加入单独加热的矿粉,继续拌和至均匀为止,并使沥青混合料保持在要求的拌和温度范围内。标准的总拌和时间为3 min。

4.2　液体石油沥青混合料:将每组(或每个)试件的矿料置于加热至55～100 ℃的沥青混合料拌和机中,注入要求数量的液体沥青,并将混合料边加热边拌和,使液体沥青中的溶剂挥发至50%以下。拌和时间事先试拌确定。

4.3　乳化沥青混合料:将每个试件的粗细集料,置于沥青混合料拌和机中(不加热,也可用人工拌和);注入计算的用水量(阴离子乳化沥青不加水)后,拌和均匀并使矿料表面完全湿润;再注入设计的沥青乳化液用量,在1 min内使混合料拌匀;然后加入矿粉后迅速拌和,使混合料拌成褐色为止。

5　成型方法

5.1　击实法的成型步骤如下:

5.1.1　将拌好的沥青混合料用小铲适当拌和均匀,称取一个试件所需的用量(标准马歇尔试件约1 200 g,大型马歇尔试件约4 050 g)。已知沥青混合料的密度时,可根据试件的标准尺寸计算并乘以1.03得到要求的混合料数量。一次拌和几个试件时,宜将其倒入经预热的金属盘中,用小铲适当拌和均匀分成几份,分别取用。在试件制作过程中,为防止混合料温度下降,应连盘放在烘箱中保温。

5.1.2　从烘箱中取出预热的试模及套筒,用蘸有少许黄油的棉纱擦拭套筒、底座及击实锤底面,将试模装在底座上,垫一张圆形的吸油性小的纸,用小铲将混合料铲入试模中,用插刀或大螺丝刀沿周边插捣15次,中间插捣10次。插捣后将沥青混合料表面整平。对大型击实法的试件,混合料分两次加入,每次插捣次数同上。

5.1.3　插入温度计至混合料中心附近,检查混合料温度。

5.1.4　待混合料温度符合要求的压实温度后,将试模连同底座一起放在击实台上固定,在装好的混合料上面垫一张吸油性小的圆纸,再将装有击实锤及导向棒的压实头插入试模中,然后开启电动机或人工将击实锤从457 mm的高度自由落下击实规定的次数(75次或50次)。对于大型试件,击实次数为75次(相当于标准击实50次)或112次(相当于标准击实75次)。

5.1.5　试件击实一面后,取下套筒,将试模翻面,装上套筒;然后以同样的方法和次数击实另一面。

乳化沥青混合料试件在两面击实后,将一组试件在室温下横向放置24 h;另一组试件置温度为105 ℃±5 ℃的烘箱中养生24 h。将养生试件取出后,再立即两面锤击各25次。

5.1.6　试件击实结束后,立即用镊子取掉上下面的纸,用卡尺量取试件离试模上口的高度并由此计算试件高度。如高度不符合要求时,试件应作废,并按式(T0702-1)调整试件的混合料质量,以保证高度符合63.5 mm±1.3 mm(标准试件)或95.3 mm±2.5 mm(大型试件)的要求。

$$调整后混合料的质量=\frac{调整前混合料的质量×要求的高度}{实际试件的高度} \qquad (T0702-1)$$

5.2　卸去套筒和底座,将装有试件的试模横向放置冷却至室温后(不少于12 h),在脱模机上脱出试件。用于T0709现场马歇尔指标检验的试件,在施工质量检验过程中如急需试验,允许采用电风扇吹冷1 h或浸水冷却3 min以上的方法脱模;但浸水脱模法不能用于测量密度、空隙率等各项物理指标。

5.3　将试件仔细置于干燥洁净的平面上,供试验用。

2)完成本试验需思考的问题及提示

完成"马歇尔试件制作"需思考的问题及提示见表1.53。

表1.53　完成"马歇尔试件制作"需思考的问题及提示

序号	问题	提示	备注
1	试件尺寸要求为标准试件	根据本试验1条确定	回答"马歇尔标准试件"的尺寸
2	一组合格试件的个数	根据本试验1.3.1条确定	—
3	成型一组马歇尔试件所需各材料的质量	根据本试验5.1.1条预估总质量	反思"是否会计算一组试件所需各材料的质量"
4	粗集料的取样	—	严格按照四分法缩分取样
5	压实温度的测定	根据本试验5.1.3条确定	—
6	击实次数的确定	根据本试验1.3.7条确定	—

1.3.2 检测各项物理力学指标,填写试验检测记录表

试验依据为《公路工程沥青及沥青混合料试验规程》(JTG E20—2011)。

1.测定并计算物理指标

测定压实沥青混合料试件的毛体积相对密度并计算空隙率(VV)、矿料间隙率(VMA)及沥青饱和度(VFA)等参数。

1)试验方法

T0705—2011 压实沥青混合料密度试验(表干法)

1 目的与适用范围

1.1 本方法适用于测定吸水率不大于2%的各种沥青混合料试件,包括密级配沥青混凝土、沥青玛琋脂碎石混合料(SMA)和沥青稳定碎石等沥青混合料试件的毛体积相对密度或毛体积密度。标准温度为25 ℃±0.5 ℃。

1.2 本方法测定的毛体积相对密度和毛体积密度适用于计算沥青混合料试件的空隙率、矿料间隙率等各项体积指标。

2 仪具与材料技术要求

2.1 浸水天平或电子天平:当最大称量在3 kg以下时,感量不大于0.1 g;最大称量在3 kg以上时,感量不大于0.5 g。应有测量水中重的挂钩。

2.2 溢流水箱:如图T0705-1所示,使用洁净水,有水位溢流装置,保持试件和网篮浸入水中后的水位一定。能调整水温在25 ℃±0.5 ℃。

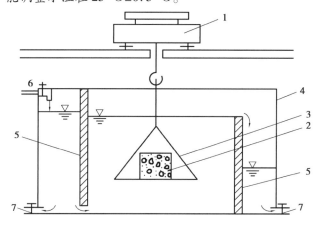

图 T0705-1 溢流水箱及下挂法水中重称量方法示意图

1—浸水天平或电子秤;2—试件;3—网篮;4—溢流水箱;5—水位搁板;6—注入口;7—放水阀门

2.3 试件悬吊装置:天平下方悬吊网篮及试件的装置,吊线应采用不吸水的细尼龙线绳,并有足够的长度。对于轮碾成型机成型的板块状试件,可用铁丝悬挂。

2.4 其他:网篮、秒表、毛巾、电风扇或烘箱。

3 试验步骤

3.1 准备试件。本试验可以采用室内成型的试件,也可以采用工程现场钻芯、切割等方法

获得的试件。当采用现场钻芯取样时,应按照 T0701 的方法进行。试验前,试件宜在阴凉处保存(温度不宜高于 35 ℃),且放置在水平的平面上,注意不要使试件产生变形。

3.2　选择适宜的浸水天平或电子天平,最大称量应满足试件质量的要求。

3.3　除去试件表面的浮粒,称取干燥试件的空气中质量(m_a),根据选择的天平的感量读数,精确至 0.1 g 或 0.5 g。

3.4　将溢流水箱水温保持在 25 ℃±0.5 ℃。挂上网篮,浸入溢流水箱中,调节水位,将天平调平或复零,把试件置于网篮中(注意不要晃动水)浸水 3~5 min,称取水中质量(m_w)。若天平读数持续变化,不能很快达到稳定,说明试件吸水较严重,不适用于此法测定,应改用 T0707 的蜡封法测定。

3.5　从水中取出试件,用洁净柔软的拧干湿毛巾轻轻擦去试件的表面水(不得吸走空隙内的水),称取试件的表干质量(m_f)。从试件拿出水面到擦拭结束不宜超过 5 s,称量过程中流出的水不得再擦拭。

3.6　对从工程现场钻取的非干燥试件可先称取水中质量(m_w)和表干质量(m_f),然后用电风扇将试件吹干至恒重(一般不少于 12 h,不需要进行其他试验时,也可用 60 ℃±5 ℃烘箱烘干至恒重),再称取空气中质量(m_a)。

4　计算

4.1　按式(T0705-1)计算试件的吸水率,取 1 位小数。

$$S_a = \frac{m_f - m_a}{m_f - m_w} \times 100 \qquad (\text{T0705-1})$$

式中　S_a——试件的吸水率,%;

　　　m_a——干燥试件的空中质量,g;

　　　m_w——试件的水中质量,g;

　　　m_f——试件的表干质量,g。

4.2　按式(T0705-2)及式(T0705-3)计算试件的毛体积相对密度和毛体积密度,取 3 位小数。

$$\gamma_f = \frac{m_a}{m_f - m_w} \qquad (\text{T0705-2})$$

$$\rho_f = \frac{m_a}{m_f - m_w} \times \rho_w \qquad (\text{T0705-3})$$

4.3　按式(T0705-4)计算试件的空隙率,取 1 位小数。

$$VV = \left(1 - \frac{\gamma_f}{\gamma_t}\right) \times 100 \qquad (\text{T0705-4})$$

式中　VV——试件的空隙率,%;

　　　γ_t——沥青混合料理论最大相对密度,按 4.7 的方法计算或实测得到,无量纲;

　　　γ_f——试件的毛体积相对密度,无量纲,通常采用表干法测定;试件的吸水率 $S_a > 2\%$ 时,由蜡封法测定;按规定容许采用水中重法测定时,也可采用表观相对密度代替。

4.4　按式(T0705-5)计算矿料的合成毛体积相对密度,取 3 位小数。

$$\gamma_{sb} = \frac{100}{\dfrac{P_1}{\gamma_1} + \dfrac{P_2}{\gamma_2} + \cdots + \dfrac{P_n}{\gamma_n}} \qquad (\text{T0705-5})$$

式中　γ_{sb}——矿料的合成毛体积相对密度,无量纲;

　　P_1、P_2、$\cdots$、P_n——各种矿料占矿料总质量的百分率,%,其和为 100;

　　γ_1、γ_2、$\cdots$、γ_n——各种矿料相应的毛体积相对密度,无量纲;采用《公路工程集料试验规程》(JTG 3432—2024)的方法进行测定,粗集料按 T0304 方法测定,机制砂及石屑按 T0330 方法测定,也可以用筛出的 2.36~4.75mm 部分按 T0304 方法测定的毛体积相对密度代替,矿粉(含消石灰、水泥)以表观相对密度代替。

4.5　按式(T0705-6)计算矿料的合成表观相对密度,取 3 位小数。

$$\gamma_{sa}=\frac{100}{\dfrac{P_1}{\gamma_1'}+\dfrac{P_2}{\gamma_2'}+\cdots+\dfrac{P_n}{\gamma_n'}} \tag{T0705-6}$$

式中　γ_{sa}——矿料的合成表观相对密度,无量纲;

　　γ_1'、γ_2'、$\cdots$、γ_n'——各种矿料相应的表观相对密度,无量纲。

4.6　确定矿料的有效相对密度,取 3 位小数。

4.6.1　对于非改性沥青混合料,采用真空法实测理论最大相对密度,取平均值。按式(T0705-7)计算合成矿料的有效相对密度 γ_{se}。

$$\gamma_{se}=\frac{100-P_b}{\dfrac{100}{\gamma_t}-\dfrac{P_b}{\gamma_b}} \tag{T0705-7}$$

式中　γ_{se}——合成矿料有效相对密度,无量纲;

　　P_b——沥青用量,即沥青质量占沥青混合料总质量的百分比,%;

　　γ_t——实测的沥青混合料理论最大相对密度,无量纲;

　　γ_b——25 ℃时沥青的相对密度,无量纲。

4.6.2　对于改性沥青及 SMA 等难以分散的混合料,有效相对密度宜直接由矿料的合成毛体积相对密度与合成表观相对密度按式(T0705-8)计算确定。其中,沥青吸收系数 C 值根据材料吸水率由式(T0705-9)求得,合成矿料的吸水率按式(T0705-10)计算。

$$\gamma_{se}=C\times\gamma_{sa}+(1-C)\times\gamma_{sb} \tag{T0705-8}$$

$$C=0.033w_x^2-0.293\ 6w_x+0.933\ 9 \tag{T0705-9}$$

$$w_x=\left(\frac{1}{\gamma_{sb}}-\frac{1}{\gamma_{sa}}\right)\times100 \tag{T0705-10}$$

式中　C——沥青吸收系数,无量纲;

　　w_x——合成矿料的吸水率,%。

4.7　确定沥青混合料的理论最大相对密度,取 3 位小数。

4.7.1　对于非改性的普通沥青混合料,采用真空法实测沥青混合料的理论最大相对密度 γ_t。

4.7.2　对于改性沥青或 SMA 混合料,宜按式(T0705-11)式(T0705-12)计算沥青混合料对应油石比的理论最大相对密度。

$$\gamma_t=\frac{100+P_a}{\dfrac{100}{\gamma_{se}}+\dfrac{P_a}{\gamma_b}} \tag{T0705-11}$$

$$\gamma_t = \frac{100 + P_a + P_X}{\dfrac{100}{\gamma_{se}} + \dfrac{P_a}{\gamma_b} + \dfrac{P_X}{\gamma_X}} \qquad (T0705-12)$$

式中 γ_t——计算沥青混合料对应油石比的理论最大相对密度,无量纲;

P_a——油石比,即沥青质量占矿料总质量的百分比,%;

$$P_a = \frac{P_b}{100 - P_b} \times 100$$

P_X——纤维用量,即纤维质量占矿料总质量的百分比,%;

γ_X——25 ℃时纤维的相对密度,由厂方提供或实测得到,无量纲;

γ_{se}——合成矿料的有效相对密度,无量纲;

γ_b——25 ℃时沥青的相对密度,无量纲。

4.7.3 对于旧路面钻芯取样的试件缺乏材料密度、配合比及油石比的沥青混合料,可以采用真空法测沥青混合料的理论最大密度 γ_t。

4.8 按式(T0705-13)至式(T0705-15)计算试件的空隙率、矿料间隙率 VMA 和有效沥青的饱和度 VFA,取 1 位小数。

$$VV = \left(1 - \frac{\gamma_f}{\gamma_t}\right) \times 100 \qquad (T0705-13)$$

$$VMA = \left(1 - \frac{\gamma_f}{\gamma_{sb}} \times \frac{P_s}{100}\right) \times 100 \qquad (T0705-14)$$

$$VFA = \frac{VMA - VV}{VMA} \times 100 \qquad (T0705-15)$$

式中 VV——沥青混合料试件的空隙率,%;

VMA——沥青混合料试件的矿料间隙率,%;

VFA——沥青混合料试件的有效沥青饱和度,%;

P_s——各种矿料占沥青混合料总质量的百分率之和,%,$P_s = 100 - P_b$;

γ_{sb}——合成矿料的有效相对密度,无量纲。

4.9 按式(T0705-16)至式(T0705-18)计算沥青结合料被沥青吸收的比例及有效沥青含量、有效沥青体积百分率,取 1 位小数。

$$P_b = \frac{\gamma_{se} - \gamma_{sb}}{\gamma_{se} \times \gamma_{sb}} \times \gamma_b \times 100 \qquad (T0705-16)$$

$$P_{be} = P_b - \frac{P_{ba}}{100} \times P_s \qquad (T0705-17)$$

$$V_{be} = \frac{\gamma_f \times P_{be}}{\gamma_b} \qquad (T0705-18)$$

式中 P_{ba}——沥青混合料中被矿料吸收的沥青质量占矿料总质量的百分率,%;

P_{be}——沥青混合料中的有效沥青含量,%;

V_{be}——沥青混合料试件的有效沥青体积百分率,%。

4.10 按式(T0705-19)计算沥青混合料的粉胶比,取 1 位小数。

$$FB = \frac{P_{0.075}}{P_{be}} \qquad (T0705-19)$$

式中　FB——粉胶比,沥青混合料的矿料中 0.075 mm 通过率与有效沥青含量的比值,无量纲;

　　　$P_{0.075}$——矿料级配中 0.075 mm 通过率(水洗法),%。

　4.11　按式(T0705-20)计算集料的比表面积,按式(T0705-21)计算沥青混合料沥青膜厚度。各种集料粒径的表面积系数按表 T0705-1 取用。

$$SA = \sum (P_i \times FA_i) \qquad (T0705-20)$$

$$DA = \frac{P_{be}}{\rho_b \times P_s \times SA} \times 1\ 000 \qquad (T0705-21)$$

式中　SA——集料的比表面积,m²/kg;

　　　P_i——集料各粒径的质量通过百分率,%;

　　　FA_i——各筛孔对应集料的表面积系数,m²/kg,按表 T0705-1 确定;

　　　DA——沥青膜有效厚度,mm;

　　　γ_b——沥青 25 ℃时的密度,g/cm³。

表 T0705-1　集料的表面积系数及比表面积计算示例

筛孔尺寸/mm	19	16	13.2	9.5	4.75	2.26	1.18	0.6	0.3	0.15	0.075
表面积系数 FA_i/(m²·kg⁻¹)	0.004 1	—	—	—	0.004 1	0.008 2	0.016 4	0.028 7	0.061 4	0.122 9	0.022 7
集料各粒径的质量通过百分率/%	100	92	85	76	60	42	32	23	16	12	6
集料的比表面积 $FA_i \times P_i$/(m²·kg⁻¹)	0.41	—	—	—	0.25	0.34	0.52	0.66	0.98	1.47	1.97
集料的比表面积 SA/(m²·kg⁻¹)	$SA = 0.41+0.25+0.34+0.52+0.66+0.98+1.47+1.97 = 6.60$										

注:矿料级配中,大于 4.75 mm 集料的表面积系数 FA 均取 0.004 1。计算集料比表面时,大于 4.75 mm 集料的比表面积只计算一次,即只计算最大粒径对应部分。如表 T0705-1 所示,该例的 $SA = 6.6$ m²/kg。若沥青混合料的有效沥青含量为 4.65%,沥青混合料的沥青用量为 4.8%,沥青的密度为 1.03 g/cm³,$P_s = 95.2$,则沥青膜厚度 $DA = 4.65/(95.2 \times 1.03 \times 6.60) \times 1\ 000 = 7.19(\mu m)$。

　4.12　粗集料骨架间隙率可按式(T0705-22)计算,取 1 位小数。

$$VCA_{mix} = 100 - \frac{\gamma_f}{\gamma_{ca}} \times P_{ca} \qquad (T0705-22)$$

式中　VCA_{mix}——粗集料骨架间隙率,%;

　　　P_{ca}——矿料中所以粗集料质量占沥青混合料总质量的百分率,%,按式(T0705-23)计算;

$$P_{ca} = P_s \times PA_{4.75}/100 \qquad (T0705-23)$$

　　　$PA_{4.75}$——矿料级配中 4.75 mm 筛余量,即 100 减去 4.75 mm 通过率;

　　　γ_{ca}——矿料中所有粗集料颗粒部分对水的合成毛体积相对密度,按式(T0705-24)计算,无量纲;

$$\gamma_{ca}=\frac{P_{1c}+P_{2c}+\cdots+P_{nc}}{\dfrac{P_{1c}}{\gamma_{1c}}+\dfrac{P_{2c}}{\gamma_{2c}}+\cdots+\dfrac{P_{nc}}{\gamma_{nc}}} \qquad\qquad (\text{T0705}-24)$$

式中　P_{1c}、$\cdots$、P_{nc}——矿料中各种粗集料在矿料配合比中的比例,%;

　　　　γ_{1c}、$\cdots$、γ_{nc}——矿料中各种粗集料对水的毛体积相对密度。

注:$PA_{4.75}$ 对于一般沥青混合料为矿料级配中 4.75 mm 筛余量,对于公称最大粒径不大于 9.5 mm 的 SMA 混合料为 2.36 mm 筛余量,对特大粒径根据需要可以选择其他筛孔。

5　报告

应在试验报告中注明沥青混合料的类型及测定密度采用的方法。

6　允许误差

试件毛体积密度试验重复性的允许误差为 0.020 g/cm³。试件毛体积相对密度试验重复性的允许误差为 0.020。

2) 完成本试验需思考的问题及提示

完成"沥青混合料密度试验"需思考的问题及提示见表 1.54。

表 1.54　完成"沥青混合料密度试验"需思考的问题及提示

序号	问题	提示	备注
1	适用范围	根据本试验 1 条确定	——
2	水温要求	根据本试验 3.4 条确定	思考"如何得到要求温度的水"
3	擦干试件表面水的方法	根据本试验 3.5 条确定	——
4	计算空隙率需要知道的参数 γ_t 如何确定	根据沥青混合料的理论最大相对密度试验(真空法确定)	——
5	计算矿料间隙率需知道的参数 γ_{sb} 的计算条件	根据本试验 4.4 条确定	思考"各矿料毛体积密度如何得到"

3) 填写试验检测记录表

"沥青混合料密度试验检测记录表"填写要求见表 1.55。

表 1.55　"沥青混合料密度试验检测记录表"填写要求

记录表名称	代号	填写要求
沥青混合料(浸水)马歇尔试验检测记录表	本项目 JGLQ11002a	1. 本记录表共 5 页,对应 5 个油石比; 2. 基本信息区参照任务单内容填写,"样品名称""样品编号""样品描述"不填; 3. 主要仪器设备要填写; 4. 密度检测方法为表干法; 5. 理论最大相对密度为实测值[理论最大相对密度(真空法)数据]; 6. 数据区用铅笔填写,教师批阅后可修改; 7. 落款区"试验"处由本人签名,"复核"处由小组长签名; 8. 空白格中画"—"

2. 真空法实测各组沥青混合料的理论最大相对密度

1) 试验方法

真空法实测各组沥青混合料理论最大相对密度可扫描右侧二维码学习。

沥青混合料理论最大相对密度试验(真空法)

2) 完成本试验需思考的问题及提示

完成"沥青混合料理论最大相对密度试验"需思考的问题及提示见表1.56。

表 1.56 完成"沥青混合料理论最大相对密度试验"需思考的问题及提示

序号	问题	提示	备注
1	适用范围	根据本试验1.2条确定	—
2	本试验室的负压容器类别	根据本试验2.2条确定	—
3	所取试样数量	根据本试验3.1.1条确定	—
4	试样的分散方法及细集料团块分散要求	根据本试验3.1.2条确定	思考"为什么要将细集料团块分散到6.4 mm以下"
5	标定B类负压容器的水温要求	根据本试验3.1.3条确定	思考"如何获得该温度的水"
6	试验时的负压要求	根据本试验3.2.3条确定	—
7	平行试验次数及计算结果取小数的位数要求	根据本试验6条确定	—

3) 填写试验检测记录表

"沥青混合料理论最大相对密度试验检测记录表"填写要求见表1.57。

表 1.57 "沥青混合料理论最大相对密度试验检测记录表"填写要求

记录表名称	代号	填写要求
沥青混合料理论最大相对密度试验检测记录表(真空法)	本项目 JGLQ11004	1. 基本信息区参照任务单内容填写,"样品名称""样品编号""样品描述"不填; 2. 主要仪器设备要填写; 3. 试样类型从"试验室拌和""拌和楼拌和""路面芯样"中选择; 4. 数据区用铅笔填写,教师批阅后可修改; 5. 落款区"试验"处由本人签名,"复核"处由小组长签名; 6. 空白格中画"—"

3. 测定力学指标

测定物理指标后的试件,在60 ℃下测定其马歇尔稳定度和流值,并计算马歇尔模数。

1) 试验方法

T0709—2011 沥青混合料马歇尔稳定度试验

1 目的与适用范围

1.1 本方法适用于马歇尔稳定度试验和浸水马歇尔稳定度试验,以进行沥青混合料的配合比设计或沥青路面施工质量检验。浸水马歇尔稳定度试验(根据需要,也可进行真空饱水马歇尔试验)供检验沥青混合料受水损害时抵抗剥落的能力时使用,通过测试其水稳定性检验配合比设计的可行性。

1.2 本方法适用于按 T0702 成型的标准马歇尔试件圆柱体和大型马歇尔试件圆柱体。

2 主要仪器设备

2.1 沥青混合料马歇尔试验仪:分为自动式和手动式。自动马歇尔试验仪应具备控制装置、记录荷载-位移曲线、自动测定荷载与试件垂直变形,能自动显示和存储或打印试验结果等功能。手动马歇尔试验仪由人工操作,试验数据通过操作者目测后读取数据。

对于高速公路和一级公路的沥青混合料,宜采用自动马歇尔试验仪。

2.1.1 当集料公称最大粒径小于或等于 26.5 mm 时,对于 ϕ101.6 mm×63.5 mm 的标准马歇尔试件,试验仪最大荷载不得小于 25 kN,测定精度为 0.01 kN,加载速率应能保持 50 mm/min±5 mm/min。钢球直径为 16 mm±0.05 mm,上下压头曲率半径为 50.8 mm±0.08 mm。

2.1.2 当集料公称最大粒径大于 26.5 mm 时,对于 ϕ152.4 mm×95.3 mm 大型马歇尔试件,试验仪最大荷载不得小于 50 kN,读数精确度为 0.01 kN,上下压头的曲率内径为 152.4 mm±0.2 mm,上下压头间距为 19.05 mm±0.1 mm。

2.2 恒温水槽:控温精确至 1 ℃,深度不小于 150 mm。

2.3 真空饱水容器:包括真空泵及真空干燥器。

2.4 烘箱、卡尺。

2.5 天平:感量不大于 0.1 g。

2.6 温度计:分度值 1 ℃。

2.7 其他:棉纱、黄油。

3 标准马歇尔试验方法

3.1 准备工作

3.1.1 按 T0702 标准击实法成型马歇尔试件,标准马歇尔试件尺寸应符合直径 ϕ101.6 mm±0.2 mm、高 63.5 mm±1.3 mm 的要求。对于大型马歇尔试件,标准马歇尔试件尺寸应符合直径 ϕ152.4 mm±0.2 mm、高 95.3 mm±2.5 mm 的要求。一组试件的数量不得少于 4 个,并符合 T0702 的规定。

3.1.2 测量试件的直径及高度:用卡尺测量试件中部的直径,用马歇尔试件高度测定器或用卡尺在十字对称的 4 个方向量测量试件边缘 10 mm 处的高度,精确至 0.1 mm,并以其平均值作为试件的高度。如试件高度不符合 63.5 mm±1.3 mm 或 95.3 mm±2.5 mm 的要求或两侧高度差大于 2 mm 时,此试件应作废。

3.1.3 按规定方法测定试件的密度,并计算空隙率、沥青体积百分率、沥青饱和度、矿料间隙率等体积指标。

3.1.4 将恒温水槽调节至要求的试验温度,对黏稠石油沥青或烘箱养生过的乳化沥青混合料为 60 ℃±1 ℃,对煤沥青混合料为 33.8 ℃±1 ℃,对空气养生的乳化沥青或液体沥青混合料为 25 ℃±1 ℃。

3.2 试验步骤

3.2.1 将试件置于已达规定温度的恒温水槽中保温,标准马歇尔试件保温时间为 30~40 min,大型马歇尔试件保温时间为 45~60 min。试件之间应有间隔,底下应垫起,离容器底部不小于 5 cm。

3.2.2 将马歇尔试验仪的上下压头放入水槽或烘箱中达到同样温度。将上下压头从水槽或烘箱中取出并擦拭干净内面。为使上下压头滑动自如,可在下压头的导棒上涂少量黄油。再将试件取出置于下压头上,盖上上压头,然后装在加载设备上。

3.2.3　在上压头的球座上放妥钢球,并对准荷载测定装置的压头。

3.2.4　采用自动马歇尔试验仪时,将自动马歇尔试验仪的压力传感器、位移传感器与计算机或 X-Y 记录仪正确连接,调整好适宜的放大比例。压力和位移传感器调零。

3.2.5　采用压力环和流值计时,将流值计安装在导棒上,使导向套管轻轻地压住上压头,同时将流值计读数调零。调整压力环中百分表,对零。

3.2.6　启动加载设备,使试件承受荷载,加荷速度为 50±5 mm/min。计算机或 X-Y 记录仪自动记录传感器压力和试件变形曲线并将数据自动存入计算机。

3.2.7　在试验荷载达到最大值的瞬间,取下流值计,同时读取压力环中百分表读数及流值计的流值读数。

3.2.8　从恒温水槽中取出试件至测出最大荷载值的时间不得超过 30 s。

4　浸水马歇尔试验方法

浸水马歇尔试验方法与标准马歇尔试验方法的不同之处在于,试件在已达规定温度恒温水槽中的保温时间为 48 h,其余均与标准马歇尔试验方法相同。

5　真空饱水马歇尔试验方法

试件先放入真空干燥器中,关闭进水胶管,开动真空泵,使干燥器的真空度达到 97.3 kPa (730 mmHg) 以上,维持 15 min;然后打开进水胶管,靠负压进入冷水流使试件全部浸入水中,浸水 15 min 后恢复常压,取出试件再放入已达规定稳定温度的恒温水槽中保温 48 h。其余与标准马歇尔试验方法相同。

6　计算

6.1　试件的稳定度和流值

6.1.1　采用自动马歇尔试验仪时,将计算机采集的数据绘制成压力和试件变形曲线,或由 X-Y 记录仪自动记录的荷载-变形曲线。按图 T0709-1 所示的在切线方向延长曲线与横坐标相交于 O_1,将 O_1 作为修正原点,从 O_1 起量取相应于荷载最大值时的变形作为流值 (FL),以 mm 计,精确至 0.1 mm。最大荷载即为稳定度(MS),以 kN 计,精确至 0.01 kN。

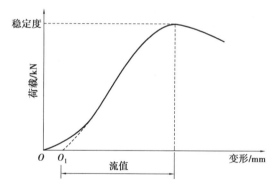

图 T0709-1　马歇尔试验结果的修正方法

6.1.2　采用压力环和流值计测定时,根据压力环标定曲线,将压力环中百分表的读数换算为荷载值,或者由荷载测定装置读取的最大值即为试样的稳定度(MS),以 kN 计,精确至 0.01 kN。由流值计及位移传感器测定装置读取的试件垂直变形,即为试件的流值(FL),以 mm 计,精确至 0.1 mm。

6.2　试件的马歇尔模数按式(T0709-1)计算。

$$T = \frac{MS}{FL} \qquad\qquad (\text{T0709-1})$$

式中　T——试件的马歇尔模数,kN/mm;

　　　MS——试件的稳定度,kN;

　　　FL——试件的流值,mm。

6.3 试件的浸水残留稳定度按式（T0709-2）计算。

$$MS_0 = \frac{MS_1}{MS}$$ （T0709-2）

式中 MS_0——试件的浸水残留稳定度，%；

MS_1——试件浸水 48 h 后的稳定度，kN。

6.4 试件的真空饱水残留稳定度按式（T0709-3）计算。

$$MS_0' = \frac{MS_2}{MS} \times 100$$ （T0709-3）

式中 MS_0'——试件的真空饱水残留稳定度，%；

MS_2——试件真空饱水后浸水 48 h 后的稳定度，kN。

7 报告

7.1 一组测定值中某个测定值与平均值之差大于标准差的 k 倍时，该测定值应予舍弃，并以其余测定值的平均值作为试验结果。试件数目 n 为 3、4、5、6 个时，k 值分别为 1.15、1.46、1.67、1.82。

7.2 报告中需列出马歇尔稳定度、流值、马歇尔模数，以及试件尺寸、密度、空隙率、沥青用量、沥青体积百分率、沥青饱和度、矿料间隙率等各项物理指标。采用自动马歇尔试验仪时，试验结果应附上荷载-变形曲线原件或自动打印结果。

2)完成本试验需思考的问题及提示

完成"沥青混合料马歇尔稳定度试验"需思考的问题及提示见表 1.58。

表 1.58 完成"沥青混合料马歇尔稳定度试验"需思考的问题及提示

序号	问题	提示	备注
1	试件的形状及尺寸要求	根据本试验 2.1.1 及 2.1.2 条确定	—
2	测定试件的尺寸	根据本试验 3.1.2 条确定	思考"为什么要检验试件的尺寸"
3	保温时间要求	根据本试验 3.2.1 条确定	—
4	上下压头的温度如何保证	根据本试验 3.2.2 条确定	思考"为什么要保证压头的温度"
5	试验结果如何处理	根据本试验 7 条确定	反思"标准差是否会计算"
6	"稳定度"结果如果不符合技术要求的规定，分析原因	根据试件成型时的温度、取样的均匀性、检测时试件的温度等因素分析	提出合理的措施

3)填写试验检测记录表

"沥青混合料马歇尔稳定度试验检测记录表"填写要求见表 1.59。

表 1.59　"沥青混合料马歇尔稳定度试验检测记录表"填写要求

记录表名称	代号	填写要求
沥青混合料（浸水）马歇尔试验检测记录表	本项目 JGLQ11003	1. 本记录表共 5 页，对应 5 个油石比； 2. 基本信息区参照任务单内容填写，"样品名称""样品编号""样品描述"不填； 3. 仪器设备要填写； 4. 数据区用铅笔填写，教师批阅后可修改； 5. 落款区"试验"处由本人签名，"复核"处由小组长签名； 6. 空白格中画"＿"

1.3.3　确定沥青混合料的最佳沥青用量（OAC）

1. 确定沥青混合料的最佳沥青用量（OAC）

1）绘制沥青用量与物理-力学指标关系图

以油石比为横坐标，以马歇尔试验的各项指标为纵坐标，将试验结果绘制成油石比与各项指标的关系曲线，如图 1.3 所示。

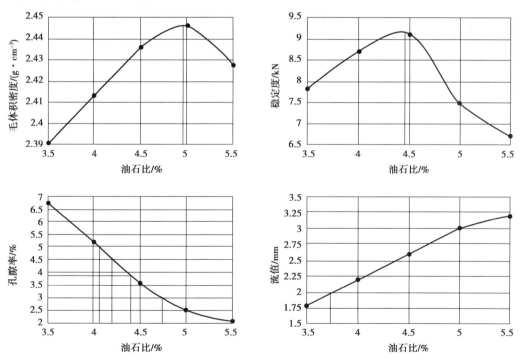

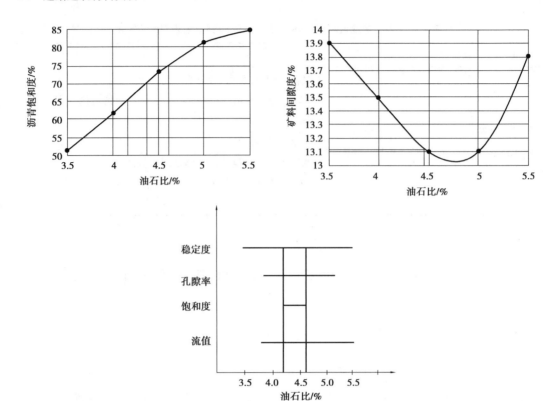

图1.3   沥青用量与马歇尔试验结果关系图

注：①图中 $a_1 = 4.93\%$，$a_2 = 4.38\%$，$a_3 = 4.21\%$，$a_4 = 4.37\%$，$OAC_1 = 4.47\%$（由4个平均值确定），$OAC_{min} = 4.16\%$，$OAC_{max} = 4.61\%$，$OAC_2 = 4.38\%$，$OAC = 4.4\%$。

②绘制曲线时，含 VMA 指标，且应为下凹形曲线，但确定 $OAC_{min} \sim OAC_{max}$ 时不包括 VMA。

2)确定均符合规范规定的沥青用量范围

（1）密级配沥青混凝土混合料的技术要求

《公路沥青路面施工技术规范》（JTG F40—2004）对密级配沥青混凝土混合料的技术要求见表1.60。

表1.60   密级配沥青混凝土马歇尔试验技术标准

试验指标		单位	高速公路、一级公路				其他等级公路	行人道路
			夏炎热区 （1-1、1-2、1-3、1-4区）		夏热区及夏凉区 （2-1、2-2、2-3、2-4、3-2区）			
			中轻交通	重载交通	中轻交通	重载交通		
击实次数（双面）		次	75				50	50
试件尺寸		mm	$\phi101.6\times63.5$					
空隙率 VV	深90 mm以内	%	3～5	4～6	2～4	3～5	3～6	2～4
	深90 mm以下	%	3～6		2～4	3～6	3～6	—
稳定度 MS		kN	8				5	3

试验指标		单位	高速公路、一级公路				其他等级公路	行人道路
			夏炎热区 (1-1、1-2、1-3、1-4 区)		夏热区及夏凉区 (2-1、2-2、2-3、2-4、3-2 区)			
			中轻交通	重载交通	中轻交通	重载交通		
流值 *FL*		mm	2 ~ 4	1.5 ~ 4	2 ~ 4.5	2 ~ 4	2 ~ 4.5	2 ~ 5
矿料间隙率 *VMA*/%	设计空隙率/%	相当于以下公称最大粒径(mm)的最小 *VMA* 及 *VFA* 技术要求/%						
		26.5	19	16	13.2	9.5	4.75
	2	≥10	≥11	≥11.5	≥12	≥13	≥15
	3	≥11	≥12	≥12.5	≥13	≥14	≥16
	4	≥12	≥13	≥13.5	≥14	≥15	≥17
	5	≥13	≥14	≥14.5	≥15	≥16	≥18
	6	≥14	≥15	≥15.5	≥16	≥17	≥19
沥青饱和度 *VFA*/%		55 ~ 70		65 ~ 75		70 ~ 85	

(2)确定均符合规范规定的沥青用量范围 $OAC_{min} \sim OAC_{max}$

确定均符合规范规定的沥青混合料技术标准(表 1.60)的沥青用量范围 $OAC_{min} \sim OAC_{max}$。选择的沥青用量范围必须涵盖设计空隙率的全部范围,并尽可能涵盖沥青饱和度的要求范围,并使密度及稳定度曲线出现峰值。如果没有涵盖设计空隙率的全部范围,试验必须扩大沥青用量范围重新进行。

3)确定沥青混合料的最佳沥青用量 OAC_1

①在曲线图 1.4 上求取相应于密度最大值、稳定度最大值、目标空隙率(或中值)、沥青饱和度范围的中值的沥青用量 a_1、a_2、a_3、a_4,按式(1.1)求取平均值作为 OAC_1。

$$OAC_1 = (a_1 + a_2 + a_3 + a_4)/4 \tag{1.1}$$

②如果在所选择的沥青用量范围未能涵盖沥青饱和度的要求范围,按式(1.2)求取三者的平均值作为 OAC_1。

$$OAC_1 = (a_1 + a_2 + a_3)/3 \tag{1.2}$$

③对于所选择试验的沥青用量范围,密度或稳定度没有出现峰值(最大值经常在曲线的两端)时,可直接以目标空隙率所对应的 a_3 沥青用量作为 OAC_1,但 OAC_1 必须介于 $OAC_{min} \sim OAC_{max}$ 内,否则应重新进行配合比设计。

4)确定沥青混合料的最佳沥青用量 OAC_2

以各项指标均符合技术标准(不含 *VMA*)的沥青用量范围 $OAC_{min} \sim OAC_{max}$ 的中值作为 OAC_2,按式(1.3)计算。

$$OAC_2 = (OAC_{min} + OAC_{max})/2 \tag{1.3}$$

5)确定最佳沥青用量 OAC

通常情况下,取 OAC_1 及 OAC_2 的中值作为计算的最佳沥青用量 OAC,按式(1.4)计算。

$$OAC = (OAC_1 + OAC_2)/2 \tag{1.4}$$

6)检验 VMA 值

按式(1.4)计算的最佳油石比 OAC,从图 1.4 中得出对应的空隙率和 VMA 值,检验是否能满足规范(表 1.60)关于最小 VMA 值的要求(OAC 宜位于 VMA 凹形曲线最小值的贫油一侧)。空隙率不是整数时,最小 VMA 按内插法确定,并将其画入图 1.4 中。

检查图 1.4 中相应于此 OAC 的各项指标是否均符合马歇尔试验技术标准要求(表 1.60)。

2.填写试验检测记录表

"沥青混合料配合比设计试验检测记录表"填写要求见表 1.61。

表 1.61 "沥青混合料配合比设计试验检测记录表"填写要求

记录表名称	代号	填写要求
沥青混合料配合比设计试验检测记录表	本项目 JGLQ11002a JGLQ11003	1.本记录表应为 5 页,拟定油石比为 4.0%、4.5%、5.0%、5.5%、6.0%,每个油石比对应一张记录表; 2.基本信息区参照任务单内容填写,"样品编号""样品名称""样品描述"不填; 3.数据区用铅笔填写,教师批阅后可修改; 4.落款区"试验"处由本人签名,"复核"处由小组长签名; 5.空白格画"—"

1.3.4 编制检测报告

"沥青混合料配合比设计试验检测报告"填写要求见表 1.62。

表 1.62 "沥青混合料配合比设计试验检测报告"填写要求

报告表名称	代号	填写要求
沥青混合料配合比设计试验检测报告	本项目及检验报告"报告续页 BGLQ11001F"	1.本部分内容报告表共 2 页; 2.基本信息区参照委托单内容填写; 3.判定依据为《公路沥青路面施工技术规范》(JTG F40—2004); 4.拟定油石比为 4.0%、4.5%、5.0%、5.5%、6.0%; 5.绘制各项指标随油石比变化的关系图,确定最佳油石比; 6.检测结论要严谨准确; 7.数据区用签字笔填写,错误处按要求"杠改"并在修改处签名; 8.落款区"试验"处由本人签名,"复核"处由小组长签名,"签发"处由指导教师签名; 9.空白格中画"—"

任务 1.4　出具配合比设计报告书

本任务是在任务 1.1、任务 1.2、任务 1.3 的试验检测记录表及试验检测报告的基础上,出具配合比设计报告书。

1.配合比设计报告书内容

配合比设计报告书应包括原材料质量试验结果、矿料级配、最佳沥青用量及各项体积指标等,用于高速公路和一级公路的密级配沥青混合料还包括配合比设计检验结果。试验报告的矿料级配曲线应按规定的方法绘制(横坐标为筛孔尺寸的 0.45 次方)。

2.配合比设计报告书格式要求

①配合比设计报告书包括封面、封二、首页及报告续页。

②填写封面、首页。

a.封面"检验类别"为委托检验。

b.首页检验依据为"《公路沥青路面施工技术规范》(JTG F40—2004)、设计文件"。

c.主要仪器设备为该项目涉及的主要设备。

d.检测结论要严谨准确。

e.试验环境为"温度""湿度"。

f."批准人"处由指导教师签名,"审核人"处由小组长签名,"主检人"处由本人签名,"录入"及"校对"处由任意两名同学签名。

g.空白格中画"—"。

h.用签字笔填写。

③将各原材料报告、矿料配合比报告及最佳油石比设计报告作为报告续页附在首页后。

④将配合比设计报告书从首页开始,加上报告续页开始编页码。

⑤将配合比设计报告书装订成册。

项目2　C30水泥混凝土配合比设计

【项目描述】

水泥混凝土的技术性质很大程度上是由原材料的性质及其相对含量决定的。因此,在制备混凝土时,应根据工程对和易性、强度、耐久性等要求,合理选择原材料并确定其比例,以达到经济适用的目的。

混凝土配合比设计就是首先通过计算得出初步比例,然后在检验混凝土技术性质的基础上试配与调整,确定混凝土各组成材料的用量比例。对混凝土要求不同,原材料性能不同,材料用量比例也不相同。

本项目是完成水泥混凝土配合比设计,包括集料的指标检测、水泥的指标检测、得出试验室配合比、出具配合比设计报告书4个任务。通过系统完整的训练,学生能掌握水泥混凝土所用原材料及水泥混凝土的技术指标的检测技能,并能评价其质量;能分析影响水泥混凝土工作性和强度的因素,能掌握水泥混凝土配合比设计的方法步骤。

【设计资料】

在山西省太原市某高速公路某桥修建中,承台、盖梁等结构所用水泥混凝土的设计强度等级为C30,施工坍落度大小应满足90～120 mm。施工单位将C30水泥混凝土目标配合比设计任务外委至××公路交通试验检测中心完成。

检测中心办公室接待人员与客户洽谈检测业务事宜后,送样人员填写了检验委托单(附表1),样品管理员接收并签字后,根据检验委托单约定的检测任务对各功能室下发任务单(附表2、附表3、附表4)。

【实训任务】

学生模拟检测中心各功能室的检测人员,完成各功能室接收的任务单(附表2、附表3、附表4)所要求的检测任务。

【实训保障】

完成本项目需要两名指导教师,其除指导学生实训外,其中一名教师模拟检测中心授权签字人,负责批准检测报告。

附表1

××公路交通试验检测中心检验委托单

编号：WT-20240316-019

工程名称	×××高速公路			委托单位	山西省×××路桥建设集团有限公司	
使用部位	×××桥承台、盖梁等			日期	2024 年 3 月 16 日	
试样情况	名称	规格	产地	数量	用途	样品状态
	碎石	10～31.5 mm	寿阳	200 kg	配合比设计	干燥、洁净、无杂质
	碎石	5～10 mm	寿阳	200 kg	配合比设计	干燥、洁净、无杂质
	水泥	P·O 42.5	太原	150 kg	配合比设计	干燥、洁净、无结块
	天然砂	—	忻州	200 kg	配合比设计	干燥、洁净、无杂质
	—	—	—	—	—	—
	—	—	—	—	—	—
双方约定事项（检测项目、方法及其他）	检测项目：1. 原材料检验。 　　　　 2. 矿料级配比例设计。 　　　　 3. C30 水泥混凝土试验室配合比。 检测依据：《公路桥涵施工技术规范》(JTG/T 3650—2020)。 试验依据：《公路工程集料试验规程》(JTG 3432—2024)、《公路工程水泥及水泥混凝土试验规程》(JTG 3420—2020)、《水泥胶砂强度检验方法(ISO 法)》(GB/T 17671—2021)。 其他：1. 承台、盖梁等用 C30 水泥混凝土。 　　 2. 坍落度要求值为 90～120 mm。 　　 3. 2024 年 4 月 21 日取检验报告。					
试验室对委托试样意见	样品数量及状态满足试验要求					
送样人	×××	接收人	×××	见证人	×××	
联系电话	×××	联系电话	×××	联系电话	×××	

说明：本委托单一式两联，第一联交委托单位留存，第二联交主检单位留存。

附表2

××公路交通试验检测中心检测项目任务单

任务通知部门：集料室   任务单编号：RW-2024-024

样品名称	规格型号	样品编号	样品数量	样品状态描述
碎石	10～31.5 mm	YP-2024-CJL-016	200 kg	干燥、洁净、无杂质
碎石	5～10 mm	YP-2024-CJL-017	200 kg	干燥、洁净、无杂质
天然砂	—	YP-2024-XJL-011	200 kg	干燥、洁净、无杂质
—	—	—	—	—
—	—	—	—	—
要求检测项目、参数	1. 碎石：颗粒级配、表观密度、吸水率、针片状颗粒含量、松散堆积密度、空隙率、压碎值。 天然砂：颗粒级配、含泥量、表观密度、松散堆积密度、空隙率。 2. 10～31.5 mm 碎石和 5～10 mm 碎石合成 5～31.5 mm 规格碎石的级配配合比例。			
试验依据	《公路工程集料试验规程》（JTG 3432—2024）			
试验方法	T0302—2024、T0304—2024、T0311—2005、T0309—2005、T0316—2024、T0327—2005、T0333—2000、T0328—2005、T0331—1994			
是否存留样	否	剩余样品处理方式	自行转水泥混凝土室	
要求完成时间	2024 年 3 月 21 日			
样品管理员	×××	通知日期	2024 年 3 月 17 日	
集料室负责人	×××	接收日期	2024 年 3 月 17 日	
备注	集料均用于水泥混凝土			

注：本任务单一式两联，一联交试验检测人员存留，一联交办公室存留。

附表 3

××公路交通试验检测中心检测项目任务单

任务通知部门:水泥室
　　　　　　　　　　　　　　　　　任务单编号:RW-2024-023

样品名称	规格型号	样品编号	样品数量	样品状态描述
水泥	P·O 42.5	YP-2024-SNJ-008	150 g	干燥、洁净、无结块
—	—	—	—	—
—	—	—	—	—
—	—	—	—	—
—	—	—	—	—
要求检测项目、参数	细度,标准稠度用水量,凝结时间,安定性,比表面积,3 d、28 d 胶砂强度			
试验依据	《公路工程集料试验规程》(JTG 3432—2024)、《水泥胶砂强度检验方法(ISO 法)》(GB/T 17671—2021)			
试验方法	T0505—2020、《水泥胶砂强度检验方法(ISO 法)》(GB/T 17671—2021)			
是否存留样	留样	剩余样品处理方式	自行转水泥混凝土室	
要求完成时间	2024 年 4 月 19 日			
样品管理员	×××	通知日期	2024 年 3 月 17 日	
试验室负责人	×××	接收日期	2024 年 3 月 17 日	
备注	水泥混凝土用水泥			

注:本任务单一式两联,一联交试验检测人员存留,一联交办公室存留。

附表4

××公路交通试验检测中心检测项目任务单

任务通知部门：水泥混凝土室　　　　　　　　　　　　　　　　　任务单编号：RW-2024-025

样品名称	规格型号	样品编号	样品数量	样品状态描述
碎石	10～31.5 mm	YP-2024-CJL-016	200 kg	干燥、洁净、无杂质
碎石	5～10 mm	YP-2024-CJL-017	200 kg	干燥、洁净、无杂质
天然砂	—	YP-2024-XLJ-011	200 kg	干燥、洁净、无杂质
水泥	P·O 42.5	YP-2024-SNJ-008	150 kg	干燥、洁净、无结块
—	—	—	—	—
要求检测项目、参数	完成 C30 水泥混凝土配合比设计，坍落度要求值为 80～120 mm			
试验依据	《公路工程集料试验规程》（JTG 3432—2024）			
试验方法	T0521—2005、T0522—2005、T0525—2020、T0551—2020、T0553—2005			
是否存留样	水泥留样，其他样品不留样	剩余样品处理方式	按要求自行处理	
要求完成时间	2024 年 4 月 19 日			
样品管理员	×××	通知日期	2024 年 3 月 16 日	
试验室负责人	×××	接收日期	2024 年 3 月 16 日	
备注	矿料级配比例依据集料室试验结果确定			

注：本任务单一式两联，一联交试验检测人员存留，一联交办公室存留。

【任务实施】

任务 2.1　集料的指标检测

本任务是学生模拟检测中心集料室试验检测人员独立完成附表 2 中 10 ~ 31.5 mm 碎石、5 ~ 10 mm 碎石、天然砂的技术指标检测,10 ~ 31.5 mm 碎石和 5 ~ 10 mm 碎石合成 5 ~ 31.5 mm 规格碎石的级配配合比例。正确完整填写检验记录表,并编制检测报告。

2.1.1　粗集料的技术指标检测

1. 检测 10 ~ 31.5 mm、5 ~ 10 mm 碎石的技术指标,填写试验记录表

检测 10 ~ 31.5 mm 碎石及 5 ~ 10 mm 碎石技术指标,试验依据为《公路工程集料试验规程》(JTG 3432—2024)。

1)测定粗集料的表观密度、吸水率、颗粒级配及压碎值

①粗集料的表观密度、吸水率、颗粒级配、压碎值的检测方法见项目 1。

②表观密度、吸水率、压碎值检测记录表填写要求同项目 1。

③颗粒级配测定为干筛法,检测记录表名称为“粗集料筛分试验检测记录表(干筛法)”,代号为本项目“JGLQ02001a”。

④检测报告填写要求同项目 1。

2)测定粗集料的针、片状颗粒含量

(1)试验方法

　　　　T0311-2005 水泥混凝土用粗集料针、片状颗粒含量试验（规准仪法）

1　适用范围

1.1　本方法适用于测定粗集料的针、片状颗粒含量。

1.2　本方法测定的针状颗粒是指最大长度与该颗粒相应粒级的平均粒径之比大于 2.4 的颗粒,片状颗粒是指最大厚度与该颗粒相应粒级的平均粒径之比小于 0.4 的颗粒。

1.3　本方法主要适合于水泥混凝土用粗集料针、片状颗粒含量测定。

2　仪具与材料

2.1　仪器:针状规准仪(图 T0311-1)和片状规准仪(图 T0311-2),其尺寸应符合表 T0311-1 的要求。片状规准仪的钢板基板厚度为 3 mm。

2.2　天平:感量不大于称量质量的 0.1%。

2.3　试验筛:根据集料粒级选用不同孔径的方孔筛,并满足 T0302 中 2.1 的要求。

2.4　其他:卡尺、金属盘等。

3　试验准备

将样品用 4.75 mm 试验筛充分过筛,取筛上颗粒缩分至表 T0311-2 要求质量的试样一份,

烘干或室内风干。

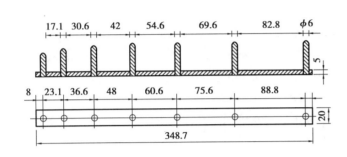

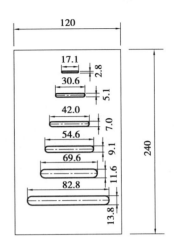

图 T0311-1　针状规准仪(单位:mm)　　图 T0311-2　片状规准仪(单位:mm)

表 T0311-1　水泥混凝土集料针、片状颗粒试验的粒级划分及其相应的规准仪孔宽或间距

粒级(方孔筛)/mm	4.75~9.5	9.5~16	16~19	19~26.5	26.5~31.5	31.5~37.5
针状规准仪上相对应的立柱之间的间距宽	17.1 (B_1)	30.6 (B_2)	42.0 (B_3)	54.6 (B_4)	69.6 (B_5)	82.8 (B_6)
片状规准仪上相对应的孔宽	2.8 (A_1)	5.1 (A_2)	7.0 (A_3)	9.1 (A_4)	11.6 (A_5)	13.8 (A_6)

表 T0311-2　针、片状试验所需的试样最小质量

公称最大粒径/mm	9.5	13.2	16	19	26.5	31.5	37.5	53	63	75
试样最小质量/kg	0.2	0.4	0.5	1.0	1.7	3	5	12	20	28

4　试验步骤

4.1　取一份试样,称量质量(m_0)。根据表 T0311-1 所规定的粒级按 T0302 干筛法进行充分筛分。

4.2　按表 T0311-1 所规定的粒级分别用规准仪逐颗检验。凡颗粒长度大于针状规仪上相应间距的,为针状颗粒;凡颗粒厚度小于片状规准仪上相应孔宽的,为片状颗粒。

4.3　对于公称最大粒径大于 37.5 mm 的试样,可采用卡尺逐颗检验。卡尺卡口设定宽度应符合表 T0311-3 的规定。

表 T0311-3　37.5 mm 以上颗粒粒级划分及其相应的卡尺卡口设定宽度

粒级/mm	37.5~53	53~63	63~75
检验针状颗粒的宽度/mm	108.6	139.2	165.6
检验片状颗粒的宽度/mm	18.1	23.2	27.6

4.4　称出由各粒级挑出的针状颗粒和片状颗粒的总质量(m_1)。

5　计算

针、片状颗粒含量按式(T0311-1)计算,精确至0.1%。

$$Q_{e+f} = \frac{m_1}{m_0} \times 100 \qquad\qquad (T0311-1)$$

式中　Q_{e+f}——针、片状颗粒含量,%;

　　　　m_1——试样中针状颗粒和片状颗粒的总质量,g;

　　　　m_0——试样总质量,g。

6　报告

6.1　试验项目名称和执行标准。

6.2　样品的编号名称、产地和规格。

6.3　接样日期、样品描述。

6.4　试验日期、样品缩分方法。

6.5　针、片状颗粒含量试验结果。

6.6　需要说明的其他内容。

(2)完成本试验需思考的问题及提示

完成"粗集料针、片状颗粒含量试验"需思考的问题及提示见表2.1。

表2.1　完成"粗集料针、片状颗粒含量试验"需思考的问题及提示

序号	问题	提示	备注
1	适用范围	根据本试验1.1条确定	思考"沥青混凝土用粗集料针、片状颗粒含量如何测定"
2	标准筛孔径要求	根据本试验2.3条确定	——
3	试样数量要求	根据本试验3条确定	——
4	本试验是否可以和筛分试验一起做	——	1.时间的统筹安排; 2.注意各筛孔级配参数的计算

(3)填写试验检测记录表

"粗集料针、片状颗粒含量试验检测记录表"填写要求见表2.2。

表2.2　"粗集料针、片状颗粒含量试验检测记录表"填写要求

记录表名称	代号	填写要求
粗集料针、片状颗粒含量试验检测记录表(规准仪法)	本项目 JGLQ02007a	1.基本信息区参照任务单内容填写,"试验条件"为环境条件; 2.主要仪器设备名称要填写; 3.数据区用铅笔填写,教师批阅后可修改; 4.落款区"试验"处由本人签名,"复核"处由小组长签名; 5.分别填写10～31.5 mm碎石和5～10 mm碎石记录表,基本信息区规格要写清楚; 6.空白格中画"—"

3) 测定粗集料的堆积密度、空隙率

（1）试验方法

测定粗集料的堆积密度、空隙率方法可扫描右侧二维码学习。

粗集料堆积密
度及空隙率
试验

（2）完成本试验需思考的问题及提示

完成"粗集料堆积密度及空隙率试验"需思考的问题及提示见表2.3。

表2.3　完成"粗集料堆积密度及空隙率试验"需思考的问题及提示

序号	问题	提示	备注
1	测定 10～31.5 mm 碎石及 5～10 mm 碎石所选的容量筒规格	根据本试验2.2条确定	—
2	松散堆积密度测定中,铁锹的齐口至容量筒上口的距离要求	根据本试验4.1条确定	思考"距离大小对数据的影响"
3	容量筒容积如何标定	根据本试验4.4条确定	思考"水装满容量筒的要求"
4	空隙率计算公式中,粗集料的表观密度如何得到	—	参见"粗集料密度及吸水率试验"

（3）填写试验检测记录表

"粗集料堆积密度及空隙率试验检测记录表"的填写要求见表2.4。

表2.4　"粗集料堆积密度及空隙率试验检测记录表"填写要求

记录表名称	代号	填写要求
粗集料堆积密度及空隙率试验检测记录表	本项目JGLQ02002c	1. 基本信息区参照任务单内容填写,"试验条件"为环境条件; 2. 主要仪器设备名称要填写; 3. 数据区用铅笔填写,教师批阅后可修改; 4. 落款区"试验"处由本人签名,"复核"处由小组长签名; 5. 分别填写 10～31.5 mm 碎石和 5～10 mm 碎石记录表,基本信息区规格要写清楚; 6. 空白格中画"—"

2. 编制 10～31.5 mm 碎石、5～10 mm 碎石的试验检测报告

1) 桥涵混凝土工程对粗集料的技术要求

《公路桥涵施工技术规范》(JTG/T 3650—2020)对混凝土工程所用粗集料提出了以下要求:

①粗集料宜采用质地坚硬、洁净、级配合理、粒形良好、吸水率小的碎石或卵石,其技术指标应符合表2.5的要求。

表 2.5　粗集料技术指标

项目		指标		
		Ⅰ类	Ⅱ类	Ⅲ类
碎石压碎指标/%		≤10	≤20	≤30
卵石压碎指标/%		≤12	≤14	≤16
坚固性(硫酸钠溶液法经 5 次循环后质量损失值)/%		≤5	≤8	≤12
吸水率/%		≤1.0	≤2.0	
针、片状颗粒总含量(按质量计)/%		5≤	≤10	≤15
含泥量(按质量计)/%		≤0.5	≤1.0	≤1.5
泥块含量(按质量计)/%		0	≤0.2	≤0.5
有害物质含量	有机物(比色法)	合格		
	硫化物及硫酸盐(按 SO₃ 质量计)/%	≤0.5	≤1.0	
岩石抗压强度(水饱和状态)/MPa		火成岩≥80;变质岩≥60;水成岩≥30		
表观密度/(kg·m⁻³)		≥2 600		
连续级配松散堆积空隙率/%		≤43	≤45	≤47
碱集料反应		经碱集料反应试验后,由砂配置的试件无裂缝、酥裂、胶体外溢现象,在规定试验龄期的膨胀率应小于 0.10%		

注:①粗集料中不应混有草根、树叶、树枝、塑料、煤块、炉渣等杂物。

　②混凝土强度等级为 C60 及以上时,应进行岩石抗压强度检验;其他情况下,有必要也可进行岩石的抗压强度检验。岩石的抗压强度除应满足表中要求外,其抗压强度与混凝土强度等级之比对于 C60 及以上的混凝土,应不小于 2,其余应不小于 1.5。岩石抗压强度首先应由生产单位提供,工程中可采用压碎值指标进行控制。

　③粗集料含有颗粒状硫酸盐或硫化物杂质时,应进行专门检验,确认能满足混凝土耐久性要求后方可采用。

　④采用卵石破碎成砾石时,应具有两个及以上的破碎面,且其破碎面应不小于 70%。

　⑤卵石和碎石混合使用时,压碎值应分别按卵石和碎石控制。

　②当混凝土结构物处于不同环境条件下时,粗集料坚固性试验的结果除应符合表 2.5 的规定外,还应符合表 2.6 的规定。

表 2.6　粗集料的坚固性试验

混凝土所处环境条件	在硫酸钠溶液中循环 5 次后的质量损失/%
寒冷地区,经常处于干湿交替状态	<5
严寒地区,经常处于干湿交替状态	<3
混凝土处于干燥条件,但粗集料风化或软弱颗粒较多时	<12
混凝土处于干燥条件,但有抗疲劳、耐磨、抗冲击要求或强度等级大于 C40	<5

注:有抗冻、抗渗要求的混凝土,用硫酸钠溶液法进行粗集料坚固性试验不合格时,可再进行直接冻融试验。

③粗集料的最大粒径宜按混凝土结构情况及施工方法选取,但最大粒径不得超过结构最小尺寸的1/4和钢筋最小净距的3/4;在两层或多层密布钢筋结构中,最大粒径不得超过钢筋最小净距的1/2,且不得超过75.0 mm。对于混凝土实心板,粗集料的最大粒径不宜超过板厚的1/3,且不得超过37.5 mm。泵送混凝土时,粗集料最大粒径除应符合上述规定外,对碎石不宜超过输送管径的1/3,对卵石不得超过输送管径的1/2.5。

④粗集料宜根据混凝土最大粒径采用连续两级配或连续多级配。单粒粒级宜用于组合成满足要求的连续粒级;也可以与连续粒级混合使用,改善其级配或配成较大粒度的连续粒级。粗集料的颗粒级配应符合表2.7的规定。

表2.7　粗集料的颗粒级配

公称粒级 /mm		方孔筛筛孔边长/mm											
		2.36	4.75	9.50	16.0	19.0	26.5	31.5	37.5	53.0	63.0	75.0	90.0
		累计筛余(以质量计)/%											
连续粒级	5~16	95~100	85~100	30~60	0~10	0	—	—	—	—	—	—	—
	5~20	95~100	90~100	40~80	—	0~10	0	—	—	—	—	—	—
	5~25	95~100	90~100	—	30~70	—	0~5	0	—	—	—	—	—
	5~31.5	95~100	90~100	70~90	—	15~45	—	0~5	0	—	—	—	—
	5~40	—	95~100	70~90	—	30~65	—	—	0~5	0	—	—	—
单粒粒级	5~10	95~100	80~100	0~15	0	—	—	—	—	—	—	—	—
	10~16	—	95~100	80~100	0~15	0	—	—	—	—	—	—	—
	10~20	—	95~100	85~100	—	0~15	0	—	—	—	—	—	—
	16~25	—	—	95~100	55~70	25~40	0~10	—	—	—	—	—	—
	16~31.5	—	95~100	—	85~100	—	—	0~10	0	—	—	—	—
	20~40	—	—	95~100	—	80~100	—	—	0~10	0	—	—	—
	40~80	—	—	—	—	95~100	—	—	70~100	—	30~60	0~10	0

⑤施工前,应对粗集料进行碱活性检验。在条件许可时,宜避免采用碱活性反应的粗集料;必须采用时,应采取必要的抑制措施。

2)检测报告的填写要求

"10~31.5 mm碎石、5~10 mm碎石试验检测报告"填写要求见表2.8。

表2.8　"10~31.5 mm碎石、5~10 mm碎石试验检测报告"填写要求

报告名称	代号	填写要求
粗集料试验检测报告(水泥混凝土用)	本项目检验报告中"报告续页BGLQ02001F"	1.基本信息区参照委托单内容填写,"样品名称"中区分规格; 2.判定依据为《公路桥涵施工技术规范》(JTG/T 3650—2020); 3.主要仪器设备名称要填写; 4.数据区用签字笔填写,错误处按要求"杠改"并在修改处签名; 5.检测结论要严谨准确; 6.落款区"试验"处由本人签名,"复核"处由小组长签名,"签发"处由指导教师签名; 7.各自独立编制10~15 mm碎石和5~10 mm碎石检测报告; 8.空白格中画"__"

3.设计掺配碎石的级配配合比及指标检测

1)设计掺配碎石的配合比

①参照项目 1 矿质混合料配合比设计方法设计 10~31.5 mm 碎石和 5~10 mm 碎石的掺配比例。

②填写试验检测记录表。"10~31.5 mm 碎石、5~10 mm 碎石配合比设计试验检测记录表"填写要求见表 2.9。

表 2.9　"10~31.5 mm 碎石、5~10 mm 碎石配合比设计试验检测记录表"填写要求

记录表名称	代号	填写要求
矿质混合料配合比设计试验检测记录表	本项目 JGLQ05009	1. 本记录表共 2 页; 2. 基本信息区中,"样品名称""样品编号""样品描述""试验条件""主要仪器设备"不填; 3. 数据区用铅笔填写,教师批阅后可修改; 4. "级配情况"为连续级配,"公称粒级"为 5~31.5 mm; 5. "规定累计筛余"按连续级配范围(5~31.5 mm)填写; 6. 矿料合成级配图横坐标按筛孔尺寸的 0.45 次方绘制; 7. 空白格中画"__"

③编制碎石配合比设计试验检测报告。"10~31.5 mm 碎石、5~10 mm 碎石配合比设计试验检测报告"填写要求见表 2.10。

表 2.10　"10~31.5 mm 碎石、5~10 mm 碎石配合比设计试验检测报告"填写要求

报告表名称	代号	填写要求
矿质混合料配合比设计试验检测报告	本项目检验报告中"报告续页 BGLQ05009F"	1. 基本信息区参照任务单内容填写,"样品名称""样品编号""样品描述""样品产地""主要仪器设备"不填; 2. 判定依据为《公路桥涵施工技术规范》(JTG/T 3650—2020); 3. "规定累计筛余"按连续级配范围(5~31.5 mm)填写; 4. 数据区用签字笔填写,错误处按要求"杠改"并在修改处签名; 5. 检测结论要严谨准确; 6. 落款区"试验"处由本人签名,"复核"处由小组长签名,"签发"处由指导教师签名; 7. 矿料合成级配图横坐标按筛孔尺寸的 0.45 次方绘制; 8. 空白格中画"__"

2)检测掺配碎石的技术指标,填写试验检测记录表,并编制检测报告

检测按设计比掺配碎石的表观密度、吸水率、颗粒级配的记录表及报告表的填写要求同 10~31.5 mm 碎石,在样品名称中写清楚规格,"样品编号""样品描述"不填。

2.1.2　天然砂的技术指标检测

1.检测天然砂的技术指标,填写试验检测记录表

1)测定天然砂的表观密度、含泥量、颗粒级配及粗度

①天然砂的表观密度、含泥量、颗粒级配及粗度方法见项目1。

②天然砂的表观密度、含泥量的试验检测记录表名称、代号、填写要求见项目1。

③天然砂的颗粒级配及粗度的试验检测记录表名称为"细集料试验检测记录表(干筛法)",代号为"JGLQ02013a"。

2)测定天然砂的堆积密度、空隙率

测定天然砂的堆积密度、空隙率,试验依据为《公路工程集料试验规程》(JTG 3432—2024)。

（1）试验方法

T0331—1994 细集料堆积密度及紧装密度试验

1　适用范围

本方法适用于测定细集料松散堆积密度、振实堆积密度及空隙率。

2　仪具与材料

2.1　天平:称量不小于5 kg,感量不大于1 g。

2.2　容量筒:带底的金属圆筒,内径为108 mm±2 mm,净高为109 mm±2 mm,筒壁厚不小于2 mm,筒底厚不小于5 mm,容积为1 L。

2.3　标准漏斗:如图T0331-1所示。

2.4　鼓风干燥箱:恒温105 ℃±5 ℃,并满足T0302中2.4的要求。

2.5　试验筛:孔径为4.75 mm的方孔筛,并满足T0302中2.1的要求。

2.6　试验用水:饮用水,使用之前煮沸后冷却至室温。

2.7　其他:φ10 mm钢筋、料勺、直尺、金属盘等。

3　试验准备

将样品缩分至约2 500 g的试样两份,在105 ℃±5 ℃烘干至恒重,并冷却至室温。

4　试验步骤

4.1　松散堆积密度:将试样松散地装入标准漏斗中,打开底部的活动门,使试样流入容量筒中。容量筒

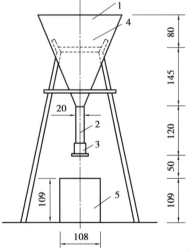

图 T0331-1　标准漏斗(单位:mm)
1—漏斗;2—φ20 mm 管子;3—活动门;
4—筛;5—金属量筒

四周溢满时,即停止加料。也可直接用料勺装料,从容量筒正上方50 mm处将试样徐徐倒入,让试样自由下落,至容量筒四周溢满时停止。用直尺等将多余的试样沿筒口中心线向两个相反

方向刮平,并以合适的颗粒填入凹陷空隙,使表面稍凸起部分和凹陷部分的体积大致相等;此时,不应触动容量筒,且不得挤压容量筒表面集料。称取试样和容量筒总质量(m_2)。

4.2　振实堆积密度:将试样分相等的质量两层装入容量筒。装完一层后,在容量筒底垫放一根直径为 10 mm 的钢筋,将容量筒按住,左右交替颠击地面各 25 下,然后再装入第二层。第二层装满后用同样方法振实(但容量筒底所垫钢筋的方向应与第一层放置方向垂直)。两层装完并振实后,直接用料勺装料,从容量筒正上方 50 mm 处将试样徐徐倒入,让试样自由下落,至容量筒四周溢满时停止。用直尺等将多余的试样沿筒口中心线向两个相反方向刮平,并以合适的颗粒填入凹陷空隙,使表面稍凸起部分和凹陷部分的体积大致相等;此时,不应触动容量筒,且不得挤压容量筒表面集料。称取试样和容量筒总质量(m_2)。

4.3　容量筒容积的标定

4.3.1　称取洁净、干燥的容量筒的质量(m_0)。

4.3.2　在容量筒顶部边缘涂抹一层薄薄的油脂,以防止加水时边缘高度不一致导致盖玻璃片时无法清除空气。称取洁净、干燥的容量筒和玻璃片的质量(m_1)。

4.3.3　用 23 ℃±2.0 ℃水装满容量筒至稍微溢出,用玻璃片沿容量筒表面迅速滑行,紧贴上部边缘水面,玻璃片与水面之间不得有空隙。擦干玻璃片上部及容量筒外壁的水,称取容量筒、玻璃片和水的总质量(m_3)。同时,快速测定容量筒中水的温度。

5　结果整理

5.1　容量筒的容积按式(T0331-1)计算,精确至 0.001 g/cm³。

$$V = \frac{m_3 - m_1}{\rho_T} \qquad (\text{T0331-1})$$

式中　V——容量筒的容积,L;

　　　m_1——容量筒、玻璃片的质量,kg;

　　　m_3——容量筒、玻璃片与水的总质量,kg;

　　　ρ_T——试验温度 T 时水的密度,g/cm³。

5.2　试样的堆积密度(包括松散堆积密度、振实堆积密度)按式(T0331-2)计算,精确至 0.001 g/cm³。

$$\rho_{b1} = \frac{m_2 - m_0}{V} \qquad (\text{T0331-2})$$

式中　ρ_{b1}——试样相应状态下的堆积密度,g/cm³;

　　　m_0——容量筒的质量,kg;

　　　m_2——容量筒与试样的总质量,kg。

5.3　试样的空隙率按式(T0331-3)计算,精确至 0.1%。

$$V_c = \left(1 - \frac{\rho_{b1}}{\rho_a}\right) \times 100 \qquad (\text{T0331-3})$$

式中　V_c——试样相应状态下的空隙率,%;

　　　ρ_a——细集料的表观密度,g/cm³。

5.4　取两份试样堆积密度的算术平均值作为试验结果,精确至 0.001 g/cm³。

5.5　取两份试样空隙率的算术平均值作为试验结果,精确至 0.1%。

6 允许误差

堆积密度重复性试验的允许误差为 0.035 g/cm^3。

7 报告

7.1 试验项目名称和执行标准。

7.2 样品的编号、名称、产地和规格。

7.3 接样日期、样品描述。

7.4 试验日期、样品缩分方法。

7.5 主要仪器设备的名称、型号及编号。

7.6 容量筒容积。

7.7 堆积密度、空隙率试验结果,并注明试验方法。

7.8 需要说明的其他内容。

(2)完成本试验需思考的问题提示

完成"细集料堆积密度及紧装密度试验"需思考的问题及提示见表 2.11。

表 2.11　完成"细集料堆积密度及紧装密度试验"需思考的问题及提示

序号	问题	提示	备注
1	堆积密度漏斗出料口至容量筒口距离要求	根据本试验 4.1 条确定	思考"距离大小对数据的影响"
2	容量筒容积如何标定	根据本试验 4.3 条确定	—
3	密度计算至小数点后几位	根据本试验 5 条确定	按数据修约法
4	空隙率计算公式中,砂的表观密度如何得到	—	参见"细集料表观密度试验"

(3)填写试验检测记录表

"细集料堆积密度及紧装密实度试验检测记录表"填写要求见表 2.12。

表 2.12　"细集料堆积密度及紧装密实度试验检测记录表"填写要求

记录表名称	代号	填写要求
细集料堆积密度及紧装密度试验检测记录表	本项目 JGLQ02014c	1.基本信息区参照任务单内容填写,"试验条件"为环境条件; 2.主要仪器设备名称要填写; 3.数据区用铅笔填写,教师批阅后可修改; 4.落款区"试验"处由本人签名,"复核"处由小组长签名; 5.空白格中画"—"

2.编制检测报告

1)桥涵混凝土工程对细集料的技术要求

《公路桥涵施工技术规范》(JTG/T 3650—2020)对混凝土工程所用细集料提出以下要求:

①细集料宜采用级配良好、质地坚硬、颗粒洁净的河砂;河砂不易得到时,可采用符合规定的其他天然砂或机制砂;细集料不得采用海砂。砂按产源分为天然砂、机制砂两类,按技术要求分为Ⅰ类、Ⅱ类、Ⅲ类。细集料技术指标应符合表 2.13 的规定。

表 2.13　细集料技术指标

项目			技术要求		
			Ⅰ类	Ⅱ类	Ⅲ类
有害物质限量	云母(按质量计)/%		≤1.0	≤2.0	
	轻物质(按质量计)/%		≤1.0		
	有机物(比色法)		合格		
	硫化物及硫酸盐(按 SO₃ 质量计)/%		≤0.5		
	氯化物(以氯离子质量计)/%		≤0.01	≤0.02	≤0.06
天然砂	含泥量(按质量计)/%		≤1.0	≤3.0	≤5.0
	泥块含量(按质量计)/%		0	≤1.0	≤2.0
机制砂	MB≤1.40 或快速法试验合格	MB 值	≤0.5	≤1.0	≤1.4 或合格
		石粉含量(按质量计)/%	≤10.0		
		泥块含量(按质量计)/%	0	≤1.0	≤2.0
	MB>1.40 或快速法试验不合格	石粉含量(按质量计)/%	≤1.0	≤3.0	≤5.0
		泥块含量(按质量计)/%	0	≤1.0	≤2.0
坚固性	硫酸钠溶液法试验,砂的质量损失/%		≤8		≤10
	机制砂单级最大压碎指标/%		≤20	≤25	≤30
表观密度/(kg·m⁻³)			≥2 500		
松散堆积密度/(kg·m⁻³)			≥1 400		
空隙率/%			≤44		
碱集料反应			经碱集料反应试验后,试件应无裂缝、酥裂、胶体外溢现象,在规定试验龄期的膨胀率应小于 0.10%		

②砂按粗细程度的分类应符合表 2.14 的规定。

表 2.14　砂的分类

砂组	粗砂	中砂	细砂
细度模数	3.7 ~ 3.1	3.0 ~ 2.3	2.2 ~ 1.6

③细度模数主要反映全部颗粒的粗细程度,不完全反映颗粒的级配情况。混凝土配置时,应同时考虑砂的细度模数和级配情况。细集料的颗粒级配应符合表 2.15 的规定,级配类别应符合表 2.16 的规定。

表 2.15　细集料的颗粒级配

细集料的分类	天然砂			机制砂		
级配区	Ⅰ区	Ⅱ区	Ⅲ区	Ⅰ区	Ⅱ区	Ⅲ区
方孔筛	累计筛余/%					
4.75	0~10	0~10	0~10	0~10	0~10	0~10
2.36	5~35	0~25	0~15	5~35	0~25	0~15
1.18	35~65	10~50	0~25	35~65	10~50	0~25
0.6	71~85	41~70	16~40	71~85	41~70	16~40
0.3	80~95	70~92	55~85	90~85	70~92	55~85
0.15	90~100	90~100	90~100	85~97	80~94	75~94

注:①表中除 4.75 mm 和 0.6 mm 筛孔外,其余各筛孔的累计筛余允许超出分界线,但其超出量不得大于 5%。

②对砂浆用砂,4.75 mm 筛孔的累计筛余量应为 0。

表 2.16　细集料的级配类别

类别	Ⅰ类	Ⅱ类	Ⅲ类
级配区	2 区	1 区、2 区、3 区	

2)检测报告的填写要求

"天然砂试验检测报告"填写要求见表 2.17。

表 2.17　"天然砂试验检测报告"填写要求

报告表名称	代号	填写要求
细集料试验检测报告（水泥混凝土用）	本项目检验报告中"报告续页 BGLQ02003F"	1. 基本信息区参照委托单内容填写,"样品名称"中区分规格; 2. 判定依据为《公路桥涵施工技术规范》(JTG/T 3650—2020); 3. 主要仪器设备名称要填写; 4. 数据区用签字笔填写,错误处按要求"杠改"并在修改处签名; 5. 检测结论要严谨准确; 6. 落款区"试验"处本人签名,"复核"处由小组长签名,"签发"处由指导教师签名; 7. 空白格中画"—"

任务 2.2　水泥的指标检测

本任务是学生模拟检测中心水泥室试验检测人员独立完成附表 3 中 P·O 42.5 水泥的技术指标检测,正确完整填写检验记录表,并编制检验报告。

2.2.1　检测各项技术指标,填写试验检测记录表

1.水泥的取样方法

水泥的技术指标检验应根据《公路工程水泥及水泥混凝土试验规程》(JTG 3420—2020)规定的方法取样,再根据相关规程标准进行试验。水泥取样方法可扫描右侧二维码学习。

水泥取样方法

2.测定水泥的细度

测定水泥的细度,试验依据为《公路工程水泥及水泥混凝土试验规程》(JTG 3420—2020)。

1)试验方法

T0502—2005 水泥细度试验方法(筛析法)

1　目的和适用范围

1.1　本方法规定了水泥及水泥混凝土用矿物掺合料细度的试验方法。

1.2　本方法适用于通用硅酸盐水泥、道路硅酸盐水泥及指定采用本方法的其他品种水泥与矿物掺合料。

2　仪具与材料

2.1　试验筛

2.1.1　试验筛由圆形筛框和筛网组成,分为负压筛和水筛两种,其结构尺寸如图T0502-1和图T0502-2所示。负压筛为45 μm方孔筛,并附有透明筛盖,筛盖与筛上口应有良好的密封性。

2.1.2　筛网应紧绷在筛框上,筛网和筛框接触处应用防水胶密封,防止水泥嵌入。

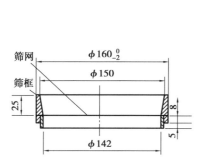

图T0502-1　负压筛(单位:mm)

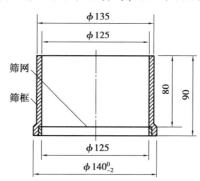

图T0502-2　水筛(单位:mm)

2.2　负压筛析仪

2.2.1　负压筛析仪由旋风筒、负压源、收尘系统、筛座、控制指示仪和负压筛盖组成。其中,筛座由转速为30 r/min±2 r/min的喷气嘴、负压表、控制板、微电机及壳体等部分构成,如图T0502-3所示。

2.2.2　筛析仪负压可调范围为4 000～6 000 Pa。

2.2.3 喷气嘴上口平面与筛网之间距离为 2 ~ 8 mm。

2.2.4 喷气嘴的上开口尺寸如图 T0502-4 所示。

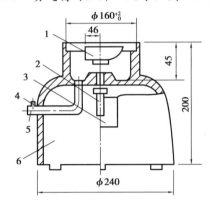

图 T0502-3 筛座(单位:mm)

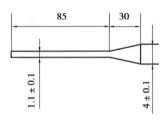

图 T0502-4 喷气嘴上开口(单位:mm)

1—喷气嘴;2—微电机;3—控制板开口;4—负压表接口;

5—负压源及收尘器接口;6—壳体

2.2.5 负压源和收尘器由功率不小于 600 W 的工业吸尘器和小型旋风收尘筒或由其他具有相当功能的设备组成。

2.3 水筛架和喷头:应符合《水泥标准筛和筛析仪》(JC/T 728—2005)的规定,但其中水筛架上筛座内径为 140_{-3}^{0} mm。

2.4 天平:量程应不小于 100 g,感量不大于 0.01 g。

3 试验准备

水泥样品应充分拌匀,通过 0.9 mm 方孔筛,记录筛余物情况,要防止过筛时混进其他粉体。

4 试验步骤

4.1 负压筛法

4.1.1 筛析试验前,应把负压筛放在筛座上,盖上筛盖,接通电源,检查控制系统,调节负压至 4 000 ~ 6 000 Pa。

4.1.2 试验称取试样 10 g,称取试样精确至 0.01 g。

4.1.3 试样置于洁净的负压筛中,盖上筛盖,放在筛座上,开动筛析仪连续筛析 120 s。在此期间,如有试样附着在筛盖上,可轻轻地敲击,使试样落下。筛毕,用天平称量筛余物质量,精确至 0.01 g。

4.1.4 当工作负压小于 4 000 Pa 时,应清理吸尘器内水泥,使负压恢复正常。

4.2 水筛法

4.2.1 筛析试验前,调整好水压及水筛架的位置,使其能正常运转。喷头底面和筛网之间距离为 35 ~ 75 mm。

4.2.2 称取试样 50 g,置于洁净的水筛中,立即用淡水冲洗至大部分细粉通过后,放在水筛架上,用水压为 0.05 MPa±0.02 MPa 的喷头连续冲洗 180 s。筛毕,用少量水把筛余物冲至蒸发皿中,待水泥颗粒全部沉淀后,小心倒出清水,烘干并用天平称量筛余物质量,精确至 0.01 g。

4.3　试验筛的清洗

试验筛必须保持洁净,筛孔通畅,使用 10 次以后要进行清洗。金属框筛、铜丝网筛清洗时,应用专门的清洗剂,不可用弱酸浸泡。

5　结果计算

水泥试样筛余百分数按式(T0502-1)计算,结果计算精确至0.1%。

$$F = \frac{R_s}{m} \times 100 \qquad (T0502-1)$$

式中　F——水泥试样的筛余百分数,%;

　　　R_s——水泥筛余物的质量,g;

　　　m——水泥试样的质量,g。

6　结果处理

6.1　修正系数的测定

6.1.1　用一种已知 45 μm 标准筛筛余百分数的粉状试样(该试样不受环境影响,筛余百分数不发生变化)作为标准样;按第 4 条的试验步骤,测定标准样在试验筛上的筛余百分数。

6.1.2　试验筛修正系数按式(T0502-2)计算,结果计算精确至0.01。

$$C = \frac{F_n}{F_t} \qquad (T0502-2)$$

式中　C——试验筛修正系数;

　　　F_n——标准样给定的筛余百分数,%;

　　　F_t——标准样在试验筛上的筛余百分数,%。

注:修正系数 C 超出 0.80~1.20 时,试验筛应予以淘汰,不得使用。

6.2　水泥试样筛余百分数结果修正

6.2.1　水泥试样筛余百分数结果修正按式(T0502-3)计算,结果计算精确至0.1%。

$$F_c = C \times F \qquad (T0502-3)$$

式中　F_c——水泥试样修正后的筛余百分数,%;

　　　C——试验筛修正系数;

　　　F——水泥试样修正前的筛余百分数,%。

6.2.2　以两次平行试验结果(经修正系数修正)的算术平均值为测定值,结果精确至0.1%;两次筛余结果相差大于0.3%时,试验数据无效,需重新试验。

6.3　负压筛法与水筛法测定的结果发生争议时,以负压筛法为准。

7　试验报告

7.1　要求检测的项目名称。

7.2　试样编号。

7.3　原材料的品种、规格和产地。

7.4　试验日期及时间。

7.5　仪器设备的名称、型号及编号。

7.6　环境温度和湿度。

7.7　试验采用方法。

7.8　执行标准。

7.9　水泥试样的筛余百分数。

7.10　需要说明的其他内容。

2)完成本试验需思考的问题提示

完成"水泥细度试验(筛析法)"需思考的问题及提示见表2.18。

表2.18　完成"水泥细度试验(筛析法)"需思考的问题及提示

序号	问题	提示	备注
1	水泥试样如何准备	根据本试验3条确定	—
2	为什么要标定试验筛修正系数	从仪器校准工作的意义考虑	—
3	修正系数超出什么范围时,试验筛应予以淘汰	根据本试验6.1.2条确定	—
4	试验的精度要求	根据本试验6.2.2条确定	—

3)填写试验检测记录表

"水泥细度试验检测记录表(筛析法)"填写要求见表2.19。

表2.19　"水泥细度试验检测记录表(筛析法)"填写要求

记录表名称	代号	填写要求
水泥细度、比表面积试验检测记录表	本项目JGLQ04002b	1.基本信息区参照任务单内容填写,"试验条件"为环境条件; 2.主要仪器设备名称要填写; 3.数据区用铅笔填写,教师批阅后可修改; 4.落款区"试验"处由本人签名,"复核"处由小组长签名; 5.空白格中画"—"

3. 测定水泥标准稠度用水量、凝结时间、体积安定性

测定水泥标准稠度用水量、凝结时间、体积安定性,试验依据为《公路工程水泥及水泥混凝土试验规程》(JTG 3420—2020)。

1)试验方法

T0505—2020 水泥标准稠度用水量、凝结时间、安定性检验方法

1　目的和适用范围

1.1　本方法规定了水泥标准稠度用水量、凝结时间和体积安定性的试验方法。

1.2　本方法适用于通用硅酸盐水泥、道路硅酸盐水泥及指定采用本方法的其他品种水泥。

2　仪具与材料

2.1　水泥净浆搅拌机:应符合《水泥净浆搅拌机》(JC/T 729—2005)的规定。

2.2　标准法维卡仪:应符合《水泥净浆标准稠度与凝结时间测定仪》(JC/T 727—2005)的规定;标准稠度测定用试杆[图T0505-1(c)]有效长度为50 mm±1 mm,由直径为10 mm±0.05 mm的圆柱形耐腐蚀金属制成。测定凝结时间用试针[图T0505-1(d)、(e)]由钢制成,初凝用

试针有效长度为 50 mm±1 mm,终凝用试针有效长度为 30 mm±1 mm。圆柱体直径为 1.13 mm±0.05 mm。滑动部分的总质量为 300 g±1 g。与试杆、试针联结的滑动杆表面应光滑,能靠重力自由下落,不得有紧涩和旷动现象。

盛装水泥净浆的试模[图 T0505-1(a)]应由耐腐蚀的、有足够硬度的金属制成。试模深为 40 mm±0.2 mm,圆锥台顶内径为 65 mm±0.5 mm、底内径为 75 mm±0.5 mm。每只试模应配备一个边长或直径约为 100 mm、厚度为 4~5 mm 的平板玻璃底板或金属底板。

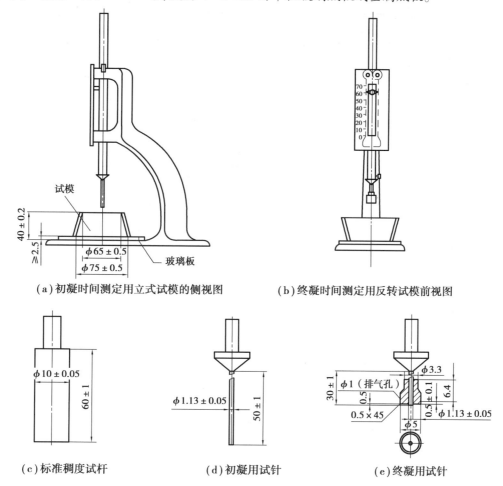

(a)初凝时间测定用立式试模的侧视图　　　(b)终凝时间测定用反转试模前视图

(c)标准稠度试杆　　　(d)初凝用试针　　　(e)终凝用试针

图 T0505-1　测定水泥标准稠度和凝结时间用的维卡仪(单位:mm)

2.3　代用法维卡仪:应符合《水泥净浆标准稠度与凝结时间测定仪》(JC/T 727—2005)的规定。

2.4　沸煮箱:应符合《水泥安定性试验用沸煮箱》(JC/T 955—2005)的规定。

2.5　雷氏夹膨胀仪:由铜质材料制成,其结构如图 T0505-2 所示。一根指针的根部先悬挂在一根金属丝或尼龙丝上,另一根指针的根部挂上 300 g 质量的砝码时,两根指针的针尖距离应在 17.5 mm±2.5 mm 以内,去掉砝码后针尖的距离能恢复至挂砝码前的状态。雷氏夹受力示意,如图 T0505-3 所示。

2.6　量水器:分度值为 0.5 mL。

2.7　天平:最大量程不小于 1 000 g,感量不大于 1 g。

2.8　水泥标准养护箱:温度控制在 20 ℃±1 ℃,相对湿度大于 90%。

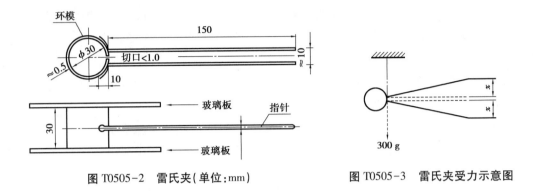

图 T0505-2　雷氏夹(单位:mm)　　　　图 T0505-3　雷氏夹受力示意图

2.9　雷氏夹膨胀值测定仪:如图 T0505-4 所示,标尺最小刻度为 0.5 mm。

2.10　秒表:分度值为 1 s。

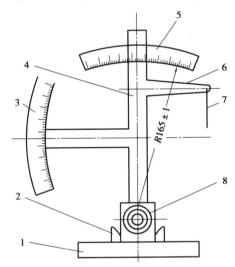

图 T0505-4　雷氏夹膨胀值测定仪

1—底座;2—模子座;3—测弹性标尺;4—立柱;

5—测膨胀值标尺;6—悬臂;7—悬丝;8—弹簧顶扭

3　试验准备

3.1　水泥试样应充分拌匀,通过 0.9 mm 方孔筛,并记录筛余物情况,但要防止过筛时混进其他粉料。

3.2　试验用水宜为洁净的饮用水,有争议时可用蒸馏水。

4　试验环境

4.1　试验室环境温度为 20 ℃±2 ℃,相对湿度大于 50%。

4.2　水泥试样、拌和水、仪器和用具的温度应与试验室内室温一致。

5　标准稠度用水量的测定(标准法)

5.1　试验前必须做到

5.1.1　维卡仪的金属棒能够自由滑动。试模和玻璃底板用湿布擦拭(但不允许有明水),将试模放在底板上。

5.1.2　调整至试杆接触玻璃板时,指针对准零点。

5.1.3　水泥净浆搅拌机运行正常。

5.2　水泥净浆的拌制

用水泥净浆搅拌机搅拌,搅拌锅和搅拌叶片先用湿布擦过,将拌和水倒入搅拌锅中,然后 5~10 s 内小心将称好的 500 g 水泥加入水中,防止水和水泥溅出;拌和时,先将锅放在搅拌机的锅座上,升至搅拌位置,启动搅拌机,低速搅拌 120 s,停拌 15 s,同时将叶片和锅壁上的水泥浆刮入锅中间,接着高速搅拌 120 s 停机。

5.3　标准稠度用水量的测定步骤

5.3.1　拌和结束后,立即取适量水泥净浆一次性将其装入已置于玻璃底板上的试模中,浆体超过试模上端,用约宽为 25 mm 的直边刀轻轻拍打超出试模部分的浆体 5 次以排除浆体中的孔隙,然后在试模上表面约 1/3 处,略倾斜于试模分别向外轻轻锯掉多余净浆,再从试模边沿轻抹顶部一次,使净浆表面光滑。在锯掉多余的净浆和抹平的操作过程中,注意不要压实净浆。

5.3.2　抹平后,迅速将试模和底板移到维卡仪上,并将其中心定在试杆下,降低试杆直到与水泥净浆表面接触,拧紧螺丝 1~2 s 后,突然放松,使试杆垂直自由地沉入水泥净浆中。在试杆停止沉入或释放试杆 30 s 时,记录试杆距底板之间的距离,升起试杆后,立即擦净。

5.3.3　整个操作过程应在搅拌后 90 s 内完成。以试杆沉入净浆并距底板 6 mm±1 mm 时的水泥净浆为标准稠度净浆。其拌和水量为该水泥的标准稠度用水量(P),按水泥质量的百分比计,结果精确至 1%。

5.3.4　当试杆距玻璃板距离小于 5 mm 时,应适当减水,重复水泥浆的拌制和上述过程;若距离大于 7 mm,则应适当加水,并重复水泥浆的拌制和上述过程。

6　标准稠度用水量的测定(代用法)

6.1　标准稠度用水量的测定可用调整水量法和不变水量法两种方法中的任一种。发生争议时,以调整水量法为准。采用调整水量法测定标准稠度用水量时,拌和水量应按经验找水;采用不变水量法测定时,拌和水量为 142.5 mL,水量精确到 0.5 mL。

6.2　试验前须检查项目:仪器金属棒应能自由滑动;试锥降至模顶面位置时,指针应对准标尺零点;搅拌机运转应正常等。

6.3　水泥净浆的拌制:用符合要求的水泥净浆搅拌机搅拌,搅拌锅和搅拌叶片先用湿棉布擦净,将称好的 500 g 水泥试样倒入搅拌锅内。拌和时,先将锅放到搅拌机锅座上,升至搅拌位置,启动机器,同时徐徐加入水拌和,慢速搅拌 120 s,停拌 15 s,接着快速搅拌 120 s 后停机。

6.4　标准稠度用水量的测定

6.4.1　拌和结束后,立即将拌好的净浆装入锥模内,用宽约 25 mm 的直边刀轻轻插捣 5 次,再轻轻振动 5 次,刮去多余净浆;抹平后,迅速放到试锥下面固定位置上。将试锥降至净浆表面拧紧螺丝处,拧紧螺丝 1~2 s 后,突然放松,让试锥自由沉入净浆中,到试锥停止下沉时记录试锥下沉深度。整个操作应在搅拌后 90 s 内完成。

6.4.2　用调整水量法测定时,以试锥下沉深度 30 mm±1 mm 时的净浆为标准稠度净浆。其拌和水量为该水泥的标准稠度用水量(P),按水泥质量的百分比计。如下沉深度超出范围,须另称试样,调整水量,重新试验,直至达到 30 mm±1 mm 时为止。

6.4.3　用不变水量法测定时,标准稠度用水量按式(T0505-1)计算,结果计算精确至 1%。

$$P = 33.4 - 0.185S \qquad \text{(T0505-1)}$$

式中　P——水泥标准稠度用水量,%;

S——试锥下沉深度，mm。

试锥下沉深度小于 13 mm 时，应改用调整水量法测定。

7 凝结时间测定

7.1 测定前准备工作：调整凝结时间测定仪的试针接触玻璃板时，指针对准零点。

7.2 试件的制备：以标准稠度用水量按 5.2 条拌制成标准稠度净浆（记录水泥全部加入水中的时间，作为凝结时间的起始时间），一次装满试模，振动数次刮平，立即放入养护箱中。

7.3 初凝时间的测定

7.3.1 记录水泥全部加入水中至初凝状态的时间作为初凝时间，用"min"计。

7.3.2 试件在湿气养护箱中至加水后 30 min 时进行第一次测定。测定时，从湿养护箱中取出试模放到试针下，降低试针与水泥净浆表面接触，拧紧螺丝 1~2 s 后，突然放松，试针垂直自由地沉入水泥净浆中。观察试针停止沉入或释放指针 30 s 时指针的读数。

7.3.3 临近初凝时，每隔 5 min（或更短时间）测定一次。试针沉至距离底板 4 mm±1 mm 时，为水泥达到初凝状态。

7.3.4 达到初凝时，应立即重复测一次；两次结论相同时，才能定为达到初凝状态。

7.4 终凝时间的测定

7.4.1 由水泥全部加入水中至终凝状态的时间为水泥的终凝时间，用"min"计。

7.4.2 为准确观测试件沉入的状况，在终凝针上安装了一个环形附件[图 T0505-1(e)]。完成初凝时间测定后，立即将试模连同浆体以平移的方式从玻璃板下，翻转 180°，直径大端向上、小端向下放在玻璃板上，再放入湿气养护箱中继续养护。

7.4.3 临近终凝时，每隔 15 min（或更短时间）测定一次。试针沉入浆体 0.5 mm，即环形附件开始不能在试件上留下痕迹时，为水泥达到终凝状态。

7.4.4 达到终凝时，需要在试体另外两个不同点测试，结论相同才能确定达到终凝状态。

7.5 测定时应注意，最初测定的操作时应轻轻扶持金属柱，使其徐徐下降，以防止试针撞弯，但结果以自由下落为准；在整个测试过程中，试针沉入的位置至少要距试模内壁 10 mm。每次测定不能让试针落入原针孔，每次测试完必须将试针擦净并将试模放回湿气养护箱内。整个测试过程要防止试模振动。

8 安定性的测定（标准法）

8.1 测定前的准备工作

每个试样需两个试件，每个雷氏夹需配备两个边长或直径约 80 mm、厚度为 4~5 mm 的玻璃板。凡与水泥净浆接触的玻璃板和雷氏夹表面都要稍稍涂上一层油。

8.2 雷氏夹试件的制备方法

将预先准备好的雷氏夹放在已稍擦油的玻璃板上，并立刻将已制好的标准稠度浆装满试模。装模时，一只手轻轻扶持试模，另一只手用宽约 25 mm 的直边小刀在浆体表面轻轻插捣 3 次，然后抹平，盖上稍涂油的玻璃板；接着，立刻将试模移至湿气养护箱内养护 24 h±2 h。

8.3 沸煮

8.3.1 调整好沸煮箱内的水位，使之在整个沸煮过程中都能没过试件，无须中途添补试验用水，同时又能保证在 30 min±5 min 内升至沸腾。

8.3.2 脱去玻璃板取下试件，先检查试饼是否完整（如已开裂、翘曲，要检查原因，确定无外因时,该试饼已属不合格品,不必沸煮)。在试饼无缺陷的情况下,采用雷氏法测定时,先测量雷氏夹指针间的距离(A),精确到 0.5 mm;接着,将试件放入沸煮箱水中试件架上,指针朝上,试件之间互不交叉;然后在 30 min±5 min 内加热至沸腾并恒沸 180 mm±5 min。

8.4   结果判别

沸腾结束后,立即放掉沸煮箱中的热水,打开箱盖,待箱体冷却至室温,取出试件进行判别。测量试件指针尖端间的距离(C),精确至 0.5 mm。当两个试件煮后增加距离($C-A$)的平均值不大于 5.0 mm 时,即认为该水泥安定性合格;当两个试件煮后增加距离($C-A$)的平均值大于 5.0 mm 时,应用同一样品重做一次试验。以复检结果为准。

9   安定性的测定(代用法)

9.1   试验前准备工作

每个样品需准备两块约 100 mm×100 mm 的玻璃板。凡与水泥净浆接触的玻璃板都要稍涂上一层油。

9.2   试饼的成型方法

将制好的标准稠度净浆取出一部分,分成两等份,使之呈球形,放在预先准备好的玻璃板上,轻轻振动玻璃板并用湿布擦净的小刀由边缘向中央抹动,制成直径为 70~80 mm、中心厚约 10 mm、边缘渐薄、表面光滑的试饼,接着将试饼放入湿气养护箱内养护 24 h±2 h。

9.3   沸煮

9.3.1   调整好沸煮箱内的水位,使之在整个沸煮过程中都能没过试件,无须中途添补试验用水,同时保证水在 30 min±5 min 内能沸腾。

9.3.2   脱去玻璃板取下试件,采用饼法测定时,先检查试饼是否完整(如已开裂、翘曲,要检查原因;确定无外因时,该试饼已属不合格品,不必沸煮)。在试饼无缺陷的情况下,将试饼放在沸煮箱的水中算板上,然后在 30 min±5 min 内加热至水沸腾,并恒沸 180 min±5 min。

9.4   结果判别

沸腾结束后,立即放掉沸煮箱中的热水,打开箱盖,待箱体冷却至室温,取出试件进行判别。目测试饼未发现裂缝,用直尺检查也没有弯曲(使钢直尺和试饼底部紧靠,以两者间不透光为不弯曲)的试饼为安定性合格,反之为不合格。两个试饼判别结果有矛盾时,该水泥的安定性为不合格。

10   试验报告

10.1   要求检测的项目名称。

10.2   试样编号。

10.3   试验日期及时间。

10.4   仪器设备的名称、型号及编号。

10.5   环境温度和湿度。

10.6   执行标准。

10.7   使用的检测方法。

10.8   水泥试样的标准稠度用水量、凝结时间、安定性。

10.9   需要说明的其他内容。

2)完成本试验需思考的问题提示

完成"水泥标准稠度用水量、凝结时间、安定性试验"需思考的问题及提示见表2.20。

表2.20 完成"水泥标准稠度用水量、凝结时间、安定性试验"需思考的问题及提示

序号	问题	提示	备注
1	水泥室建设时,应考虑的内容	从满足试验环境要求方面思考	包括面积、层高及配套设施
2	标准稠度的定义	根据本试验5.3.3条确定	—
3	初凝状态的定义	根据本试验7.3条确定	—
4	终凝状态的定义	根据本试验7.4条确定	—
5	测定初凝时间时,如何保证初凝针不被打弯	根据本试验7.5条确定	—
6	安定性合格的判定标准	根据本试验8.4条确定	—
7	湿气养护箱的温度、湿度要求	根据本试验2.8条确定	—

3)填写试验检测记录表

"水泥标准稠度用水量、凝结时间、安定性试验检测记录表"填写要求见表2.21。

表2.21 "水泥标准稠度用水量、凝结时间、安定性试验检测记录表"填写要求

记录表名称	代号	填写要求
水泥标准稠度用水量、凝结时间、安定性试验检测记录表	本项目 JGLQ04003a JGLQ04004 JGLQ04005a	1.基本信息区参照任务单内容填写,"试验条件"为环境条件; 2.主要仪器设备名称要填写; 3.数据区用铅笔填写,教师批阅后可修改; 4."时间"相关内容填几点几分,凝结时间是以分钟计; 5.落款区"试验"处由本人签名,"复核"由小组长签名; 6.空白格中画"—"

4.测定水泥的抗折、抗压强度

测定水泥的胶砂强度,试验依据为《水泥胶砂强度检验方法(ISO法)》(GB/T 17671—2021)。

1)试验方法

水泥胶砂强度检验方法(ISO法)(GB/T 17671—2021)

1 适用范围

本方法适用于通用硅酸盐水泥、石灰石硅酸盐水泥胶砂抗折和抗压强度检验,其他水泥和材料可参考使用。本方法可能对一些品种水泥胶砂强度检验不适用,如初凝时间很短的水泥。

2 试验室和设备

2.1 试验室:温度应保持在20℃±2℃,相对湿度不应低于50%。试验室温度和相对湿度在工作期间每天至少记录1次。

2.2 养护箱:带模养护试体养护箱的温度应保持在20℃±1℃,相对湿度不低于90%。养

护箱的使用性能和结构应符合 JC/T 959 的要求。养护箱的温度和湿度在工作期间至少每 4 h 记录 1 次。在自动控制的情况下,记录次数可以酌减至每天 2 次。

2.3　养护水池:水养用养护水池(带篦子)的材料不应与水泥发生反应。试体养护池水温度应保持在 20 ℃±1 ℃。试体养护池的水温度在工作期间每天至少记录 1 次。

2.4　试验用水泥、中国 ISO 标准砂和水:应与试验室温度相同。

2.5　金属丝网试验筛:应符合 GB/T 6003.1 的要求。

2.6　设备

2.6.1　总体要求:用于制备和测试用的设备应与试验室温度相同,在给定温度范围内;控制系统所设定的温度应为给定温度范围的中值。

设备公差:图中给出的近似尺寸供生产者或使用者参考,带有公差的尺寸为强制尺寸。定期计量检测或校准发现公差不符时,应替换该设备或及时进行调整和修理。计量检测或校准记录应予保存。

对新设备的接收检验应按照 JC/T 681、JC/T 682、JC/T 683、JC/T 723、JC/T 724、JC/T 726、JC/T 960 的要求进行。

在某些情况下,设备材质会影响试验结果,这些材质也应符合要求。

2.6.2　搅拌机:行星式搅拌机应符合 JC/T 681 的要求。

2.6.3　试模:试模应符合 JC/T 726 的要求。成型操作时,应在试模上加有一个壁高 20 mm 的金属模套。从上往下看时,模套壁与试模内壁应该重叠,超出内壁不应大于 1 mm。为控制料层厚度和刮平,应备有图 1 所示的两个布料器和刮平金属直边尺。

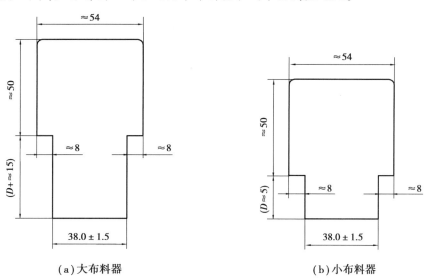

(a)大布料器　　　　　　　　　(b)小布料器

图 1　典型的布料器(单位:mm)

2.6.4　成型设备:

①振实台(图 2):为基准成型设备,应符合 JC/T 682 的要求。振实台应安装在高度约 400 mm 的混凝土基座上。混凝土基座体积应大于 0.25 m³,质量应大于 600 kg。将振实台用地脚螺丝固定在基座上,安装后台盘呈水平状态。振实台底座与基座之间要铺一层胶砂,以保证它们的完全接触。

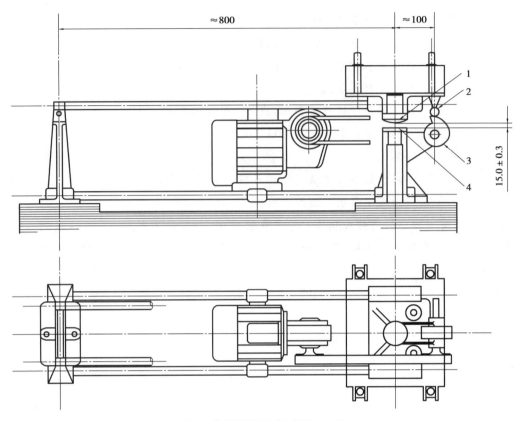

图2 典型的振实台(单位:mm)

1—突头;2—随动轮;3—凸轮;4—止动器

②代用成型设备:全波振幅为 0.75 mm±0.02 mm、频率为 2 800~3 000 次/min 的振动台,振动台应符合 JC/T 723 的要求。

2.6.5 抗折强度试验机:应符合 JC/T 724 的要求。试体在夹具中的受力状态如图 3 所示。抗折强度也可用液压式试验机来测定。此时,示值精度、加荷速度和抗折夹具应符合 JC/T 724 的规定。

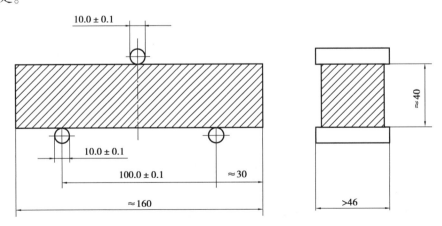

图3 抗折强度测定加荷示意图(单位:mm)

2.6.6 抗压强度试验机:应符合 JC/T 960 的要求。

2.6.7 抗压夹具:需要使用抗压夹具时,应把它放在压力机的上下压板之间,并与压力机处于同一轴线,以便将压力机的荷载传递至胶砂试体表面。抗压夹具应符合 JC/T 683 的要求。

2.6.8　天平:分度值不大于±1 g。

2.6.9　计时器:分度值不大于±1 s。

2.6.10　加水器:分度值不大于±1 mL。

3　胶砂组成

3.1　对中国 ISO 标准砂做全面和明确的规定是困难的。因此,在鉴定和质量控制时,使砂子与 ISO 基准砂比对并标准化是必要的。

3.1.1　ISO 基准砂:ISO 基准砂是由 SiO_2 含量不低于 98%、天然的圆形硅质砂组成,其颗粒分布在表 1 规定的范围内。

表 1　ISO 基准砂的颗粒分布

方孔筛孔径/mm	2.00	1.60	1.00	0.50	0.16	0.08
累计筛余/%	0	7±5	33±5	67±5	87±5	99±1

3.1.2　中国 ISO 标准砂:中国 ISO 标准砂应完全符合表 1 颗粒分布的规定,通过对有代表性样品的筛析来测定。每个筛子的筛析试验应进行至每分钟通过量小于 0.5 g 为止。中国 ISO 标准砂的湿含量小于 0.2%。中国 ISO 标准砂以 1 350 g±5 g 容量的塑料袋包装。

3.2　水泥:水泥样品应贮存在气密的容器里,试验前混合均匀。

3.3　水:验收试验或有争议时,应使用符合 GB/T 6682 规定的三级水;其他试验可用饮用水。

4　胶砂的制备

4.1　配合比:胶砂的质量配合比为一份水泥、3 份中国 ISO 标准砂和半份水(水灰比 w/c 为 0.50)。每锅材料需 450 g±2g 水泥、1 350 g±5 g 砂子和 225 mL±1 mL 或 225 g±1 g 水。一锅胶砂成型 3 条试体。

4.2　搅拌:胶砂用搅拌机按以下程序进行搅拌,可以采用自动控制,也可以采用手动控制。把水加入锅里,再加入水泥,把锅固定在固定架上,上升至工作位置;立即开动机器,先低速搅拌 30 s±1 s 后,在第二个 30 s±1 s 开始的同时均匀地将砂子加入。把搅拌机调至高速再搅拌 30 s±1 s;停拌 90 s,在停拌开始的 15 s±1 s 内,将搅拌锅放下,用刮刀将叶片、锅壁和锅底上的胶砂刮入锅中,再在高速下继续搅拌 60 s±1 s。

5　试体的制备

5.1　尺寸和形状:试体为 40 mm×40 mm×160 mm 的棱柱体。

5.2　成型:

5.2.1　用振实台成型:胶砂制备后立即进行成型。将空试模和模套固定在振实台上,用料勺将锅壁上的胶砂清理到锅内并翻转搅拌胶砂使其更加均匀,成型时将胶砂分两层装入试模。装第一层时,每个槽里放约 300 g 胶砂,先用料勺沿试模长度方向滑动胶砂以布满模槽,再用大布料器垂直架在模套顶部沿每个模槽来回一次将料层布平,接着振实 60 次。再装入第二层胶砂,用料勺沿试模长度方向划动胶砂以布满模槽,但不能接触已振实胶砂,再用小布料器布平,振实 60 次。每次振实时,可将一块用水湿过拧干、比模套尺寸稍大的棉纱布盖在模套上,以防止振实时胶砂飞溅。

移走模套,从振实台上取下试模,用一金属直边尺以近似90°的角度(但向刮平方向稍斜)架在试模模顶的一端,然后沿试模长度方向以横向锯割动作慢慢向另一端移动,将超过试模部分的胶砂刮去。锯割动作的多少和直尺角度的大小取决于胶砂的稀稠程度,较稠的胶砂需要多次锯割。锯割动作要慢,以防止拉动已振实的胶砂。用拧干的湿毛巾将试模端板顶部的胶砂擦拭干净,再用同一直边尺以近乎水平的角度将试体表面抹平。抹平的次数要尽量少,总次数不应超过3次。最后,将试模周边的胶砂擦除干净。

用毛笔或其他方法对试体进行编号。在给两个龄期以上的试体编号时,应将同一试模中的3条试体分在两个以上龄期内。

5.2.2　用振动台成型:在搅拌胶砂的同时,将试模和下料漏斗卡紧在振动台的中心。将搅拌好的全部胶砂均匀地装入下料漏斗中,开动振动台,胶砂通过漏斗流入试模。振动120 s±5 s停止振动。振动完毕,取下试模,用刮平尺以5.2.1条规定的刮平手法刮去其高出试模的胶砂并抹平、编号。

6　试体的养护

6.1　脱模前的处理和养护:在试模上盖一块玻璃板,也可用相似尺寸的钢板或不渗水的、和水泥没有反应的材料制成的板。盖板不应与水泥胶砂接触,盖板与试模之间的距离应控制在2~3 mm。为了安全,玻璃板应有磨边。立即将做好标记的试模放入养护室或湿箱的水平架子上养护,湿空气应能与试模各边接触。养护时,不应将试模放在其他试模上。一直养护到规定的脱模时间时,取出脱模。

6.2　脱模:脱模应非常小心。脱模时,可以用橡皮锤或脱模器。对于24 h龄期的,应在破型试验前20 min内脱模。对于24 h以上龄期的,应在成型后20~24 h脱模。如经24 h养护,会因脱模对强度造成损害时,可以延迟至24 h以后脱模,但在试验报告应予说明。已确定作为24 h龄期试验(或其他不下水直接做试验)的已脱模试体,应用湿布覆盖至做试验时为止。

6.3　水中养护:将做好标记的试体立即水平或竖直放在20 ℃±1 ℃水中养护,水平放置时刮平面应朝上。试体放在不易腐烂的篦子上,并彼此间保持一定间距,让水与试体的6个面接触。在养护期间,试体之间间隔或试体上表面的水深不应小于5 mm。每个养护池只养护同类型的水泥试体。最初用自来水装满养护池(或容器),随后随时加水保持适当的水位。在养护期间,可以更换不超过50%的水。

6.4　强度试验试体的龄期:除24 h龄期或延迟至48 h脱模的试体外,任何到龄期的试体应在试验(破型)前提前从水中取出。揩去试体表面沉积物,并用湿布覆盖至试验为止。试体龄期是从水泥加水搅拌开始试验时算起。不同龄期强度试验在表2规定的时间内进行。

表2　不同龄期强度试验时间要求

龄期	试验时间
24 h	24 h±15 min
48 h	48 h±30 min
72 h	72 h±45 min
7 d	7 d±2 h
28 d	28 d±8 h

7 试验程序

7.1 抗折强度的测定

用抗折强度试验机测定抗折强度。将试体一个侧面放在试验机支撑圆柱上,试体长轴垂直于支撑圆柱,通过加荷圆柱以 50 N/s±10 N/s 的速率均匀地将荷载垂直施加在棱柱体相对侧面上,直至折断。保持两个半截棱柱体处于潮湿状态,直至抗压试验。

抗折强度按式(1)进行计算。

$$R_f = \frac{1.5 F_f L}{b^3} \tag{1}$$

式中 R_f——抗折强度,MPa;

F_f——折断时施加于棱柱体中部的荷载,N;

L——支撑圆柱中心距离,mm;

b——试件断面正方形的边长,为 40 mm。

7.2 抗压强度测定

抗折强度试验完成后,取出两个半截试体进行抗压强度试验。抗压强度试验在半截棱柱体的侧面上进行。半截棱柱体中心与压力机压板受压中心差应在 ±0.5 mm 内,棱柱体露在压板外的部分约有 10 mm。在整个加荷过程中,以 2 400 N/s±200 N/s 的速率均匀地加荷,直至破坏。

抗压强度按式(2)进行计算,受压面积计为 1 600 mm²。

$$R_c = \frac{F_c}{A} \tag{2}$$

式中 R_c——抗压强度,MPa;

F_c——破坏时的最大荷载,N;

A——受压面积,即 1 600 mm²。

8 试验结果

8.1 抗折强度

8.1.1 结果的计算和表示:以一组 3 个棱柱体抗折结果的平均值作为试验结果。3 个强度值中有一个超出平均值的 ±10% 时,应剔除后再取平均值作为抗折强度试验结果;3 个强度值中有两个超出平均值 ±10% 时,则以剩余一个作为抗折强度结果。

单个抗折强度结果精确至 0.1 MPa,算术平均值精确至 0.1 MPa。

8.1.2 结果的报告:报告所有单个抗折强度结果以及按 8.1.1 条规定剔除的抗折强度结果、计算的平均值。

8.2 抗压强度

8.2.1 结果的计算和表示:以一组 3 个棱柱体上得到的 6 个抗压强度测定值的平均值为试验结果。6 个测定值中有一个超出 6 个平均值的 ±10% 时,剔除这个结果,再以剩下 5 个的平均值为结果。5 个测定值中再有超过它们平均值的 ±10% 时,则此组结果作废。6 个测定值中同时有两个或两个以上超出平均值的 ±10% 时,则此组结果作废。单个抗压强度结果精确至 0.1 MPa,算术平均值精确至 0.1 MPa。

8.2.2 结果的报告:所有单个抗压强度结果及按 8.2.1 条规定剔除的抗压强度结果、计算的平均值。

2) 完成本试验需思考的问题提示

完成"水泥抗折、抗压强度试验"需思考的问题及提示见表2.22。

表2.22　完成"水泥抗折、抗压强度试验"需思考的问题及提示

序号	问题	提示	备注
1	振实台是固定于水泥混凝土基座上，混凝土基座的要求	根据本试验2.6.4条确定	基座为混凝土浇筑
2	抗压试验机的量程要求	根据本试验2.6.6条确定	正确选择试验机
3	抗压试验抗压夹具的要求	根据本试验2.6.7条确定	—
4	试件成型试验室的温度、湿度要求	根据本试验2.1条确定	水泥试验室应安装空调及加湿器
5	试模养护时，应编号、做标记	根据本试验5.2.1条确定	养成做标记的好习惯
6	试件养护时，需编号、做标记	根据本试验6.3条确定	养成做标记的好习惯
7	抗折强度结果确定	正确理解本试验8.1.1条	—
8	抗压强度结果确定	正确理解本试验8.2.1条	—

3) 填写试验检测记录表

"水泥抗折、抗压强度试验检测记录表"填写要求见表2.23。

表2.23　"水泥抗折、抗压强度试验检测记录表"填写要求

记录表名称	代号	填写要求
水泥胶砂强度试验检测记录表	本项目JGLQ04006	1. 基本信息区参照任务单内容填写，"试验条件"为环境条件； 2. 主要仪器设备名称要填写； 3. 数据区用铅笔填写，教师批阅后可修改； 4. 落款区"试验"处由本人签名，"复核"处由小组长签名； 5. 空白格中画"—"

2.2.2　编制检测报告

1. 通用硅酸盐水泥的技术标准

1) 通用硅酸盐水泥的技术要求

(1) 组分要求

硅酸盐水泥的组分要求见表2.24；普通硅酸盐水泥、矿渣硅酸盐水泥、粉煤灰硅酸盐水泥和火山灰质硅酸盐水泥的组分要求见表2.25；复合硅酸盐水泥的组分要求见表2.26。

表 2.24　硅酸盐水泥的组分要求

品种	代号	组分(质量分数)/%		
		熟料+石膏	粒化高炉矿渣/矿渣粉	石灰石
硅酸盐水泥	P·Ⅰ	100	—	—
	P·Ⅱ	95 ~ 100	0 ~ <5	—
		≥95	—	0 ~ <5

表 2.25　普通硅酸盐水泥、矿渣硅酸盐水泥、粉煤灰硅酸盐水泥和火山灰质硅酸盐水泥的组分要求

品种	代号	组分(质量分数)/%				
		熟料+石膏	混合材料			
			主要混合材料			替代混合材料
			粒化高炉矿渣/矿渣粉	火山灰质混合材料	粉煤灰	石灰石
普通硅酸盐	P·O	80 ~ <94	6 ~ <20[a]			0 ~ <5[b]
矿渣硅酸盐水泥	P·S·A	50 ~ <79	21 ~ <50	—	—	0 ~ <8[c]
	P·S·B	30 ~ <49	51 ~ <70	—	—	
粉煤灰硅酸盐水泥	P·F	60 ~ <79	—	—	>21 ~ <40	0 ~ <5[d]
火山灰质硅酸盐水泥	P·P	60 ~ <79	—	>21 ~ <40	—	

注:a. 主要混合材料由符合本文件规定的粒化高炉矿渣/矿渣粉、粉煤灰、火山灰质混合材料组成。

　b. 替代混合材料为符合本文件规定的石灰石。

　c. 替代混合材料为符合本文件规定的粉煤灰或火山灰、石灰石。替代后 P·S·A 矿渣硅酸盐水泥中粒化高炉矿渣/矿渣粉含量(质量分数)不小于水泥质量的 21%,P·S·B 矿渣硅酸盐水泥中粒化高炉矿渣/矿渣粉含量(质量分数)不小于水泥质量的 51%。

　d. 替代混合材料为符合本文件规定的石灰石。替代后粉煤灰硅酸盐水泥中粉煤灰含量(质量分数)不小于水泥质量的 21%,火山灰质硅酸盐水泥中火山灰质混合材料含量(质量分数)不小于水泥质量的 21%。

表 2.26　复合硅酸盐水泥的组分要求

品种	代号	组分(质量分数)/%					
		熟料+石膏	混合材料				
			粒化高炉矿渣/矿渣粉	粉煤灰	火山灰质混合材料	石灰石	砂岩
复合硅酸盐水泥	P·C	50 ~ <79	21 ~ <50[a]				

注:a. 混合材料由符合本文件规定的粒化高炉矿渣/矿渣粉、粉煤灰、火山灰质混合材料、石灰石和砂岩中的 3 种(含)以上材料组成。其中,石灰石含量(质量分数)不大于水泥质量的 15%。

（2）化学指标要求

通用硅酸盐水泥的化学指标应符合表 2.27 的规定。

表 2.27　通用硅酸盐水泥的化学指标

品种	代号	不溶物（质量分数）/%	烧失量（质量分数）/%	三氧化硫（质量分数）/%	氧化镁（质量分数）/%	氯离子（质量分数）/%
硅酸盐水泥	P·Ⅰ	≤0.75	≤3.0	≤3.5	≤5.0ᵃ	≤0.06ᶜ
	P·Ⅱ	≤1.50	≤3.5			
普通硅酸盐	P·O	—	≤5.0			
矿渣硅酸盐水泥	P·S·A	—	—	≤4.0	≤6.0ᵇ	
	P·S·B	—	—		—	
火山灰质硅酸盐水泥	P·P	—	—	≤3.5	≤6.0	
粉煤灰硅酸盐水泥	P·F	—	—			
复合硅酸盐水泥	P·C					

注：a. 如果水泥压蒸安定性合格，则水泥中氧化镁的含量（质量分数）允许放宽至 6.0%。

　　b. 如果水泥中氧化镁的含量（质量分数）大于 6.0%，应进行水泥压蒸安定性试验并合格。

　　c. 当买方有更低要求时，由买卖双方协商确定。

（3）水泥中水溶性铬（Ⅳ）

水泥中水溶性铬（Ⅳ）应符合《水泥中水溶性铬（Ⅵ）的限量及测定方法》（GB 31893—2015）的要求。

（4）碱含量（选择性指标）

水泥中碱含量按 $Na_2O+0.658K_2O$ 计算值表示。当买方要求提供低碱水泥时，由买卖双方协商确定。

（5）细度

硅酸盐水泥的细度以比表面积表示，其比表面积不低于 300 m^2/kg 且不高于 400 m^2/kg；普通硅酸盐水泥、矿渣硅酸盐水泥、粉煤灰硅酸盐水泥、火山灰质硅酸盐水泥和复合硅酸盐水泥以 45 μm 方孔筛筛余表示，应不低于 5%。当买方有特殊要求时，由买卖双方协商确定。

（6）凝结时间

硅酸盐水泥初凝时间应不小于 45 min，终凝时间应不大于 390 min；普通硅酸盐水泥、矿渣硅酸盐水泥、粉煤灰硅酸盐水泥、火山灰质硅酸盐水泥和复合硅酸盐水泥初凝时间应不小于 45 min，终凝时间应不大于 600 min。

（7）安定性

沸煮法合格、压蒸法合格。

（8）强度

硅酸盐水泥、普通硅酸盐水泥的强度等级分为 42.5、42.5R、52.5、52.5R、62.5、62.5R 6 个等级；矿渣硅酸盐水泥、粉煤灰硅酸盐水泥、火山灰质硅酸盐水泥的强度等级分为 32.5、32.5R、42.5、42.5R、52.5、52.5R 6 个等级；复合硅酸盐水泥的强度等级分为 42.5、42.5R、52.5、52.5R 4 个等级。

不同强度等级的通用硅酸盐水泥，其不同龄期强度应符合表 2.28 的规定。

表2.28 通用硅酸盐水泥不同龄期强度要求

强度等级	抗压强度/MPa		抗折强度/MPa	
	3 d	28 d	3 d	28 d
32.5	≥12.0	≥32.5	≥3.0	≥5.5
32.5R	≥17.0		≥4.0	
42.5	≥17.0	≥42.5	≥4.0	≥6.5
42.5R	≥22.0		≥4.5	
52.5	≥22.0	≥52.5	≥4.5	≥7.0
52.5R	≥27.0		≥5.0	
62.5	≥27.0	≥62.5	≥5.0	≥8.0
62.5R	≥32.0		≥5.5	

（9）放射性核素限量

内照射指数 I_{Ra} 应不大于1.0,外照射指数 I 应不大于1.0。

（10）水泥的包装、标识、运输、储存

①包装。水泥可以散装或袋装,包装形式由买卖双方协商确定。袋装水泥每袋净含量应不少于标志质量的99%,随机抽取20袋总质量(含包装袋)应不小于标志质量的100%。水泥包装袋应符合《水泥袋包装》(GB/T 9774—2020)的规定。

②标志。水泥包装袋上应清楚标明本文件编号、水泥品种、袋号、强度等级、生产者名称、生产许可证标志(QS)及编号、出厂编号、包装日期、净含量。硅酸盐水泥和普通硅酸盐水泥包装袋两侧采用红色印刷或喷涂水泥名称和强度等级。矿渣硅酸盐水泥采用绿色、火山灰质硅酸盐水泥、粉煤灰硅酸盐水泥和复合硅酸盐水泥包装袋两侧采用黑色或蓝色印刷或喷涂水泥名称和强度等级。散装发运时,应提交与袋装标志相同内容的卡片。

③运输与储运。水泥在运输与贮存时,不应受潮和混入杂物。不同品种和强度等级的水泥应分别贮运。

2）水泥的质量评定

检验结果符合化学组分要求、化学指标要求、凝结时间、安定性(沸煮法)、强度、细度要求的为合格品。检验结果不符合其中任意一项技术要求的,为不合格品。

2.检测报告填写要求

"水泥试验检测报告"填写要求见表2.29。

表 2.29 "水泥试验检测报告"填写要求

报告表名称	代号	填写要求
水泥试验检测报告	本项目检验报告中"报告续页 BGLQ04001F"	1. 基本信息区参照任务单内容填写; 2. 判定依据为《公路桥涵施工技术规范》(JTG/T 3650—2020); 3. 数据区用签字笔填写,错误处按要求"杠改"并在修改处签名; 4. 没有检测的指标均在空格中画"__"; 5. 检测结论要严谨准确; 6. 落款区"试验"处由本人签名,"复核"处由小组长签名,"签发"处由指导教师签名; 7. 空白格中画"__"

任务 2.3　确定试验室配合比

本任务是学生模拟检测中心水泥混凝土室试验检测人员根据附表 4 提供的材料,完成 C30 水泥混凝土的配合比设计,并正确填写试验检测记录表,编制检测报告。其中,初步配合比的计算、坍落度的测定、立方体抗压强度试件制作及试件检验主要由学生为主完成,其他由教师指导完成。

2.3.1　确定试验室配合比,填写试验检测记录表

桥涵工程用水泥混凝土以 28 d 的立方体抗压强度作为设计标准。按以下步骤确定试验室配合比,并填写试验检测记录表。

1. 计算初步配合比,填写试验检测记录表

1) 初步配合比按列步骤计算

(1) 确定混凝土配制强度 $f_{cu,0}$

①当混凝土的设计强度等级小于 C60 时,混凝土配制强度 $f_{cu,0}$ 应根据设计要求的混凝土强度等级和施工单位质量管理水平(强度标准差的历史平均水平),再按《普通混凝土配合比设计规程》(JGJ 55—2011)的规定,可按式(2.1)确定:

$$f_{cu,0} \geqslant f_{cu,k} + 1.645\sigma \tag{2.1}$$

式中　$f_{cu,0}$——混凝土配制强度,MPa;

　　　$f_{cu,k}$——混凝土立方体抗压强度标准值,MPa;

　　　σ——混凝土强度标准差,MPa。

混凝土强度标准差可根据近 1~3 个月的同一品种、同一强度等级混凝土的强度统计资料计算求得,其试件组数不应少于 30 组。对于强度等级不大于 C30 的混凝土,若强度标准差计算值不小于 3.0 MPa 时,按计算结果取值;若计算值小于 3.0 MPa 时,则计算配制强度时的标准差取 3.0 MPa。对于强度等级大于 C30 且小于 C60 的混凝土,若强度标准差计算值不小于 4.0 MPa 时,

按计算结果取值;若计算值小于 4.0 MPa 时,则计算配制强度时的标准差取 4.0 MPa;当无近期统计资料计算混凝土强度标准差时,强度标准差值可根据强度等级按表 2.30 的规定取用。

表 2.30 强度标准差 σ 值

强度等级/MPa	≤C20	C25 ~ C45	C50 ~ C55
标准差 σ/MPa	4.0	5.0	6.0

②当设计强度等级不小于 C60 时,配制强度按式(2.2)确定:

$$f_{cu,0} \geqslant 1.15 f_{cu,k} \tag{2.2}$$

(2)初步确定水胶比

①当混凝土强度等级小于 C60 级时,混凝土水胶比按式(2.3)计算:

$$W/B = \frac{\alpha_a f_b}{f_{cu,0} + \alpha_a \alpha_b f_b} \tag{2.3}$$

式中 α_a、α_b——回归系数,取值见表 2.31;

f_b——胶凝材料 28 d 胶砂抗压强度,MPa;可实测,也可按式 $f_b = \gamma_f \gamma_s f_{ce}$ 确定;γ_f 为粉煤灰影响系数,γ_s 为粒化高炉矿渣粉影响系数,可按表 2.32 选用;f_{ce} 为水泥 28 d 胶砂抗压强度,可实测,也可按式 $f_{ce} = \gamma_c f_{ce,g}$ 计算;γ_c 为水泥强度等级富余系数,可按实际统计资料确定;当缺乏实际统计资料时,可按表 2.33 选用,$f_{ce,g}$ 为水泥强度等级值。

表 2.31 回归系数 α_a、α_b 选用

集料类型	回归系数	
	α_a	α_b
碎石	0.53	0.20
卵石	0.49	0.13

表 2.32 粉煤灰影响系数 γ_f 和粒化高炉矿渣粉影响系数 γ_s

掺量/%	种类	
	粉煤灰影响系数 γ_f	粒化高炉矿渣粉影响系数 γ_s
0	1.00	1.00
10	0.85 ~ 0.95	1.00
20	0.75 ~ 0.85	0.95 ~ 1.00
30	0.65 ~ 0.75	0.90 ~ 1.00
40	0.55 ~ 0.65	0.80 ~ 0.90
50	—	0.70 ~ 0.85

注:①采用 I 级、II 级粉煤灰宜取上限值。

②采用 S75 级粒化高炉矿渣粉宜取下限值,采用 S95 级粒化高炉矿渣粉宜取上限值,采用 S105 级粒化高炉矿渣粉可取上限值加 0.05。

③当超出表中掺量时,粉煤灰和粒化高炉矿渣粉影响系数应经试验确定。

表2.33 水泥强度等级的富余系数

水泥强度等级值	32.5	42.5	52.5
富余系数	1.12	1.16	1.10

②按耐久性校核水胶比。按式(2.3)计算所得的水胶比是按强度要求计算得到的结果。确定采用的水胶比时,还应根据《公路桥涵施工技术规范》(JTG/T 3650—2020)规定的混凝土所处环境条件、耐久性要求的允许最大水胶比(表2.34)进行校核,从中选择小者。

表2.34 普通混凝土的最大水胶比和胶凝材料用量

混凝土强度等级	最大水胶比	最小水泥用量 /(kg·m^{-3})	最大胶凝材料用量 /(kg·m^{-3})
C25	0.55	275	400
C30	0.55	280	
C35	0.5	300	
C40	0.45	320	450
C45	0.4	340	
C50	0.36	360	480
C55	0.32	380	500
C60	0.3	400	530

注:①表中数据适用于最大粒径为20 mm的情况;粒径较大时,可适当降低胶凝材料用量。

②大掺量矿物掺合料混凝土的水胶比应不大于0.42。

③引气混凝土的胶凝材料用量与非引气混凝土要求相同。

④封层、垫层及其他临时工程的混凝土,可不受本表的限制。

(3)确定用水量

①每立方米干硬性或塑性混凝土用水量的确定。水胶比为0.40～0.80时,根据粗集料的品种、粒径及施工要求的混凝土拌合物稠度,其用水量可按表2.35、表2.36选取。水胶比小于0.40的混凝土用水量通过试验确定。

表2.35 干硬性混凝土的用水量　　　　　　　　　　　　单位:kg/m^3

拌合物稠度		卵石最大公称粒径/mm			碎石最大公称粒径/mm		
项目	指标	10.0	20.0	40.0	16.0	20.0	40.0
维勃稠度/s	16～20	175	160	145	180	170	155
	11～15	180	165	150	185	175	160
	5～10	185	170	155	190	180	165

表 2.36　塑性混凝土的用水量　　　　　　　　　　　单位:kg/m³

拌合物稠度		卵石最大粒径/mm				碎石最大粒径/mm			
项目	指标	10.0	20.0	31.5	40.0	16.0	20.0	31.5	40.0
坍落度 /mm	10～30	190	170	160	150	200	185	175	165
	35～50	200	180	170	160	210	195	185	175
	55～70	210	190	180	170	220	205	195	185
	75～90	215	195	185	175	230	215	205	195

注:①用水量系采用中砂时的平均值。采用细砂时,每立方米砼混凝土用水量可增加 5～10 kg;采用粗砂时,则可减少 5～10 kg。

②掺用各种外加剂或掺合料时,用水量应相应调整。

②掺外加剂时,每立方米流动性或大流动性混凝土的用水量按式(2.4)计算。这里的外加剂,特指具有减水功能的外加剂。

$$m_{wo} = m'_{wo}(1-\beta) \tag{2.4}$$

式中　m_{wo}——计算配合比每立方米的混凝土用水量,kg/m³;

　　　β——外加剂的减水率,%,应经混凝土试验确定;

　　　m'_{wo}——未掺外加剂时推定的满足实际坍落度要求的每立方米混凝土用水量,kg/m³,以表 2.36 中 90 mm 坍落度的用水量为基础,按坍落度每增大 20 mm 相应增加 5 kg/m³ 用水量来计算;当坍落度增大到 180 mm 以上时,随坍落度相应增加的用水量可减少。

(4)确定胶凝材料、外加剂、矿物掺合料、水泥用量

①计算每立方米混凝土胶凝材料、水泥、外加剂、矿物掺合料用量。

a. 每立方米混凝土的胶凝材料用量按式(2.5)计算。

$$m_{bo} = \frac{m_{wo}}{W/B} \tag{2.5}$$

式中　m_{bo}——计算配合比每立方米混凝土中胶凝材料用量,kg/m³;

　　　m_{wo}——计算配合比每立方米混凝土的用水量,kg/m³;

　　　W/B——混凝土水胶比。

b. 每立方米混凝土的外加剂用量按式(2.6)计算。

$$m_{ao} = m_{bo}\beta_a \tag{2.6}$$

式中　m_{ao}——计算配合比每立方米混凝土中外加剂用量,kg/m³;

　　　β_a——外加剂掺量,%,应经混凝土试验确定。

c. 每立方混凝土中矿物掺合料用量。

• 为保证混凝土的耐久性能,混凝土处于不同环境与作用等级时,矿物掺合料的掺量宜按表 2.37 的规定选用。

表 2.37　混凝土中矿物掺合料用量

混凝土类型	环境类别与作用等级		水胶比	粉煤灰/%	粒化高炉矿渣粉/%
钢筋混凝土	一般环境	I	≤0.40	≤30	≤50
			>0.40	≤20	≤30
	冻融环境	II	≤0.40	≤30	≤40
			>0.40	≤20	≤30
	近海或海洋氯化物环境/除冰盐等其他氯化物环境	III/IV	≤0.40	30~50	30~60
			>0.40	20~40	50~80
	盐结晶环境	V	≤0.40	≤40	≤50
			>0.40	≤30	≤40
	化学腐蚀环境	VI	≤0.40	30~50	40~60
			>0.40	20~40	30~50
	磨蚀环境	VII	≤0.40	≤30	≤40
			>0.40	≤20	≤30
预应力混凝土	—		—	≤30	≤50

注:①表中用量值为矿物掺合料占胶凝材料质量的百分比。

②本表仅限于硅酸盐水泥或普通硅酸盐水泥。

③以硫酸盐为主的化学腐蚀环境和近海、海洋氯化物环境,宜掺用粒化高炉矿渣粉。

④近海或海洋氯化物环境下,矿物掺合料复掺时取单掺的最大值。

⑤采用普通硅酸盐水泥、矿渣水泥时,应将水泥中原有的矿物掺合料与配置混凝土时加的矿物掺合料用量一并计算。

- 每立方米混凝土中矿物掺合料用量按式(2.7)计算。

$$m_{fo} = m_{bo}\beta_f \tag{2.7}$$

式中　m_{fo}——计算配合比每立方米混凝土中矿物掺合料用量,kg/m^3;

　　　β_f——矿物掺合料掺量,%。

d. 每立方混凝土水泥用量按式(2.8)计算。

$$m_{co} = m_{bo} - m_{fo} \tag{2.8}$$

式中　m_{co}——计算配合比每立方米混凝土中水泥用量,kg/m^3。

②按耐久性要求校核水泥用量及氯离子含量。根据混凝土耐久性要求,每立方米普通水泥混凝土的最小水泥用量根据结构的所处环境条件应不得小于表2.34的规定,从各种材料中引入的氯离子总含量(折合氯盐含量)应不超过表2.38的规定限值。

表 2.38　混凝土中游离氯离子含量最大限值

环境类别与作用等级	钢筋混凝土	预应力混凝土
II、III、IV	0.10%	0.06
I-B、I-C、V、VI	0.20%	
I-A、VII	0.30%	

注:①表中氯离子含量以胶凝材料质量百分数计。

②环境类别和作用等级应符合《公路工程混凝土结构耐久性设计规范》(JTG/T 3310—2019)的规定。

（5）砂率的选定

砂率对混凝土拌合物性能影响较大，可调范围略宽，也关系到材料成本。在实际工作中，砂率应根据骨料的技术指标、混凝土拌合物性能和施工要求，参考经验和既有历史资料确定。当无历史资料可参考时，坍落度为 10 ~ 60 mm 的混凝土砂率可根据粗集料品种、粒径及水灰比按表 2.39 选取；坍落度大于 60 mm 的混凝土砂率可经试验确定，也可在表 2.39 的基础上，按坍落度每增大 20 mm，砂率增大 1% 的幅度予以调整；坍落度小于 10 mm 的混凝土，其砂率应经试验确定。

表 2.39　混凝土的砂率　　　　　　　　　　　　单位：%

水胶比 (W/B)	卵石最大粒径/mm			碎石最大粒径/mm		
	10.0	20.0	40.0	16.0	20.0	40.0
0.40	26 ~ 32	25 ~ 31	24 ~ 30	30 ~ 35	29 ~ 34	27 ~ 32
0.50	30 ~ 35	29 ~ 34	28 ~ 33	33 ~ 38	32 ~ 37	30 ~ 35
0.60	33 ~ 38	32 ~ 37	31 ~ 36	36 ~ 41	35 ~ 40	33 ~ 38
0.70	36 ~ 41	35 ~ 40	34 ~ 39	39 ~ 44	38 ~ 43	36 ~ 41

注：①本表数值系中砂的选用砂率，对于细砂或粗砂，可相应地减少或增大砂率。

②采用人工砂配制混凝土时，砂率可适当增大。

③只用一个单粒级粗骨料配制混凝土时，砂率应适当增大。

（6）计算粗、细集料用量

①质量法：又称假定密度法，是假定混凝土拌合物的表观密度为一固定值，混凝土拌合物各组成材料的单位用量之和即为其表观密度。在砂率值为已知的条件下，粗、细集料的单位用量可用式（2.9）和式（2.10）求得。

$$m_{\text{fo}} + m_{\text{co}} + m_{\text{go}} + m_{\text{so}} + m_{\text{wo}} = m_{\text{cp}} \tag{2.9}$$

$$\beta_{\text{s}} = \frac{m_{\text{so}}}{m_{\text{go}} + m_{\text{so}}} \times 100\% \tag{2.10}$$

式中　m_{go}——计算每立方米混凝土的粗集料用量，kg/m³；

　　　m_{so}——计算每立方米混凝土的细集料用量，kg/m³；

　　　β_{s}——砂率，%；

　　　m_{cp}——每立方米混凝土拌和物的假定质量，kg，可取 2 350 ~ 2 450 kg/m³。

②体积法：又称绝对体积法，是假定混凝土拌合物的体积等于各组成材料绝对体积和混凝土拌合物中所含空气之和。在砂率为已知的条件下，粗、细集料的单位用量可由式（2.11）和（2.12）求得。

$$\frac{m_{\text{fo}}}{\rho_{\text{f}}} + \frac{m_{\text{co}}}{\rho_{\text{c}}} + \frac{m_{\text{go}}}{\rho_{\text{g}}} + \frac{m_{\text{so}}}{\rho_{\text{s}}} + \frac{m_{\text{wo}}}{\rho_{\text{w}}} + 0.01\alpha = 1 \tag{2.11}$$

$$\beta_{\text{s}} = \frac{m_{\text{so}}}{m_{\text{go}} + m_{\text{so}}} \times 100\% \tag{2.12}$$

式中　ρ_{c}——水泥密度，kg/m³，可按《水泥密度测定方法》（GB/T 208—2004）测定，也可取 2 900 ~ 3 100 kg/m³；

ρ_f——矿物掺合料密度，kg/m³，可按《水泥密度测定方法》(GB/T 208—2004)测定；

ρ_s、ρ_g——粗、细集料的表观密度，kg/m³；

ρ_w——水的密度，kg/m³，可取 1 000 kg/m³；

α——混凝土的含气量百分数，在不使用引气剂或引气型外加剂时，取值为1。

通过以上 6 个步骤计算，可将水泥、水、粗集料、细集料的用量全部求出，得到初步配合比。但以上各项计算多数利用经验公式或经验资料获得，配合比所制得的混凝土不一定符合实际要求。因此，应对配合比进行试配、调整和确定。

2)填写试验检测记录表

"水泥混凝土初步配合比设计试验检测记录表"填写要求见表2.40。

表2.40　"水泥混凝土初步配合比设计试验检测记录表"填写要求

记录表名称	代号	填写要求
水泥混凝土配合比设计试验检测记录表	本项目 JGLQ04009	1. 本试验内容检测记录表共 3 页，初步配合比只填写第 1 页部分内容； 2. 基本信息区参照任务单内容填写，"样品名称""样品标号""样品描述""试验条件"不填； 3. 主要仪器设备名称不填； 4. 设计条件、用料说明根据任务单内容填写，原材料指标检验结果按照试验记录表数据填写； 5. 填写初步配合比数据； 6. 数据区先铅笔填写，教师批阅后可修改

2. 试拌调整提出基准配合比，填写试验检测记录表

1)试拌检验工作性

（1）试拌要求

①材料的要求。试配混凝土所用各种原材料要与实际工程使用的材料相同。配合比设计所采用的细集料含水率应小于0.5%，粗集料含水率应小于0.2 %。

②搅拌方法和拌合物数量。混凝土试配应采用强制式搅拌机进行搅拌，搅拌方法(搅拌方式、投料方式、搅拌时间)宜与施工采用的方法相同。试拌时，每盘混凝土的最小搅拌数量应符合表2.41的规定，并不应小于搅拌机公称容量的1/4且不大于搅拌机公称容量。如果搅拌量太小，混凝土拌合物浆体黏锅因素影响和体量不足等原因将导致拌合物的代表性不足。

表2.41　混凝土试配的最小搅拌量

集料最大公称粒径/mm	拌合物数量/L
≤31.5	20
40.0	25

（2）检验工作性

按初步配合比计算出试配所需的材料用量,按规定的方法配制混凝土拌合物,通过试验测定混凝土的坍落度,同时观察拌合物黏聚性和保水性。试验依据为《公路工程水泥及水泥混凝土试验规程》（JTG 3420—2020）。

①试验方法如下:

水泥混凝土拌合物的拌和与现场取样方法可扫描右侧二维码学习。

T0522—2005 水泥混凝土拌合物稠度试验方法（坍落度仪法）

1　目的和适用范围

1.1　本方法规定了采用坍落度仪测定水泥混凝土拌合物稠度的试验方法。

1.2　本方法适用于坍落度大于 10 mm、集料最大粒径不大于 31.5 mm 的水泥混凝土坍落度的测定。

2　仪具与材料

2.1　坍落筒:如图 T0522-1 所示,符合《混凝土坍落度仪》（JG/T 248—2009）的规定。坍落筒为铁板制成的截头圆锥筒,厚度不小于 1.5 mm,内侧平滑,没有铆钉头之类的突出物,在筒上方约 2/3 高度处有两个把手,近下端两侧焊有两个踏脚板,保证坍落筒可以稳定操作。坍落筒尺寸见表 T0522-1。

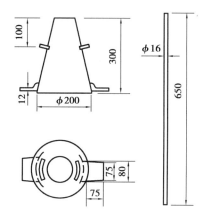

图 T0522-1　坍落筒及捣棒（单位:mm）

表 T0522-1　坍落筒尺寸

集料公称最大粒径 /mm	筒的名称	筒的内部尺寸/mm		
		底面直径	顶面直径	高度
<31.5	标准坍落筒	200±2	100±2	300±2

2.2　捣棒:直径为 16 mm、长约 650 mm 并具有半球形端头的钢质圆棒。

2.3　钢尺:分度值为 1 mm。

2.4　其他:小铲、木尺、抹刀和钢平板等。

3　试验步骤

3.1　试验前,将坍落筒内外洗净,放在经水润湿过的平板上（平板吸水时,应垫以塑料布）,踏紧踏脚板。

3.2 将代表样分3层装入筒内,每层装入高度稍大于筒高的1/3,用捣棒在第一层的横截面上均匀插捣25次。插捣在全部面积上进行,沿螺旋线由边缘至中心,插捣底面时插至底部;插捣其他两层时,应插透本层并插入下层20~30 mm,插捣须垂直压下(边缘部分除外),不得冲击。在插捣顶层时,装入的混凝土高出坍落筒,随插捣过程随时添加拌合物。当顶层插捣完毕后,将捣棒用锯和滚的动作清除多余的混凝土,用抹刀抹平筒口,刮净筒底周围的拌合物。然后立即垂直提起坍落筒,提筒宜控制在3~7 s内完成,使混凝土不受横向及扭力作用。从开始装料到提出坍落筒整个过程应在150 s内完成。

3.3 将坍落筒放在锥体混凝土试样一旁,筒顶平放木尺,用钢尺量出木尺底面至试样顶面最高点的垂直距离,即为该混凝土拌合物的坍落度,精确至1 mm,如图T0522-2所示。

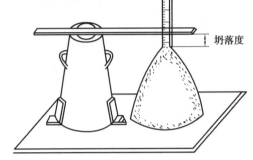

坍落度

图 T0522-2 坍落度测定

3.4 混凝土试件的一侧发生崩坍或一边剪切破坏,则应重新取样另测。如果第二次仍发生上述情况,则表示该混凝土和易性不好,应记录。

3.5 当混凝土拌合物的坍落度大于160 mm时,用钢尺测量混凝土扩展后最终的最大直径和最小直径。在这两个直径之差小于50 mm的条件下,用其算术平均值作为坍落扩展度值。否则,此次试验无效。

3.6 进行坍落度试验的同时,可用目测方法评定混凝土拌合物的下列性质,并予记录。

3.6.1 棍度:按插捣混凝土拌合物时难易程度评定,分为"上""中""下"3级。"上":表示插捣容易;"中":表示插捣时稍有石子阻滞的感觉;"下":表示很难插捣。

3.6.2 黏聚性:观测拌合物各组分相互黏聚情况。评定方法是用捣棒在已坍落的混凝土锥体侧面轻打,如锥体在轻打后逐渐下沉,表示黏聚性良好;如锥体突然倒塌、部分崩裂或发生石子离析现象,即表示黏聚性不好。

3.6.3 保水性:指水分从拌合物中析出情况,分为"多量""少量""无"3级。"多量":表示提起坍落筒后,有较多水分从底部析出;"少量":表示提起坍落筒后,有少量水分从底部析出;"无":表示提起坍落筒后,没有水分从底部析出。

4 结果处理

混凝土拌合物坍落度和坍落扩展度值以毫米(mm)为单位,测量精确至1 mm,结果修约至5 mm。

5 试验报告

5.1 要求检测的项目名称、执行标准。

5.2 原材料的品种、规格和产地以及混凝土配合比。

5.3 试验日期及时间。

5.4 仪器设备的名称、型号及编号。

5.5 环境温度和湿度。

5.6 搅拌方式。

5.7 水泥混凝土拌和物坍落度(坍落扩展度)。

5.8 需要说明的其他内容,如棍度、黏聚性和保水性。

②完成"水泥混凝土拌合物的拌和及稠度试验"需思考的问题及提示见表 2.42。

表 2.42 完成"水泥混凝土拌合物的拌和及稠度试验"需思考的问题及提示

序号	问题	提示	备注
1	拌制混凝土材料用量精确度	根据 T0521 中 3.4 条确定	合理选择台秤感量
2	粗细集料的含水状态	根据 T0521 中 3.5 条确定	思考"施工拌合站粗细集料的含水状态"
3	人工拌和要求	根据 T0521 中 3.11 条确定	—
4	拌合物坍落度结果单位	根据 T0522 中 4 条确定	—
5	试验完成后清洗设备	—	避免堵塞下水,养成好习惯

2) 调整配合比

当混凝土的和易性不符合设计要求时,应进行调整。调整的基本原则如下:若黏聚性和保水性较好,坍落度不符合要求,可在保持水胶比不变、砂率不变的条件下,适当增减水和胶凝材料用量;若坍落度符合要求,黏聚性和保水性不良时,实际是混凝土拌合物中砂浆不足,此时可保持原有水和胶凝材料用量,适当增大砂率;若坍落度不符合要求,同时保水性黏聚性也不好时,则应在水胶比和材料总量不变的条件下和水胶比不变的情况下,适当改变用水量和砂率,重新计算每立方米各材料用量,调整坍落度、和易性满足要求。当试拌调整工作完成后,应测出混凝土拌合物的实际表观密度。计算出混凝土配合比的校正系数,此时的混凝土配合比即为可供混凝土强度试验用的基准配合比。

3) 填写试验检测记录表

"水泥混凝土试拌调整提出基准配合比试验检测记录表"填写要求见表 2.43。

表 2.43 "水泥混凝土试拌调整提出基准配合比试验检测记录表"填写要求

记录表名称	代号	填写要求
水泥混凝土配合比设计试验检测记录表	本项目 JGLQ04009	1. 本试验检测记录表与初步配合比为同一记录表; 2. 填写基准配合比、坍落度及表观密度数据; 3. 数据区用铅笔填写,教师批阅后可修改

3. 确定检验强度配合比,填写试验检测记录表

1) 制作试件、检验强度

经过和易性调整试验得出的混凝土基准配合比,其水胶比不一定选用恰当,混凝土的强度不一定符合要求,故应对混凝土强度进行复核。混凝土强度试验时,至少采用 3 个不同的配合比。其中,一个是基准配合比,另两组的水胶比则分别增加及减少 0.05。用水量应与基准配合比相同,砂率可分别增加和减少 1%。外加剂掺量也可作减少和增加的微调。

每种配合比应至少制作一组(3 块)试件。在制作混凝土强度试件时,应检验混凝土拌和物的坍落度(或维勃稠度)、黏聚性、保水性及拌合物的表观密度,并以此结果作为代表相应配合比的混凝土拌合物的性能。按标准条件养护 28 d(或设计规定的龄期)试压。试验依据为《公

路工程水泥及水泥混凝土试验规程》(JTG 3420—2020)。

(1)试验方法

水泥混凝土试件制作与硬化水泥混凝土现场取样方法可扫描右侧二维码学习。

T0553-2005 水泥混凝土抗压强度试验方法

1　目的和适用范围

1.1　本方法规定了水泥混凝土抗压强度的试验方法。

1.2　本方法适用于各类水泥混凝土立方体试件的抗压强度试验,也适用于高径比为1:1的钻芯试件。

2　仪具与材料

2.1　压力机或万能试验机:压力机应符合《液压式万能试验机》(GB/T 3159—2008)及《试验机　通用技术要求》(GB/T 2611—2022)的规定,其测量精度为±1%。试件破坏荷载应大于压力机全程的20%且小于压力机全程的80%。压力机同时应具有加荷速度指示装置或加荷速度控制装置,上下压板平整并有足够刚度,可均匀地连续加荷卸荷,可保持固定荷载;开机停机均灵活自如,能够满足试件破型吨位要求。

2.2　球座:钢质坚硬,面部平整度要求在100 mm距离内的高低差值不超过0.05 mm,球面及球窝粗糙度Ra0.32 μm,研磨、转动灵活。不应在大球座上做小试件破型,球座宜放置在试件顶面(特别是棱柱试件),且凸面朝上。当试件均匀受力后,不宜再敲动球座。

2.3　混凝土强度等级大于或等于C50时,试件周围应设置防崩裂网罩。

3　试件制备和养护

3.1　试件制备和养护应符合T0551中的相关规定。

3.2　混凝土抗压强度试件尺寸应符合T0551中表T0551-1的规定。

3.3　集料最大粒径应符合T0551中表T0551-1的规定。

3.4　混凝土立方体抗压强度试件应同龄期者为一组,每组为3个同条件制作和养护的混凝土试块。

4　试验步骤

4.1　到试验龄期后,自养护室取出试件,应尽快试验,避免其湿度变化。

4.2　取出试件,检查其尺寸及形状,相对两面平行。量出棱边长度,精确至1 mm。试件受力截面积按其与压力机上下接触面的平均值计算。破型前保持试件原有湿度,试验时擦干试件。

4.3　以成型时侧面为上下受压面,试件中心与压力机几何对中。圆柱体应对端面进行处理,确保端面的平行度。

4.4　混凝土强度等级小于C30时,加荷速度取0.3~0.5 MPa/s;混凝土强度等级大于或等于C30且小于C60时,加荷速度取0.5~0.8 MPa/s;混凝土强度等级大于或等于C60混凝土时,加荷速度取0.8~1.0 MPa/s。当试件接近破坏而开始迅速变形时,应停止调整试验机油门,直至试件破坏,记下破坏极限荷载F。

5　结果计算

5.1　混凝土试件抗压强度按式(T0553-1)计算。

$$f_{cu} = \frac{F}{A} \tag{T0553-1}$$

式中　f_{cu}——混凝土立方体抗压强度,MPa,结果计算精确至 0.1 MPa;

　　　F——极限荷载,N;

　　　A——受压面积,mm^2。

5.2　混凝土强度等级小于 C60 时,用非标准试件的抗压强度应乘以尺寸换算系数(表 T0553-1),并应在报告中注明。

表 T0553-1　立方体抗压强度尺寸换算系数

试件尺寸	尺寸换算系数
100 mm×100 mm×100 mm	0.95
150 mm×150 mm×150 mm	1.00
200 mm×200 mm×200 mm	1.05

5.3　当混凝土强度等级大于或等于 C60 时,宜用 150 mm×150 mm×150 mm 标准试件,使用非标准试件时,换算系数由试验确定。

5.4　以 3 个试件测值的算术平均值为测定值,计算精确至 0.1 MPa。3 个试件测值的最大值或最小值中如有一个与中间值之差超过中间值的 15%,则取中间值为测定值;如最大值和最小值与中间值的差值均超过中间值的 15%,则该组试验结果无效。

6　试验报告

6.1　要求检查的项目名称和执行标准。

6.2　原材料的品种、规格和产地。

6.3　仪器设备的名称、型号及编号。

6.4　环境温度和湿度。

6.5　水泥混凝土抗压强度值。

6.6　需要说明的其他内容。

(2)完成本试验需思考的问题提示

完成"水泥混凝土试件制作和强度检验试验"需思考的问题及提示见表 2.44。

表 2.44　完成"水泥混凝土试件制作和强度检验试验"需思考的问题及提示

序号	问题	提示	备注
1	试件制作前,应先测定拌合物的表观密度及和易性	—	记录数据
2	按任务单的要求,试件应采用的成型方式	根据 T0551 中 3 条确定	—
3	试件成型后的放置条件	根据 T0551 中 5.1 条确定	—
4	试件脱模后的养护条件	根据 T0551 中 5.2 条确定	—
5	每组试件几块	根据 T0553 中 3.4 条确定	—
6	加载速度	根据 T0553 中 4.4 条确定	思考"是否会进行与荷载的换算"
7	结果处理	正确理解 T0553 中 5.4 条	—

2) 确定满足强度要求、胶凝材料用量经济合理的配合比

（1）确定胶水比

混凝土强度试验的目的是通过 3 个不同胶水比的配合比的比较，取得能够满足配制强度要求的、胶凝材料用量经济合理的配合比。因此，应根据试验得出的混凝土强度结果，绘制强度和胶水比的线性关系图，根据关系图或用插值法确定略大于配制强度的强度对应的胶水比。

（2）根据强度检验结果修正配合比

①用水量：应在基准配合比用水量的基础上，根据制作强度试件时测得的坍落度值加以适当调整。

②胶凝材料用量：取用水量乘以由"强度与胶水比"关系定出的胶水比计算得出。

③外加剂用量：应根据确定的胶凝材料用量作调整。

④粗集料和细集料用量：应在基准配合比的粗集料和细集料用量的基础上，按选定的水胶比，用假定表观密度法或体积法进行调整后确定。

⑤按上述步骤修正的配合比即为满足配制强度要求的、胶凝材料用量经济合理的配合比。

3) 填写试验检测记录表

"水泥混凝土满足强度要求、胶凝材料用量经济合理的配合比试验检测记录表"填写要求见表 2.45。

表 2.45 "水泥混凝土满足强度要求、胶凝材料用量经济合理的配合比试验检测记录表"填写要求

记录表名称	代号	填写要求
水泥混凝土配合比设计试验检测记录表	本项目 JGLQ04009	1. 本试验检测记录表与初步配合比为同一记录表； 2. 数据区用铅笔填，教师批阅后可修改； 3. 填写第 1 页检验强度配合比，并填写对应坍落度及表观密度数据； 4. 填写第 2 页立方体强度检验结果； 5. 填写第 3 页满足强度要求的配合比，并绘制强度和胶水比的线性关系图； 6. 空白格中画"＿"

4. 确定试验室配合比，填写试验检测记录表

1) 根据实测拌合物湿表观密度修正配合比

根据强度复核配合比后，还应根据实测的混凝土拌合物的表观密度作校正，以确定 1 m³ 混凝土中各种材料的用量。其步骤如下：

①按强度检验结果修正的配比试拌，测定其表观密度。

②混凝土拌合物的计算表观密度可按式（2.13）计算。

$$\rho_{c,c} = m_c + m_f + m_w + m_g + m_s \tag{2.13}$$

式中　$\rho_{c,c}$——混凝土拌合物的表观密度计算值，kg/m³；

　　　m_c——每立方米混凝土的水泥用量，kg/m³；

　　　m_f——每立方米混凝土的矿物掺合料用量，kg/m³；

m_g——每立方米混凝土的粗骨料用量,kg/m^3;

m_s——每立方米混凝土的细骨料用量,kg/m^3;

m_w——每立方米混凝土的用水量,kg/m^3。

③混凝土密度校正系数按式(2.14)计算。

$$\delta = \rho_{c,t}/\rho_{c,c} \tag{2.14}$$

式中　δ——校正系数;

$\rho_{c,c}$——混凝土表观密度计算值,kg/m^3;

$\rho_{c,t}$——混凝土表观密度实测值,kg/m^3。

当混凝土拌合物表观密度计算值与实测值之差的绝对值不超过计算值的2%时,按以上原则确定的配合比即为确定的设计配合比;当两者之差超过2%时,应将配合比中每项材料用量乘以校正系数δ,即为确定的试验室配合比。

2)填写试验检测记录表

"水泥混凝土试验室配合比试验检测记录表"填写要求见表2.46。

表 2.46　"水泥混凝土试验室配合比试验检测记录表"填写要求

记录表名称	代号	填写要求
水泥混凝土配合比设计试验检测记录表	本项目JGLQ04009	1. 本试验检测记录表与初步配合比为同一记录表; 2. 填写试验室配合比数据; 3. 数据区先用铅笔填,教师批阅后用签字笔描写; 4. 落款区"试验"处由本人签名,"复核"由小组长签名

2.3.2　编制检测报告

"水泥混凝土试验室配合比设计试验检测报告"填写要求见表2.47。

表 2.47　"水泥混凝土试验室配合比设计试验检测报告"填写要求

报告表名称	代号	填写要求
水泥混凝土配合比设计试验检测报告	本项目检验报告中"报告续页JB010505"	1. 本报告表共1页; 2. 基本信息区参照委托单内容填写,"样品名称""样品编号""样品描述"不填; 3. 判定依据为《公路桥涵施工技术规范》(JTG/T 3650—2020)、设计文件; 4. 数据区用签字笔填写,错误处按要求"杠改"并在修改处签名; 5. 检测结论要严谨准确; 6. 落款区"试验"处由本人签名,"复核"处由小组长签名,"签发"处由指导教师签名; 7. 空白格中画"—"

任务 2.4　出具配合比设计报告书

本任务是在任务 2.1、任务 2.2、任务 2.3 的试验检测记录表及试验报告的基础上,出具配合比设计报告书。

1. 配合比设计报告书内容

配合比设计报告书应包括原材料质量试验结果、矿料级配、试验室配合比。试验报告的矿料级配曲线应按规定的方法绘制(横坐标为筛孔尺寸的 0.45 次方)。

2. 配合比设计报告书格式要求

①配合比设计报告书分为封面、封二、首页及报告续页。

②填写封面、首页:

a. 封面"检验类别"为委托检验。

b. 首页检验依据为《公路桥涵施工技术规范》(JTG/T 3650—2020)、设计文件。

c. 主要仪器设备为该项目涉及的主要设备。

d. 检测结论要严谨准确。

e. 试验环境为"温度""湿度"。

f. "批准人"处由指导教师签名,"审核人"处由小组长签名,"主检人"处由本人签名,"录入"及"校对"处由任意两名同学签名。

g. 空白格中画"—"。

h. 用签字笔填写。

③将各原材料报告、矿料配合比报告及试验室配合比设计报告作为报告续页附在首页后。

④将配合比设计报告书从首页开始,加上报告续页开始编页码。

⑤将配合比设计报告书装订成册。

项目3 水泥稳定级配碎石目标配合比设计

【项目描述】

实践证明,无论是沥青路面还是水泥混凝土路面,影响其使用寿命和使用性能的关键因素之一是基层的材料和质量。无机结合料稳定材料常用作路面的基层(底基层),以此修筑的基层或底基层亦称半刚性基层(底基层)。稳定类材料的组成设计是保证基层质量的重要工作之一。无机结合料稳定类材料的组成设计,也称混合料的配合比设计,即根据对某种稳定材料规定的技术要求,选择合适的原材料、掺配用料(需要时),确定结合料的剂量及混合料的最佳含水率。

水泥稳定级配碎石基层是一种常见的半刚性基层类型。本项目是完成水泥稳定级配碎石混合料的配合比设计,包括组成材料的指标检测、确定最佳水泥剂量、出具配合比设计报告书3个任务。通过系统完整的训练,学生能掌握水泥稳定级配碎石所用原材料及混合料技术指标的检测技能,并评价其质量;能分析影响混合料强度的因素;能掌握混合料配合比设计的方法步骤。

【设计资料】

在山西省太原市某高速公路修建中,路面基层采用水泥稳定级配碎石基层,设计厚度为36 cm,水泥稳定级配碎石混合料7 d无侧限抗压强度要求为5.0 MPa。矿料级配范围采用《公路路面基层施工技术细则》(JTG/T F20—2015)中推荐的C-B-1型。施工单位将混合料的目标配合比设计任务外委至××公路交通试验检测中心完成。

检测中心办公室接待人员与客户洽谈检测业务事宜后,送样人员填写了检验委托单(附表1),样品管理员接收并签字,样品管理员根据检验委托单约定的检测任务对各功能室下发任务单(附表2、附表3、附表4)。

【实训任务】

学生模拟检测中心各功能室的检测人员,完成各功能室接收到任务单(附表2、附表3、附表4)所要求的检测任务。

【实训保障】

完成本项目需要两名指导教师,其除指导学生实训以外,其中一名教师模拟检测中心授权签字人,负责批准检测报告。

附表1

××公路交通试验检测中心检验委托单

编号：WT-20240406-017

工程名称	×××高速公路			委托单位	山西省×××路桥建设集团有限公司	
使用部位	路面基层			日期	2024 年 4 月 12 日	
试样情况	名称	规格	产地	数量	用途	样品状态
	碎石	20～30 mm	寿阳	500 kg	配合比设计	干燥、洁净、无杂质
	碎石	10～20 mm	寿阳	500 kg	配合比设计	干燥、洁净、无杂质
	碎石	5～10 mm	寿阳	500 kg	配合比设计	干燥、洁净、无杂质
	石屑	0～5 mm	寿阳	500 kg	配合比设计	干燥、洁净、无杂质
	水泥	P·O 42.5	太原	150 kg	配合比设计	干燥、洁净、无结块
	—	—	—	—	—	—
	—	—	—	—	—	—
	—	—	—	—	—	—
双方约定事项（检测项目、方法及其他）	检测项目:1.原材料检验。 　　　　　2.矿料级配比例设计。 　　　　　3.最佳水泥剂量。 检验依据:《公路路面基层施工技术细则》(JTG/T F20—2015)。 试验依据:《公路工程集料试验规程》(JTG 3432—2024)、《公路工程无机结合料稳定材料试验规程》(JTG 3441—2024)。 其他:1.水泥稳定级配碎石混合料用于高速公路基层,强度要求为5.0 MPa。 　　　2.2024 年 5 月 15 日取检验报告。					
试验室对委托试样的意见	样品数量及状态满足试验要求					
送样人	×××		接收人	×××	见证人	×××
联系电话	×××		联系电话	×××	联系电话	×××

注:本委托单一式两联,第一联交委托单位留存,第二联交主检单位留存。

附表2

××公路交通试验检测中心检测项目任务

任务通知部门：集料室

任务单编号：RW-2024-017

样品名称	规格型号	样品编号	样品数量	样品状态描述
碎石	20~25 mm	YP-2024-CJL-011	500 kg	干燥、洁净、无杂质
碎石	10~20 mm	YP-2024-CJL-012	500 kg	干燥、洁净、无杂质
碎石	5~10 mm	YP-2024-CJL-013	500 kg	干燥、洁净、无杂质
石屑	0~5 mm	YP-2024-XJL-009	500 kg	干燥、洁净、无杂质
—	—	—	—	—
要求检测项目、参数	1. 各材料颗粒级配。 2. 粗集料的压碎值、针片状颗粒含量、粉尘含量。 3. 石屑的塑性指数。 4. 矿料配合比例。			
试验依据	《公路工程集料试验规程》(JTG 3432—2024)、《公路土工试验规程》(JTG 3430—2020)			
试验方法	T0302—2024、T0316—2024、T0312—2005、T0310—2005、T0118—2007			
是否存留样	否	剩余样品处理方式	自行转基层室	
要求完成时间	2024 年 4 月 15 日			
样品管理员	×××	通知日期	2024 年 4 月 12 日	
试验室负责人	×××	接收日期	2024 年 4 月 12 日	
备注	集料均用于高速公路水泥稳定级配碎石基层,混合料合成级配应符合《公路路面基层施工技术细则》(JTG/T F20—2015)中 C-B-3 的要求			

注:本委托单一式两联,一联交试验检测人员存留,一联交办公室存留。

附表3

××公路交通试验检测中心检测项目任务单

任务通知部门：水泥室   任务单编号：RW-2024-018

样品名称	规格型号	样品编号	样品数量	样品状态描述
水泥	P·O 42.5	YP-2024-SNJ-007	150 g	干燥、洁净、无结块
—	—	—	—	—
—	—	—	—	—
—	—	—	—	—
—	—	—	—	—
要求检测项目、参数	细度、凝结时间、安定性、胶砂强度			
试验依据	《公路工程水泥及水泥混凝土试验规程》(JTG 3420—2020)、《水泥胶砂强度检验方法(ISO 法)》(GB/T 17671—2021)			
试验方法	T0505—2020、《水泥胶砂强度检验方法(ISO 法)》(GB/T 17671—2021)			
是否存留样	留样	剩余样品处理方式	自行转基层室	
要求完成时间	2024 年 5 月 12 日			
样品管理员	×××	通知日期	2024 年 4 月 12 日	
试验室负责人	×××	接收日期	2024 年 4 月 12 日	
备注	水泥稳定级配碎石基层用水泥			

注：本任务单一式两联，一联交试验检测人员存留，一联交办公室存留。

附表 4

××公路交通试验检测中心检测项目任务单

任务通知部门：基层室　　　　　　　　　　　　　　　　　　任务单编号：RW-2024-019

样品名称	规格型号	样品编号	样品数量	样品状态描述
碎石	20~30mm	YP-2024-CJL-011	500 kg	干燥、洁净、无杂质
碎石	10~20mm	YP-2024-CJL-012	500 kg	干燥、洁净、无杂质
碎石	5~10mm	YP-2024-CJL-013	500 kg	干燥、洁净、无杂质
石屑	0~5mm	YP-2024-XLJ-009	500 kg	干燥、洁净、无杂质
水泥	P·O 42.5	YP-2024-SNJ-007	150 kg	干燥、洁净、无结块
要求检测项目、参数	水泥稳定级配碎石混合料配合比设计（水泥剂量、强度），混合料用于高速公路基层，强度要求 5.0 MPa			
试验依据	《公路工程无机结合料稳定材料试验规程》（JTG 3441—2024）			
试验方法	T0804—1994、T0843—2009、T0845—2009、T0805—2024			
是否存留样	水泥留样，其他样品不留样	剩余样品处理方式	按要求自行处理	
要求完成时间	2024 年 4 月 26 日			
样品管理员	×××	通知日期	2024 年 4 月 12 日	
试验室负责人	×××	接收日期	2024 年 4 月 12 日	
备注	矿料配合比例依据集料室试验结果确定			

注：本任务单一式两联，一联交试验检测人员存留，一联交办公室存留。

【任务实施】

任务 3.1　组成材料的指标检测

本任务是学生模拟检测中心集料室及水泥室试验检测人员独立完成附表 2、附表 3 中 20 ~ 25 mm 碎石、10 ~ 20 mm 碎石、5 ~ 10 mm 碎石、0 ~ 5 mm 石屑及 P·O 42.5 水泥的相关检测,完成 4 种矿料级配组成设计,正确完整填写检验记录表,并编制检测。

3.1.1　粗集料的指标检测

1. 检测技术指标,填写试验检测记录表

1)测定粗集料的颗粒级配、压碎值及针、片状颗粒含量

水泥稳定级配碎石混合料用粗集料的颗粒级配、压碎值及针、片状颗粒含量指标的检测方法同项目 1,试验检测记录表格式及填写要求相同。20 ~ 25 mm 碎石、10 ~ 20 mm 碎石、5 ~ 10 mm 碎石各自独立填写试验检测记录表、编制检测报告,"样品名称"中标注规格。

2)测定粗集料粉尘含量

粗集料粉尘含量试验依据为《公路工程集料试验规程》(JTG 3432—2024)。

(1)试验方法

测定粗集料粉尘含量方法可扫描右侧二维码学习。

(2)完成本试验需要思考的问题提示

完成"粗集料粉尘含量试验"需思考的问题及提示见表 3.1。

粗集料含泥量
及泥块含量
试验

表 3.1　完成"粗集料粉尘含量试验"需思考的问题及提示

序号	问题	提示	备注
1	试验目的	根据本试验 1 条确定	—
2	所需筛孔尺寸	根据本试验 2 条确定	—
3	试样所需质量	根据本试验 3 条确定	回答试样取样方法
4	结果计算至小数点后几位	根据本试验 5 条确定	根据"数据修约规则"进行修约
5	重复性试验的允许误差超过要求怎么办	正确理解本试验 6 条的要求	—

(3)填写试验检测记录表

"粗集料粉尘含量试验检测记录表"填写要求见表 3.2。

表 3.2 "粗集料粉尘含量试验检测记录表"填写要求

记录表名称	代号	填写要求
粗集料含泥量及泥块含量试验检测记录表	本项目 JGLQ02005	1. 基本信息区参照任务单内容填写,"试验条件"为环境条件; 2. 主要仪器设备名称要填写; 3. 数据区用铅笔填,教师批阅后可以修改; 4. 落款区"试验"处由本人签名,"复核"处由小组长签名; 5. 空白格中画"—"

2. 编制检测报告

1) 粗集料的指标要求

（1）粗集料级配要求

基层、底基层粗集料规格要求应符合表 3.3 的规定。

表 3.3 粗集料规格要求

规格名称	工程粒径/mm	通过下列方筛孔(mm)的质量百分率/%									公称粒径/mm
		53	37.5	31.5	26.5	19	13.2	9.5	4.75	2.36	
G1	20~40	100	90~100	—	—	0~10	0~5	—	—	—	19~37.5
G2	20~30	—	100	90~100	—	0~10	0~5	—	—	—	19~31.5
G3	20~25	—	—	100	90~100	0~10	0~5	—	—	—	19~26.5
G4	15~25	—	—	100	90~100	—	0~10	0~5	—	—	13.2~26.5
G5	15~20	—	—	—	100	90~100	0~10	0~5	—	—	13.2~19
G6	10~30	—	100	90~100	—	—	—	0~10	0~5	—	9.5~31.5
G7	10~25	—	—	100	90~100	—	—	0~10	0~5	—	9.5~26.5
G8	10~20	—	—	—	100	90~100	—	0~10	0~5	—	9.5~19
G9	10~15	—	—	—	—	100	90~100	—	0~5	—	9.5~13.2
G10	5~15	—	—	—	—	100	90~100	40~70	0~10	0~5	4.75~13.2
G11	5~10	—	—	—	—	—	100	90~100	0~10	0~5	4.75~9.5

（2）粗集料技术要求

用作被稳定材料的粗集料应符合表 3.4 中 I 类的规定,用作级配碎石的粗集料应符合 II 类的规定。

表 3.4 粗集料技术要求

指标	层位	高速公路和一级公路				二级及二级以下公路		试验方法
		极重、特重交通		重、中、轻交通				
		Ⅰ类	Ⅱ类	Ⅰ类	Ⅱ类	Ⅰ类	Ⅱ类	
压碎值/%	基层	≤22[a]	≤22	≤26	≤26	≤35	≤30	T0316
	底基层	≤30	≤26	≤30	≤26	≤40	≤35	
针、片状颗粒含量/%	基层	≤18	≤18	≤22	≤18	—	≤20	T0312
	底基层	—	≤20	—	≤20	—	≤20	
0.075 mm以下粉尘含量/%	基层	≤1.2	≤1.2	≤2	≤2	—	—	T0310
	底基层	—	—	—	—	—	—	
软石含量/%	基层	≤3	≤3	≤5	≤5	—	—	T0320
	底基层	—	—	—	—	—	—	

注:a. 对花岗岩石料,压碎值可放宽至25%。

2)检测报告的填写要求

"20～25 mm碎石、10～20 mm碎石、5～10 mm碎石检测报告"填写要求见表3.5。

表 3.5 粗集料试验检测报告填写要求

检测报告名称	代号	填写要求
粗集料试验检测报告(基层材料用)	本项目检验报告中"报告续页BGLQ02005F"	1.基本信息区参照委托单内容填写; 2.判定依据为《公路路面基层施工技术细则》(JTG/T F20—2015); 3.主要仪器设备名称要填写; 4.数据区用签字笔填写,错误处按要求"杠改"并在修改处签名; 5.检测结论要严谨准确; 6.落款区"试验"处由本人签名,"复核"处由小组长签名,"签发"处由指导教师签名; 7.20～30 mm碎石、10～20 mm碎石、5～10 mm碎石各自独立编制检测报告; 8.空白格中画"—"

3.1.2 细集料的指标检测

1.检测技术指标,填写试验检测记录表

1)测定细集料的颗粒级配

细集料的颗粒级配的检测方法同项目1。试验检测记录表格式填写要求相同。

2）测定细集料的塑性指数

水泥稳定级配碎石用细集料，应测定 0.075 mm 以下材料的塑性指数。

（1）试验方法

试验依据为《公路土工试验规程》（JTG 3430—2020），试样过 0.075 mm 的筛。

T0118—2007 土的界限含水量试验（液限和塑限联合测定法）

1 目的和适用范围

1.1 本试验的目的是联合测定土的液限和塑限，用于划分土类、计算天然稠度和塑性指数，供公路工程设计和施工使用。

1.2 本方法适用粒径不大于 0.5 mm、有机质含量不大于试样总质量 5% 的土。

2 仪器设备

2.1 圆锥仪：锥质量为 100 g 或 76 g，锥角为 30°，读数显示形式宜采用光电式、数码式、游标式、百分表式。

2.2 盛土杯：直径 5 cm，深度 40 ~ 50 mm。

2.3 天平：称量 200 g，感量 0.01 g。

2.4 其他：筛（孔径 0.5 mm）、调土刀、调土皿、称量盒、研钵（附带橡皮头的研杵或橡皮板、木棒）、干燥器、吸管、凡士林等。

3 试验步骤

3.1 取有代表性的天然含水率或风干土样进行试验。如土中含大于 0.5 mm 的土粒或杂物时，应将风干土样用带橡皮头的研杵碎或用木棒在橡皮板上压碎，过 0.5 mm 的筛。

如图 T0118-1 所示，取 0.5 mm 筛下的代表性土样 200 g，分开放入 3 个盛土皿中，加不同数量的蒸馏水，土样的含水率分别控制在液限（a 点）、略大于塑限（c 点）和两者的中间状态（b 点）。用调土刀调匀，盖上湿布，放置 18 h 以上。测定 a 点的锥入深度应为 20 mm± 0.2 mm。测定 c 点的锥入深度应控制在 5 mm 以下；对于 76 g 锥，应控制在 2 mm 以下。对于砂类土，测定 c 点的锥入深度可大于 5 mm；对于 76 g 锥，测定 c 点的锥入深度可大于 2 mm。

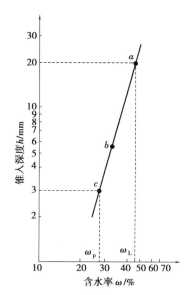

图 T0118-1 锥入深度与含水率（h-ω）关系

3.2 将制备的土样充分搅拌均匀，分层装入盛土杯，用力压密，使空气逸出。对于较干的土样，应先充分搓揉，用调土刀反复压实。试杯装满后，刮成与杯边齐平。

3.3 当用游标式或百分表式液限塑限联合测定仪试验时，调平仪器，提起锥杆（此时游标或百分表读数为零），锥头上涂少许凡士林。

3.4 将装好土样的试杯放在联合测定仪的升降座上，转动升降旋钮，待锥尖与土样表面刚好接触时停止升降，扭动锥下降旋钮，同时开动秒表，经过 5 s 后，松开旋钮，锥体停止下落时，此时游标读数即为锥入深度 h_1。

3.5 改变锥尖与土接触位置（锥尖两次锥入深度距离不小于 1 cm），重复本试验步骤 3.3 和

3.4,得锥入深度 h_2。h_1、h_2 允许误差为 0.5 mm,否则,应重做。取 h_1、h_2 平均值作为该点的锥入深度 h。

3.6 去掉锥尖入土处的凡士林,取两个 10 g 以上的土样,分别装入称量盒内,称质量(精确至 0.01 g),测定其含水率 ω_1、ω_2(计算到 0.1%)。计算含水率平均值 ω。

3.7 重复本试验步骤 3.2~3.6,对其他两个含水率土样进行试验,测其锥入深度和含水率。

3.8 用光电式或数码式液限塑限联合测定仪测定时,接通电源,调平机身,打开开关,提上锥体(此时,刻度或数码显示应为零)。将装好土样的试杯放在升降座上,转动升降旋钮,试杯徐徐上升,土样表面和锥尖刚好接触,指示灯亮,停止转动旋钮,锥体立刻自行下沉,经过 5 s 后,自动停止下落,读数窗上或数码管上显示锥入深度。试验完毕,按动复位按钮,锥体复位,读数显示为零。

4 结果整理

4.1 在双对数坐标纸上,以含水率 ω 为横坐标,锥入深度 h 为纵坐标,绘制 a、b、c 3 点含水率 h-ω 图(图 T0118-1);连此 3 点,应呈一条直线。如 3 点不在同一直线上,要通过 a 点与 b、c 两点连成两条直线,根据液限(a 点含水率)在 h_p-ω_L 图上查得 h_p,以此 h_p 再在 h-ω 图上的 ab 及 ac 两直线上求出相应的两个含水率。当两个含水率的差值小于 2% 时,以该两点含水率的平均值与 a 点连成一直线。两个含水率的差值大于 2% 时,应重做试验。

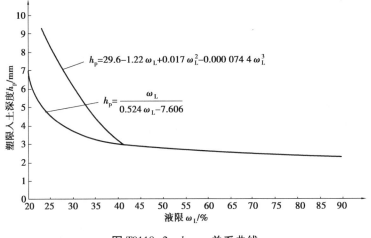

$$h_p = 29.6 - 1.22\omega_L + 0.017\omega_L^2 - 0.000\,074\,4\omega_L^3$$

$$h_p = \frac{\omega_L}{0.524\omega_L - 7.606}$$

图 T0118-2 h_p-ω_L 关系曲线

4.2 液限的确定方法

4.2.1 若采用 76 g 锥做液限试验,则在 h-ω 图上,查得纵坐标入土深度 h=17 mm 所对应的横坐标的含水率 ω,即为该土样的液限 ω_L。

4.2.2 若采用 100 g 锥做液限试验,则在 h-ω 图上,查得纵坐标入土深度 h=20 mm 所对应的横坐标的含水率 ω,即为该土样的液限 ω_L。

4.3 塑限的确定方法

4.3.1 根据本试验 4.2.1 求出的液限,通过 76 g 锥入土深度 h 与含水率 ω 的关系曲线(图 T0118-1),查得锥入土深度为 2 mm 所对应的含水率即为该土样的塑限 ω_p。

4.3.2 根据本试验 4.2.2 求出的液限,通过液限 ω_L 与塑限时入土深度 h_p 的关系曲线(图 T0118-2),查得 h_p,再由图 T0118-1 求出入土深度为 h_p 时所对应的含水率,即为该土样的塑限

ω_p。查 $h_p\text{-}\omega_L$ 关系曲线时,须先通过简易鉴别法及筛分法把砂类土与细粒土区别开来,再按这两种土分别采用相应的 $h_p\text{-}\omega_L$ 关系曲线。对于细粒土,用双曲线确定 h_p 值;对于砂类土,则用多项式曲线确定 h_p 值。

若根据本试验4.2.2求出的液限,当 a 点的锥入深度在 20 mm±0.2 mm 时,应在 ad 线上查得入土深度为 20 mm 处相对应的含水率,此为液限 ω_L。再用此液限在图 T0118-2 上找出与之相对应的塑限入土深度 h'_p,然后到 $h\text{-}\omega$ 图上 ad 直线上查得 h'_p 相对应的含水率,此为塑限 ω_p。

4.4 精密度和允许差

本试验须进行两次平行测定,取其算术平均值,以整数(%)表示。其允许差值为:高液限土小于或等于2%,低液限土小于或等于1%。

5 报告

5.1 土的鉴别分类和代号。

5.2 土的液限 ω_L、塑限 ω_p 和塑性指数 I_p。

(2)完成本试验需思考的问题提示

完成"土的液塑限试验"需思考的问题及提示见表3.6。

表 3.6 完成"土的液塑限试验"需思考的问题及提示

序号	问题	提示	备注
1	试样过筛要求	根据本试验1.2条确定	——
2	a 点土样太湿,如何处理,可不可以加干土	正确理解本试验3.1条	——
3	试验是否有效	正确理解本试验4.1条的要求	——
4	如果 ab、ac 两点不在同一条直线上,如何确定塑限	根据本试验4.1条及4.3.2条确定	——

(3)填写试验检测记录表

"土的液塑限试验检测记录表"填写要求见表3.7。

表 3.7 "土的液塑限试验检测记录表"填写要求

记录表名称	代号	填写要求
土的界限含水率试验检测记录表(液塑限联合测定仪法)	本项目 JGLQ01005a	1. 基本信息区参照任务单填写; 2. 主要仪器设备名称要填写; 3. 数据区用铅笔填写,教师批阅后可修改; 4. 绘制含水率与锥入深度关系图; 5. 结论只需给出塑性指数数值,不需要给出土名; 6. 落款区"试验"处由本人签名,"复核"处由小组长签名; 7. 空白格中画"—"

2. 编制检测报告

1)细集料的指标要求

(1)细集料的规格要求

细集料的规格要求应符合表3.8的规定。对于高速公路和一级公路,细集料中小于0.075

mm 的颗粒含量应不大于 15%；对于二级及以下公路,细集料中小于 0.075 mm 的颗粒含量应不大于 20%。

表 3.8   细集料的规格要求

规格名称	工程粒径/mm	通过下列方筛孔(mm)的质量百分率/%								公称粒径/mm
		9.5	4.75	2.36	1.18	0.6	0.3	0.15	0.075	
XG1	3 ~ 5	100	90 ~ 100	0 ~ 15	0 ~ 5	—	—	—	—	2.36 ~ 4.75
XG2	0 ~ 3	—	100	90 ~ 100	—	—	—	0 ~ 15	0 ~ 2.36
XG3	0 ~ 5	100	90 ~ 100	—	—	—	—	—	0 ~ 4.75	0 ~ 4.75

(2)细集料的技术要求

高速公路和一级公路用细集料的技术要求应符合表 3.9 的规定。水泥稳定级配碎石用于高速公路时,被稳定材料的塑性指数宜不大于 5;用于二级及二级以下公路时,宜不大于 7。

表 3.9   细集料的技术要求

项目	水泥稳定[a]	石灰稳定	石灰粉煤灰综合稳定	水泥粉煤灰综合稳定	试验方法
颗粒分析	满足级配要球				T0302/T0303、T0327
塑性指数[b]	≤17	适宜范围 15 ~ 20	适宜范围 12 ~ 20	—	T0118
有机质含量/%	<2	≤10	≤10	<2	T0313/T0336
硫酸盐含量/%	≤0.25	≤0.8	—	≤0.25	T0341

注:a. 水泥稳定包含水泥石灰综合稳定。

　　b. 应测定 0.075 mm 以下材料的塑性指数。

2)检测报告的填写要求

"细集料试验检测报告"填写要求见表 3.10。

表 3.10   "细集料试验检测报告"填写要求

检测报告名称	代号	填写要求
细集料试验检测报告(基层材料用)	本项目检验报告中"报告续页 BGLQ02006F"	1. 基本信息区参照委托单内容填写; 2. 判定依据为《公路路面基层施工技术细则》(JTG/T F20—2015); 3. 主要仪器设备名称要填写; 4. 数据区用签字笔填写,错误处按要求"杠改"并在修改处签名; 5. 检测结论要严谨准确; 6. 落款区"试验"处由本人签名,"复核"处由小组长签名,"签发"处由指导教师签名; 7. 空白格中画"—"

3.1.3　矿质混合料的组成设计

1. 组成设计方法

①矿质混合料的级配范围应符合表 3.11 的要求。

表 3.11　水泥稳定级配碎石(C-B-1)级配范围

通过下列方筛孔(mm)的质量百分率/%											
26.5	19.0	16	13.2	9.5	4.75	2.36	1.18	0.6	0.3	0.15	0.075
100	86~82	79~73	72~65	62~53	45~35	31~22	22~13	15~8	10~5	7~3	5~2

②用图解法计算所用 20~25 mm 碎石、10~20 mm 碎石、5~10 mm 碎石、0~5 mm 石屑的配合比组成。

③用电算法调整配合比例。

2. 填写试验检测记录表

水泥稳定级配碎石"矿质混合料的配合比设计试验检测记录表"填写要求见表 3.12。

表 3.12　水泥稳定级配碎石"矿质混合料的配合比设计试验检测记录表"填写要求

记录表名称	代号	填写要求
矿质混合料的配合比设计试验检测记录表	本项目JGLQ09007	1. 本记录表共 2 页； 2. 基本信息区"样品名称、样品编号、主要仪器设备"不填； 3. "规定通过百分率"按 C-B-3 型级配范围填写； 4. 矿料级配检验图横坐标按筛孔尺寸的 0.45 次方绘制

3. 编制检测报告

水泥稳定级配碎石"矿质混合料配合设计比试验检测报告"填写要求见表 3.13。

表 3.13　水泥稳定级配碎石"矿质混合料配合比设计试验检测报告"填写要求

检测报告名称	代号	填写要求
矿质混合料配合比设计试验检测报告	本项目检验报告中"报告续页BGLQ09001F"	1. 基本信息区参照任务单内容填写,样品名称、样品编号、试验依据不填； 2. 判定依据为《公路路面基层施工技术细则》(JTG/T F20—2015)； 3. 主要仪器设备名称要填写； 4. 数据区用签字笔填写； 5. 检测结论要严谨准确； 6. 落款区"试验"处由本人签名,"复核"处由小组长签名,"签发"处由指导教师签名； 7. 矿料合成级配图横坐标按筛孔尺寸的 0.45 次方绘制

3.1.4　水泥的指标检测

1.检测技术指标,填写试验检测记录表

水泥的各项技术指标检验方法、试验检测记录表格式及填写要求与项目 2 相同。

2.编制检测报告

(1)水泥的技术要求

水泥的各项技术指标应符合《通用硅酸盐水泥》(GB 175—2023)要求的同时,初凝时间应大于 3 h,终凝时间应大于 6 h 且小于 10 h。

(2)检测报告的填写要求

检测报告的填写要求同项目 2 任务 2.2,报告编号为本项目检验报告"报告续页 BGLQ04001F"。

任务 3.2　确定最佳水泥剂量

本任务是学生模拟检测中心基层室试验检测人员根据附表 4 提供的材料确定最佳水泥剂量,正确完整填写试验检测记录表,并编制检测报告。其中,击实试验、试件制作、强度检验由学生为主完成,其他试验在教师指导下完成。

3.2.1　确定最佳水泥剂量,填写试验检测记录表

1.拟定水泥剂量

根据规范推荐,结合经验拟定 5 个水泥剂量。根据《公路路面基层施工技术细则》(JTG/T F20—2015)要求,水泥稳定材料配合比试验推荐水泥试验剂量可采用表 3.14 中的推荐值,水泥的最小剂量应符合表 3.15 的规定。

表 3.14　水泥稳定材料配合比试验推荐水泥试验剂量

被稳定材料	条件		推荐试验剂量/%
有级配的碎石或砾石	基层	$R_d \geqslant 5.0$	5、6、7、8、9
		$R_d < 5.0$	3、4、5、6、7
土、砂、石屑等		塑性指数<12	5、7、9、11、13
		塑性指数≥12	8、10、12、14、16

续表

被稳定材料	条件		推荐试验剂量/%
有级配的碎石或砾石	底基层	—	3、4、5、6、7
土、砂、石屑等		塑性指数<12	4、5、6、7、8
		塑性指数≥12	6、8、10、12、14
碾压贫混凝土	基层	—	7、8.5、10、11.5、13

表 3.15　水泥的最小剂量

被稳定材料类型	推荐试验剂量/%	
	路拌法	集中厂拌法
中、粗粒材料	4	3
细粒材料	5	4

2. 确定混合料的最佳含水率、最大干密度

完成前述 5 个水泥剂量混合料的击实试验,确定各剂量混合料的最佳含水率与最大干密度。试验依据为《公路工程无机结合料稳定材料试验规程》(JTG 3441—2024)。

1) 试验方法

T0804—1994　无机结合料稳定材料击实试验方法

1　适用范围

1.1　本方法适用于不同级配形式和细、中、粗粒式水泥稳定材料(在水泥水化前)、石灰稳定材料及石灰(或水泥)粉煤灰稳定材料的击实试验,以确定其最佳含水率和最大干密度。

1.2　试验集料的公称最大粒径宜控制在 37.5 mm 以内。

1.3　试验方法类别:本试验方法分三类,各类击实方法的主要参数列于表 T0804-1。

表 T0804-1　试验方法类别

类别	锤的质量/kg	锤击面直径/mm	落高/mm	试筒尺寸			锤击层数	每层锤击次数	平均单位击实功/J	容许最大公称粒径/mm
				内径/mm	高/mm	容积/mL				
甲	4.5	50	450	100	127	997	5	27	2.687	19
乙	4.5	50	450	152	170	2 177	5	59	2.687	19
丙	4.5	50	450	152	170	2 177	3	98	2.677	37.5

2　仪器设备

2.1　击实筒:小型,内径为 100 mm、高 127 mm 的金属圆筒,套环高 50 mm,底座;大型,内径为 152 mm、高 170 mm 的金属圆筒,套环高 50 mm,直径 151 mm 和高 50 mm 的筒内垫块,底座。

2.2　多功能自控电动击实仪:击锤的底面直径50 mm,总质量4.5 kg。击锤在导管内的总行程为450 mm,可设置击实次数,并保证击锤自由垂直落下,落高应为450 mm,锤迹均匀分布于试样面。

2.3　电子天平:量程不小于4 000 g,感量0.01 g。

2.4　电子天平:量程不小于15 kg,感量0.1 g。

2.5　方孔筛:孔径53 mm、37.5 mm、26.5 mm、19 mm、4.75 mm、2.36 mm的筛各1个。

2.6　量筒:50 mL、100 mL和500 mL的量筒各1个。

2.7　直刮刀:长200~250 mm、宽30 mm和厚3 mm,一侧开口的直刮刀,用以刮平和修饰粒料大的试件的表面。

2.8　刮土刀:长150~200 mm、宽约20 mm的刮刀,用以刮平和修饰小试件的表面。

2.9　工字形刮平尺:30 mm×50 mm×310 mm,上下两面和侧面均刨平。

2.10　拌和工具:约400 mm×600 mm×70 mm的长方形金属盘、拌和用平头小铲等。

2.11　脱模器。

2.12　测定含水率用的铝盒、烘箱等其他用具。

2.13　游标卡尺。

3　试验准备

3.1　将具有代表性的风干试料(必要时,也可在50 ℃烘箱内烘干)用木槌或木碾捣碎。土团均应捣碎到能通过4.75 mm的筛孔。但应注意不使粒料的单个颗粒破碎或不使其破碎程度超过施工中拌和机械的破碎率。

3.2　将已捣碎的具有代表性的试样过4.75 mm筛备用(用甲法或乙法做试验)。

3.3　如试料中含有粒径大于4.75 mm的颗粒,则先将试料过19 mm筛;如存留在筛孔19 mm筛的颗粒的含量不超过10%,则过26.5 mm筛,留作备用(用甲法或乙法做试验)。

3.4　如试料中粒径大于19 mm的颗粒含量超过10%,则将试料过37.5 mm筛;如存留在37.5 mm筛的颗粒含量不超过10%,则过53 mm的筛备用(用丙法做试验)。

3.5　每次筛分后,均应记录超尺寸颗粒的百分率 P。

3.6　在预定做击实试验的前一天,取有代表性的试料测定其风干含水率。对于细粒材料,试样应不少于100 g;对于中粒材料,试样应不少于1 000 g;对于粗粒材料的各种集料,试样应不少于2 000 g。

3.7　在试验前,用游标卡尺准确测量试模的内径、高度和垫块的高度,以计算试筒的容积。

4　试验步骤

4.1　在试验前,应将试验所需要的各种仪器设备准备齐全,测量设备应满足精度要求;调试击实仪器,检查其运转是否正常。

4.2　甲法

4.2.1　将已筛分的试样用四分法逐次分小,至最后取出10~15 kg试料。再用四分法将已取出的试料分成5~6份,每份试料的干质量为2.0 kg(对于细粒材料)或2.5 kg(对于各中粒材料)。

4.2.2　预定5~6个含水率,依次相差0.5%~1.5%,且其中至少有两个大于和两个小于最佳含水率。

注:对于中、粗粒材料,在最佳含水率附近取 0.5%,其余取 1%。对于细粒材料,取 1%,但对于黏土,特别是重黏土,可能需要取 2%。

4.2.3　按预定含水率制备试样。将一份试料平铺于金属盘内,将事先计算得的该份试料中应加的水量均匀地喷洒在试料上,用小铲将试料充分拌和到均匀状态(如为石灰稳定材料、石灰粉煤灰综合稳定材料、水泥粉煤灰综合稳定材料和水泥、石灰综合稳定材料,可将石灰、粉煤灰和试料一起拌匀),然后装入密闭容器或塑料口袋内浸润备用。

浸润时间要求:黏质土为 12~24 h,粉性土为 6~8 h,砂性土、砂砾土、红土砂砾、级配砂砾等可以缩短到 4 h 左右,含土很少的未筛分碎石,砂砾和砂可缩短到 2 h。浸润时间一般最长不应超过 24 h。

应加水量可按式(T0804-1)计算:

$$m_w = \left(\frac{m_n}{1+0.01\omega_n} + \frac{m_c}{1+0.01\omega_c} \right) \times 0.01\omega - \frac{m_n}{1+0.01\omega_n} \times 0.01\omega_n - \frac{m_c}{1+0.01\omega_c} \times 0.01\omega_c$$

(T0804-1)

式中　m_w——混合料中应加的水量,g;

m_n——混合料中素土(或集料)的质量(其原始含水率为 ω_a,即风干含水率),g;

m_c——混合料中水泥或石灰的质量(其原始含水率为 ω_c),g;

ω——要求到达的混合料的含水率,%。

4.2.4　将所需要的稳定剂(如水泥)加到浸润后的试样中,并用小铲、泥刀或其他工具充分拌和到均匀状态。水泥应在试样击实前逐个加入。加有水泥的试样拌和后,应在 1 h 内完成击实试验。拌和后超过 1 h 的试样,应予作废(石灰稳定材料和石灰粉煤灰稳定材料除外)。

4.2.5　试筒套环与击实底板应紧密连接。将击实筒放在坚实地面上,用四分法取制备好的试样 400~500 g(其量应使击实后的试样等于或略高于筒高的 1/5)倒入筒内,整平其表面并稍加压紧,然后将其安装到多功能自控电动击实仪上,设定所需锤击次数,进行第一层试样击实。第一层击实完后,检查该层高度是否合适,以便调整以后几层的试样用量。用刮土刀或改锥将已击实层的表面"拉毛",然后重复上述做法,进行其余 4 层试样的击实。最后一层击实后,试样超出筒顶的高度不得大于 6 mm,超出的高度过大的试件应作废。

4.2.6　用刮土刀沿套环内壁削挖(使试样与套环脱离)后,扭动并取下套环。齐筒顶细心刮平试样,并拆除底板。如试样底面略突出筒外或有孔洞,则应细心刮平或修补。最后用工字形刮平尺齐筒顶或筒底将试样刮平。擦净试筒的外壁,称其质量 m_1。

4.2.7　用脱模器推出筒内试样。在试样内部从上至下取两个有代表性的样品(可将脱出试件用锤打碎后,用四分法采取),测定其含水率,计算至 0.1%。两个试样的含水率的差值不得大于 1%。所取样品的质量见表 T0804-2(如只取一个样品测定含水率,则样品的质量应为表列数值的 2 倍)。擦净试筒,称质量 m_2。

表 T0804-2　测稳定材料含水率的样品质量

公称最大粒径/mm	样品质量/g
2.36	约 50
19	约 300

烘箱的温度应事前调整到（110±1）℃，待温度恒定后将试件放入烘干。

4.2.8 按本方法步骤 4.2.3~4.2.7 进行其余含水率下稳定材料的击实和测定工作。凡已用过的试样，一律不得重复使用。

4.3 乙法

在缺乏内径为 100 mm 的试筒，以及在需要与承载比等试验结合起来进行时，采用乙法进行击实试验。本方法更适宜于公称最大粒径接近 19 mm 的集料。

4.3.1 将已用过筛的试料用四分法逐次分小，至最后取出约 30 kg 试料。再用四分法将取的试料分成 5~6 份，每份试料的干质量约为 4.4 kg（对于细粒材料）或 5.5 kg（对于中粒土材料）。

4.3.2 以下各步的做法与本方法步骤 4.2.2~4.2.8 相同，但应该先将垫块放入筒内底板上，然后加料并击实。所不同的是，每层需取制备好的试样约 900 g（对于水泥或石灰稳定细粒材料）或 1 100 g（对于稳定中粒材料），每层的锤击次数为 59 次。

4.4 丙法

4.4.1 将已过筛的试料用四分法逐次分小，至最后取出约 33 kg 试料。再用四分法将取出的试料分成 6 份（至少 5 份），每份质量约 5.5 kg（风干质量）。

4.4.2 预定 5~6 个不同含水率，依次相差 0.5%~1.5%。在估计最佳含水率时，可只差 0.5%~1%。

注：对于水泥稳定材料，在最佳含水率附近取 0.5%；对于石灰、二灰稳定材料，根据具体情况在最佳含水率附近取 1%。

4.4.3 同 4.2.3。

4.4.4 同 4.2.4。

4.4.5 将试筒、套环与夯击底板紧密连接在一起，并将垫块放在筒内底板上。击实筒应放在坚实的地面上，取制备好的试样 1.8 kg 左右，其量应使击实后的试样略高于筒高的 1/3（高出 1~2 mm），倒入筒内，整平其表面，并稍加压紧，然后将其安装到多功能自控电动击实仪上，设定所需锤击次数，进行第一层试样的击实。第一层击实完后检查该层的高度是否合适，以便调整以后两层的试样用量。用刮刀或螺丝刀将已击实的表面"拉毛"，然后重复上述做法，进行其余两层的击实。最后一层击实后，试样超出试筒顶的高度不得大于 6 mm。否则，试件应作废。

4.4.6 用刮土刀沿套环内壁削挖（使试样与套环脱离），扭动并取下套环。齐筒顶细心刮平试样，并拆除底板，取走垫块。擦净试筒的外壁，称其质量 m_1。

4.4.7 用脱模器推出筒内试样。从试样内部由上至下取两个有代表性的样品（可将脱出试件用锤打碎后，用四分法采取），测定其含水率，计算至 0.1%。两个试样的含水率的差值不得大于 1%。所取样品的数量应不少于 700 g，如只取一个样品测定含水率，则样品的数量应不少于 1 400 g。烘箱的温度应事前调整到（110±1）℃，以使放入的试样能立即在（110±1）℃的温度下烘干。擦净试筒，称其质量 m_2。

4.4.8 按本方法步骤 4.4.3~4.4.7 进行其余含水率下稳定材料的击实和测定。凡已用过的试料，一律不得重复使用。

5 计算

5.1 稳定材料湿密度计算

按式(T0804-2)计算每次击实后稳定材料的湿密度。

$$\rho_w = \frac{m_1 - m_2}{V} \quad\quad (T0804-2)$$

式中 ρ_w——稳定材料的湿密度,g/cm^3;

  m_1——试筒与湿试样的总质量,g;

  m_2——试筒的质量,g;

  V——试筒的容积,cm^3。

5.2 稳定材料干密度计算

按式(T0804-3)计算每次击实后稳定材料的干密度。

$$\rho_d = \frac{\rho_w}{1 + 0.01\omega} \quad\quad (T0804-3)$$

式中 ρ_d——试样的干密度,g/cm^3;

  ω——试样的含水率,%。

5.3 制图

5.3.1 以干密度为纵坐标、含水率为横坐标,绘制含水率-干密度曲线。曲线必须为凸形的。如试验点不足以连成完整的凸形曲线,则应该进行补充试验。

5.3.2 试验各点宜采用二次曲线方法拟合,曲线的峰值点对应的含水率及干密度即为最佳含水率和最大干密度。

5.4 超尺寸颗粒的校正

当试样中大于容许公称最大颗粒的超尺寸颗粒的含量为5%~30%时,按式(T0804-4)、式(T0804-5)对试验所得最大干密度和最佳含水率进行校正(超尺寸颗粒的含量小于5%时,可不进行校正)。

注:超尺寸颗粒的含量少于5%时,它对于最大干密度的影响位于平行试验的误差范围内。

5.4.1 最大干密度按式(T0804-4)校正。

$$\rho'_{dm} = \rho_{dm}(1 - 0.01p) + 0.9 \times 0.01pG'_a \quad\quad (T0804-4)$$

式中 ρ'_{dm}——校正后的最大干密度,g/cm^3;

  ρ_{dm}——试验所得的最大干密度,g/cm^3;

  p——试样中超尺寸颗粒的百分率,%;

  G'_a——超尺寸颗粒的毛体积相对密度。

5.4.2 最佳含水率按式(T0804-5)校正。

$$\omega'_0 = \omega_0(1 - 0.01p) + p\omega_a \quad\quad (T0804-5)$$

式中 ω'_0——校正后的最佳含水率,%;

  ω_0——试验所得的最佳含水率,%;

  p——试样中超尺寸颗粒的百分率,%;

  ω_a——超尺寸颗粒的吸水量。

6 结果整理

6.1 应做两次平行试验,取两次试验的平均值作为最大干密度和最佳含水率。两次重复性试验最大密度的差不应超过 0.020 0 g/cm³(稳定细粒材料)和 0.040 0 g/cm³(稳定中粒材料和粗粒材料),最佳含水率的差不应超过 0.50%(最佳含水率小于 10%)和 1.00%(最佳含水率不小于 10%)。超过上述规定值,应重做试验,直到满足精度要求为止。

6.2 混合料密度计算应保留至小数点后 4 位,含水率应保留至小数点后 2 位。

7 报告

7.1 试样的最大粒径、超尺寸颗粒的百分率。

7.2 无机结合料类型及剂量。

7.3 所用试验方法类别。

7.4 最大干密度。

7.5 最佳含水率,并附击实曲线。

2)完成本试验需思考的问题提示

完成"无机结合料稳定材料击实试验"需思考的问题及提示见表 3.16。

表 3.16　完成"无机结合料稳定材料击实试验"需思考的问题及提示

序号	问题	提示	备注
1	本击实试验材料的公称最大粒径	—	根据 10~31.5 mm 碎石粒径确定
2	本次试验选取的方法类别	根据本试验 3.6 条确定	—
3	拟定含水率	—	根据经验,拟定含水率为 4.0%、4.5%、5.0%、5.5%、6.0%
4	击实试验一份混合料的总量	根据本试验 4.4.1 条确定	—
5	一份击实试样所需水泥、水、20~30 mm 碎石、10~20 mm 碎石、5~10 mm 碎石、0~5 mm 石屑的量	正确理解水泥剂量、含水率的定义	思考"是否会计算"
6	20~30 mm 碎石、10~20 mm 碎石的取样	严格按四分法缩分取样	思考"四分法缩分取样"
7	加水闷料要防止水流失	可加一半的水拌匀闷料	思考"什么时候加入另一半水"
8	测定含水率取样	根据本试验 4.4.7 条确定	
9	一个击实试验含水率测定需要几个盛样容器,各容器质量是否一样	—	各容器质量不一样,为防止混淆,每个容器应事先编号且称质量,要养成做标记的好习惯
10	平行试验的次数	根据本试验 6.1 条确定	思考"什么是平行试验"
11	精度要求	根据本试验 6.1 条确定	—
12	含水率计算至小数点后几位	根据本试验 4.4.7 条确定	—
13	混合料密度计算至小数点后几位	根据本试验 6.2 条确定	

3) 填写试验检测记录表

"无机结合料稳定材料击实试验检测记录表"填写要求见表 3.17。

表 3.17　"无机结合料稳定材料击实试验检测记录表"填写要求

记录表名称	代号	填写要求
无机结合料稳定材料击实试验检测记录表	本项目JGLQ09005a	1. 基本信息区参照任务单内容填写,"样品名称""样品编号""样品描述"不填; 2. 主要仪器设备名称要填写; 3. 数据区用铅笔填写,教师批阅后可修改; 4. 要绘制击实曲线图; 5. 落款区"试验"处由本人签名,"复核"处由小组长签名; 6. 空白格中画"—"; 7. 共有 5 份击实记录表,混合料比例不同

3. 确定工地预期达到的干密度

1) 压实度标准

根据《公路路面基层施工技术细则》(JTG/T F20—2015),无机结合料稳定材料的基层压实度标准应符合表 3.18 的规定。

表 3.18　基层材料压实标准　　　　　　　　单位:%

公路等级		水泥稳定材料	石灰粉煤灰稳定材料	水泥粉煤灰稳定材料	石灰稳定材料
高速公路和一级公路		≥98	≥98	≥98	—
二级及二级以下公路	稳定中、粗粒材料	≥97	≥97	≥97	≥97
	稳定细粒材料	≥95	≥95	≥95	≥95

2) 计算工地预期达到的干密度

按式(3.1)分别计算不同水泥剂量的试件应有的干密度,也就是工地预期达到的干密度。

$$\rho_d = k\rho_d' \tag{3.1}$$

式中　ρ_d——工地预期达到的干密度,g/cm³;

　　　k——压实度,%;

　　　ρ_d'——击实试验得到的最大干密度,g/cm³。

4. 制备无侧限抗压强度试件

1) 试件制备要求

①采用静压法成型试件。

②按最佳含水率和工地预期达到的干密度制备试件。

③试件的尺寸根据材料类型按表 3.19 确定。

表3.19 无机结合稳定材料无侧限抗压强度试件尺寸

材料类型	颗粒公称最大粒径	试件尺寸(直径×高)/mm
细粒材料	小于16 mm	100×100
中粒材料	不小于6 mm,且小于26.5 mm	150×150
粗粒材料	不小于26.5 mm	150×150

④平行试验的最小试件数量应不小于表3.20的规定。如试验结果的偏差系数大于表3.20中规定的值,则应重做试验,并找出原因,加以解决。如不能降低偏差系数,则应增加试件数量。

表3.20 平行试验的最少试件数量

材料类型	相应于下列偏差系数时的试件数量		
	<10%	10%~15%	15%~20%
细粒材料	6	9	—
中粒材料	6	9	13
粗粒材料	—	9	13

2)试件制备

采用静压法成型试件,试验依据为《公路工程无机结合料稳定材料试验规程》(JTG 3441—2024)。

(1)试验方法

T0843—2009 无机结合料稳定材料试件成型方法(圆柱形)

1 适用范围

本方法适用于无机结合料稳定材料径高比为1:1的圆柱形试件的静压成型。对于径高比为1:1.5或1:2试件的静压成型,在增加试模高度的前提下亦可参考本方法。

2 仪器设备

2.1 方孔筛:孔径53 mm、37.5 mm、31.5 mm、26.5 mm、4.75 mm和2.36 mm的筛各1个。

2.2 试模:粗粒材料,试模内径150 mm、壁厚10 mm,高度应满足放入上下垫块后余150 mm;中粒材料,试模内径100 mm、壁厚10 mm,高度应满足放入上下垫块后余100 mm;细粒材料,试模内径50 mm、壁厚10 mm,高度应满足放入上下垫块后余50 mm。适用于下列不同材料的试模尺寸如图T0843-1所示。

2.3 电动脱模器。

2.4 反力架:反力为400 kN以上。

2.5 液压千斤顶:200~1 000 kN。

2.6 钢板尺:量程200 mm或300 mm,最小刻度1 mm。

2.7 游标卡尺:量程200 mm或300 mm。

2.8 电子天平:量程不小于15 kg,感量0.1 g;量程不小于4 000 g,感量0.01 g。

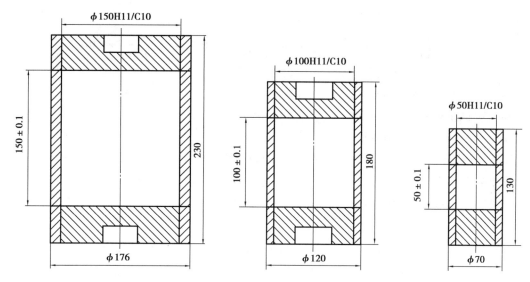

图 T0843-1 圆柱形试件和压块设计尺寸(单位:mm)

注:H11/C10 表示垫块和试模的配合精度

2.9 压力试验机:可替代千斤顶和反力架,量程不小于 2 000 kN,行程、速度可调。

3 试验准备

3.1 试件的径高比一般为 1:1,根据需要也可成型 1:1.5 或 1:2 的试件。试件需根据压实度水平成型,按照体积标准,采用静力压实法制备。

3.2 将具有代表性的风干试料(必要时,可在 50 ℃烘箱内烘干)用木锤或木碾捣碎,但应避免破坏粒料的原粒径。按照公称最大粒径的大一级筛,将试料过筛并进行分类。

3.3 在预定做试验的前一天,取有代表性的试料测定其风干含水率。细粒材料应不少于 100 g,中粒材料应不少于 1 000 g,粗粒材料应不少于 2 000 g。

3.4 按照 T0804 测定无机结合料稳定材料的最佳含水率和最大干密度。

3.5 根据击实结果,称取一定质量的风干试料,其质量随试件大小而变。对于 ϕ50 mm× 50 mm 的小试件,一个试件需干试料 180 ~ 210 g;对于 ϕ100 mm×100 mm 的中试件,一个试件需干试料 1 700 ~ 1 900 g;对于 ϕ150 mm×150 mm 的大试件,一个试件需干试料 5 700 ~ 6 000 g。对于细粒材料,宜一次称取 6 个试件的料;对于中粒材料,宜一次称取一个试件的料;对于粗粒材料,宜一次只称取一个试件的料。

3.6 将准备好的试料分别装入塑料袋中备用。

4 试验步骤

4.1 调整成型所需要的各种设备,检查是否运行正常;将成型用的模具擦拭干净,并涂抹机油。成型中、粗粒材料时,试模筒的数量应与每组试件的个数相配套。上下垫块应与试模筒相配套,上下垫块能够刚好放入试筒内上下自由移动(一般来说,上下垫块直径比试筒内径小约 0.2 mm)且上下垫块完全放入试筒后;试筒内未被上下垫块占用的空间体积能满足径高比为 1:1 的设计要求。

4.2 根据试验目的和被稳定材料粒径成型相应数量的试件。

4.3 根据击实结果和无机结合料的配合比按式(T0843-1)计算每份料的加水量、无机结合料的质量。

注:应加的水量可按式(T0843-1)计算。

$$m_{w} = \left(\frac{m_{n}}{1+0.01\omega_{n}} + \frac{m_{c}}{1+0.01\omega_{c}} \right) \times 0.01\omega - \frac{m_{n}}{1+0.01\omega_{n}} \times 0.01\omega_{n} - \frac{m_{c}}{1+0.01\omega_{c}} \times 0.01\omega_{c} \quad (T0843-1)$$

式中　m_{w}——混合料中应加的水量,g;

　　　m_{n}——混合料中素土(或集料)的质量(其原始含水率为ω_{a},即风干含水率),g;

　　　m_{c}——混合料中水泥或石灰的质量(其原始含水率为ω_{c},水泥的ω_{c}通常很小,也可以忽略不计),g;

　　　ω——要求到达的混合料的含水率,%。

4.4　将称好的试料放在长方盘(约 400 mm×600 mm×70 mm)内,向试料中加水搅拌、闷料。对于石灰稳定材料、水泥和石灰综合稳定材料、石灰粉煤灰综合稳定材料、水泥粉煤灰综合稳定材料,可将石灰和粉煤灰和试料一起拌和。将拌和均匀后的混合料放在密闭容器或塑料袋中(封口)内浸润备用。

对于细粒材料(特别是黏质土),浸润时的含水率应比最佳含水率小3%;对于中粒材料和粗粒材料,可按最佳含水率加水;对于水泥稳定类材料,加水量应比最佳含水率小1%~2%。

浸润时间要求:黏质土为12~24 h,粉质土为6~8 h,砂类土、砂砾土、红土砂砾、级配砂砾等可以缩短到4 h左右;含土很少的未筛分碎石,砂砾和砂可缩短到2 h。浸润时间一般不超过24 h。

4.5　在试件成型前1 h内,加入预定数量的结合料并拌和均匀。在拌和过程中,应将预留的水(对于细粒材料为3%,对于水泥稳定类为1%~2%)加入试料中,使混合料到达最佳含水率。拌和均匀的加有水泥的混合料应在1 h内制成试件,超过1 h的混合料应作废。其他结合料稳定材料,其混合料虽不受此限制,但也应尽快制成试件。

4.6　用反力框架和液压千斤顶,或采用压力试验机制件。

将试模配套的下垫块放入试模的下部,但外露20 mm左右。将称量的规定质量m_{2}的稳定材料混合料分2~3次灌入试模中,每次灌入后用夯棒轻轻均匀插实。如制取φ50 mm×50 mm的小试件,则可将混合料一次倒入试模中,然后将与试模配套的上垫块放入试模内,也应使其外露20 mm左右(即上、下垫块露出试模外的部分应该相等)。

4.7　将整个试模(连同上、下垫块)放到反力框架内的千斤顶上(千斤顶下应放一扁球座)或压力机上,以1 mm/min的加载速率加压,直到上下压柱都压入试模为止。维持压力2 min。

4.8　解除压力后,取下试模,并放到脱模器上将试件顶出。用水泥稳定有黏结性的材料(如黏质土)时,制件后可立即脱模;用水泥稳定的无黏结性细粒材料时,最好过2~4 h再脱模;对于中、粗粒材料的无机结合料稳定材料,也最好过2~6 h脱模。

4.9　在脱模器上取试件时,应用双手抱住试件侧面的中下部,然后沿水平方向轻轻旋转,待感觉到试件移动后,再将试件轻轻抱起,放置到试验台上。切勿直接将试件向上拔起。

4.10　称试件的质量m_{2},小试件精确至0.01 g,中试件精确至0.01 g,大试件精确至0.1 g。然后用游标卡尺测量试件高度h,精确至0.1 mm。检查试件的高度和质量,不满足成型标准的试件作为废件。

4.11　试件称量后应立即放在塑料袋中封闭,并用潮湿的毛巾覆盖,移放至养生室。

5　计算

单个试件的标准质量按式(T0843-2)计算。

$$m_{0} = V \times \rho_{max} \times (1+\omega_{opt}) \times \gamma \quad (T0843-2)$$

考虑试件成型过程中的质量损耗,实际操作过程中每份试件的质量可增加 $0\sim2\%$,按式(T0843-3)计算。

$$m_0' = m_0 \times (1+\delta) \qquad\qquad (\text{T0843-3})$$

每个试件的干料(包括被稳定材料和无机结合料)总质量按式(T0843-4)计算。

$$m_1 = \frac{m_0'}{1+\omega_{opt}} \qquad\qquad (\text{T0843-4})$$

外掺法每个试件中的无机结合料质量按式(T0843-5)计算,内掺法按式(T0843-6)计算。

$$m_2 = m_1 \times \frac{\alpha}{1+\alpha} \qquad\qquad (\text{T0843-5})$$

$$m_2 = m_1 \times \alpha \qquad\qquad (\text{T0843-6})$$

每个试件中的干的被稳定材料质量按式(T0843-7)计算。

$$m_3 = m_1 - m_2 \qquad\qquad (\text{T0843-7})$$

每个试件中的加水量按式(T0843-8)计算。

$$m_w = (m_2+m_3) \times \omega_{opt} \qquad\qquad (\text{T0843-8})$$

混合料质量按式(T0843-9)进行验算。

$$m_0' = m_2+m_3+m_w \qquad\qquad (\text{T0843-9})$$

式中　V——试件体积,cm^3 ;

　　　ω_{opt}——混合料最佳含水率,% ;

　　　ρ_{max}——混合料最大干密度,g/cm^3 ;

　　　γ——混合料压实度标准,% ;

　　　m_0、m_0'——混合料质量,g;

　　　m_1——干混合料质量,g;

　　　m_2——无机结合料质量,g;

　　　m_3——干的被稳定材料质量,g;

　　　δ——计算混合料质量的冗余量,% ;

　　　α——无机结合料的掺量,% ;

　　　m_w——加水质量,g。

6　结果整理

6.1　小试件的高度误差范围应为 $0\sim1.0$ mm,中试件的高度误差范围应为 $0\sim1.5$ mm,大试件的高度误差范围应为 $0\sim2.0$ mm。

6.2　质量损失:小试件应不超过标准质量的 5 g,中试件应不超过 25 g,大试件应不超过 50 g。

(2)完成本试验需思考的问题提示

完成"无机结合料稳定材料强度试件制作试验"需思考的问题及提示见表3.21。

表 3.21　完成"无机结合料稳定材料强度试件制作试验"需思考的问题及提示

序号	问题	提示	备注
1	本强度试验制作试件尺寸及数量	根据表 3.19 和表 3.20 确定	—
2	压力机代替反力架和千斤顶时,选取压力机的规格	根据本试验 2.9 条确定	正确选择压力机量程
3	成型时的压实度	根据表 3.18 确定	—
4	计算一个试件的总质量	—	按工地预期达到的干密度和最佳含水率计算
5	一个试件所需水泥、水、10～30 mm 碎石、10～20 mm 碎石、5～10 mm 碎石、石粉的质量	正确理解水泥剂量、含水率的定义	思考"是否会计算"
6	10～30 mm 碎石的取样	严格按四分法缩分取样	思考"四分法缩分取样"
7	加水闷料要防止水流失	可加一半的水拌匀闷料	思考"什么时候加入另一半水"
8	水稳试件制件的时间要求	根据本试验 4.5 条确定	—

5. 无侧限抗压强度检验

试件在标准养护室中(温度 20 ℃±2 ℃,相对湿度为 95%以上)保温养生 6 d,浸水 24 h 后,按《公路工程无机结合料稳定材料试验规程》(JTG 3441—2024)进行无侧限抗压强度试验,并计算试验结果的平均值和偏差系数。

1)试验方法

T0805—2024 无机结合料稳定材料无侧限抗压强度试验方法

1　适用范围

本方法适用于测定室内成型或现场钻芯取得的无机结合料稳定材料试件的无侧限抗压强度。

2　仪器设备

2.1　标准养护室或可控温控湿的养护设备。

2.2　水槽:深度应大于试件高度 50 mm。

2.3　压力机或万能试验机(也可用路面强度试验仪和测力计):压力机除符合《液压式压力试验机》(GB/T 3722—92)及《试验机　通用技术要求》(GB/T 2611—2022)的要求,其测量精度为±1%,同时应具有加载速率指示装置或加载速率控制装置。上下压板平整并有足够刚度,可均匀地连续加载卸载,可保持固定荷载。开机停机均灵活自如,能够满足试件吨位要求,且压力机加载速率可有效控制在 1 mm/min。

2.4　电子天平:量程不小于 15 kg,感量 0.1 g;量程不小于 4 000 g,感量 0.01 g。

2.5　其他:量筒、拌和工具、漏斗、大小铝盒、烘箱等。

2.6　球形支座。

2.7　机油:若干。

2.8　游标卡尺:量程 200 mm。

3　试件制备和养护

3.1　细粒材料试件的直径×高为 ϕ50 mm×50 mm 或 ϕ100 mm×100 mm;中粒材料试件的直径×高为 ϕ100 mm×100 mm 或 ϕ150 mm×150 mm;粗粒材料,试件的直径×高为 ϕ150 mm×150 mm。

注:施工质量的控制强度试验中,细粒材料的试件直径应为 100 mm,中、粗粒材料试件直径应为 150 mm。

3.2　按照《公路工程无机结合料稳定材料试验规程》(JTG 3441—2024)中 T0843 方法成型径高比为 1:1 的圆柱形试件。

3.3　按照《公路工程无机结合料稳定材料试验规程》(JTG 3441—2024)中 T0845 的标准养生方法进行养生。

3.4　将试件两顶面用刮刀刮平,必要时可用快凝水泥砂浆抹平试件顶面。

3.5　为保证试验结果的可靠性和准确性,每组试件的数量要求为:小试件数量不少于 6 个,中试件数量不少于 9 个,大试件数量不少于 13 个。

4　试验步骤

4.1　根据试验材料的类型和一般的工程经验,选择合适量程的测力计和压力机,试件破坏荷载应大于测力量程的 20% 且小于测力量程的 80%。在球形支座和上下顶板上涂机油,使球形支座能够灵活转动。

4.2　将已浸水 24 h 的试件从水中取出,用软布吸去试件表面的水分,并称试件的质量 m_4。

4.3　用游标卡尺测量试件的高度 h,精确至 0.1 mm。

4.4　将试件放在路面材料强度试验仪或压力机上,并在升降台上先放一扁球座进行抗压试验。试验过程中,应保持加载速率为 1 mm/min。记录试件破坏时的最大压力 P(N)。

4.5　从试件中心取有代表性的样品(经过打破),按照 T0801 方法,测定其含水率 ω。

5　计算

试件的无侧限抗压强度按式(T0805-1)计算。

$$R_c = \frac{\pi}{A} \qquad\qquad (T0805-1)$$

式中　R_c——试件的无侧限抗压强度,MPa;

　　　P——试件破坏时的最大压力,N;

　　　A——试件的截面积,mm^2。

$$A = \frac{1}{4}\pi D^2$$

　　　D——试件的直径,mm。

6　结果整理

6.1　抗压强度应保留至小数点后 2 位。

6.2　同一组试件试验中,采用 3 倍标准差方法剔除异常值,细、中粒材料异常值不超过 1 个,粗粒材料异常值不超过 2 个。异常值超过上述规定的试验重做。

6.3　同一组试验的变异系数 C_V(%)符合下列规定,方为有效试验:小试件 $C_V \leq 6\%$,中试件 $C_V \leq 10\%$,大试件 $C_V \leq 20\%$。如不能保证试验结果的变异系数小于规定的值,则应按允许误差10%和90%概率重新计算所需的试件数量,增加试件数量并另做新试验。

7　报告

7.1　材料的颗粒组成。

7.2　水泥的种类和强度等级或石灰的等级。

7.3　无机结合料类型及剂量。

7.4　最佳含水率和最大干密度及其确定方法。

7.5　试件干密度(保留4位小数)或压实度。

7.6　吸水量以及测抗压强度时的含水率。

7.7　抗压强度保留2位小数。

7.8　若干个试验结果的最小值和最大值、平均值$\overline{R}_c$、标准差S、变异系数C_V和一定保证率下的代表值$R_{c,r}(R_{c,r}=\overline{R}_c-Z_\alpha S)$。其中,$Z_\alpha$为标准正态分布表中随保证率而变的系数。

2)完成本试验需思考的问题提示

完成"无机结合料稳定材料无侧限抗压强度试验"需思考的问题及提示见表3.22。

表3.22　完成"无机结合料稳定材料无侧限抗压强度试验"需思考的问题及提示

序号	问题	提示	备注
1	预估极限荷载,选择压力机	正确理解本试验4.1条	1.正确选择压力机量程; 2.需要球形支座
2	控制加载速率	根据本试验4.4条确定	——
3	无侧限抗压强度计算至小数点后几位	根据本试验6.1条确定	——
4	本次试验是否有效的判定	根据本试验6.2、6.3条确定	——
5	由变异系数不符合要求引起的无效试验,应采取什么措施	根据本试验6.3条确定	——

3)填写试验检测记录表

"无机结合料稳定材料无侧限抗压强度试验检测记录表"填写要求见表3.23。

表3.23　"无机结合料稳定材料无侧限抗压强度试验检测记录表"填写要求

记录表名称	代号	填写要求
无机结合料稳定材料无侧限抗压强度试验检测记录表	本项目 JGLQ09008	1.基本信息区参照任务单内容填写,"样品名称""样品编号""样品描述"不填; 2.主要仪器设备名称要填写; 3.数据区用铅笔填写,教师批阅后可修改; 4.落款区"试验"处本人签名,"复核"处由小组长签名; 5.空白格中画"—"; 6.共有5份强度检验记录表,混合料比例不同

6. 选定水泥的剂量

①根据试验结果,按式(3.2)计算各水泥剂量的强度代表值。处理强度数据时,宜按 3 倍标准差的标准剔除异常数值,且同一组试验样本异常值剔除应不多于 2 个。

$$R_d^0 = \overline{R}(1 - Z_\alpha C_V) \qquad (3.2)$$

式中　R_d^0——一组试验的强度代表值,MPa;

　　　$\overline{R}$——一组试验的强度平均值,MPa;

　　　C_V——一组试验的强度变异系数;

　　　Z_α——标准正态分布表中随保证率或置信度 α 而改变的系数;对于高速公路和一级公路,应取保证率 95%,即 $Z_\alpha = 1.645$;对于二级及二级以下的公路,应取保证率 90%,即 $Z_\alpha = 1.282$。

②根据设计的强度标准,选定合适的水泥剂量。此剂量的强度代表值应不小于强度标准值,即满足式(3.3)的要求,同时此剂量还应满足设计 90 d 龄期的弯拉强度和抗压回弹模量值。

$$R_d^0 \geqslant R_d \qquad (3.3)$$

式中　R_d——设计抗压强度值,MPa。

3.2.2　编制检测报告

确定最佳水泥剂量试验检测报告包括无机结合料稳定材料击实试验检测报告和无机结合料稳定材料无侧限抗压强度试验检测报告,填写要求见表 3.24 和表 3.25。

表 3.24　"无机结合料稳定材料击实试验检测报告"填写要求

检测报告名称	代号	填写要求
无机结合料稳定材料击实试验检测报告	本项目检验报告中"报告续页 JB010703"	1. 本报告共 5 份,混合料的比例不同; 2. 基本信息区参照委托单内容填写,"样品名称""样品编号""样品描述"不填; 3. 主要仪器设备名称要填写; 4. 判定依据为《公路路面基层施工技术细则》(JTG/T F20—2015); 5. 数据区用签字笔填写,错误处按要求"杠改"并在修改处签名; 6. 绘制击实曲线图; 7. 检测结论应严谨准确; 8. 落款区"试验"处由本人签名,"复核"处由小组长签名,"签发"处由指导教师签名; 9. 空白格中画"—"

表 3.25　"无机结合料稳定材料无侧限抗压强度试验检测报告"填写要求

检测报告名称	代号	填写要求
无机结合料稳定材料无侧限抗压强度试验检测报告	本项目检验报告中"报告续页 JB010703"	1. 本报告共 5 份,混合料的比例不同; 2. 基本信息区参照委托单内容填写,"样品名称""样品编号""样品描述"不填; 3. 主要仪器设备名称要填写; 4. 判定依据为《公路路面基层施工技术细则》(JTG/T F20—2015); 5. 数据区用签字笔填写,错误处按要求"杠改"并在修改处签名; 6. 检测结论应严谨准确; 7. 落款区"试验"处由本人签名,"复核"处由小组长签名,"签发"处由指导教师签名; 8. 空白格中画"—"

任务 3.3　出具配合比设计报告书

本任务是在任务 3.1、任务 3.2 的试验检测记录表及试验报告表的基础上,出具配合比设计报告书。

1. 配合比设计报告书内容

配合比设计报告书应包括原材料质量试验结果、矿料级配、最佳水泥剂量结果。试验报告的矿料级配曲线应按规定的方法绘制(横坐标为筛孔尺寸的 0.45 次方)。

2. 配合比设计报告书格式要求

①配合比设计报告书分为封面、封二、首页及报告续页。

②填写封面、首页。

a. 封面"检验类别"为委托检验。

b. 首页检验依据为《公路路面基层施工技术细则》(JTG/T F20—2015)、设计文件。

c. 主要仪器设备为该项目涉及的主要设备。

d. 检测结论要严谨准确。

e. 试验环境为"温度""湿度"。

f. "批准人"处由指导教师签名,"审核人"处由小组长签名,"主检人"处由本人签名,"录入"及"校对"处由任意两名同学签名。

g. 空白格中画"—"。

h. 用签字笔填写。

③将各原材料报告、矿料配合比报告、击实试验报告、无侧限抗压强度试验检测报告作为报告续页附在首页后。

④将配合比设计报告书从首页开始,加上报告续页开始编页码。

⑤将配合比设计报告书装订成册。

项目 4 路基填土的指标检测

【项目描述】

路基作为路面的基础,必须有足够的强度和稳定性。因此,在填方土质路基施工前,应按照施工技术规范及设计要求,对所选路基填料的各项技术指标进行检验,并对其质量进行评价。

本项目是完成路基填土的技术指标检测,并评价其质量,包括路基填土的命名、路基填土的指标检测及出具检测报告书 3 个任务。通过系统完整的训练,能正确对路基填土进行命名,能掌握路基土各项指标的检测技能,并能评价其质量。

【实训资料】

山西省太原市某高速公路在 K4+420—K5+630 段为高填方路段,设计文件要求该段路堤填筑高度平均为 7.4 m,路基顶层填筑 30 cm 砂砾,土方数量大于 30 万 m^3。施工单位选取土场后,将细粒土样及砂砾样品的质量检测任务外委至××公路交通试验检测中心完成。

检测中心办公室接待人员与客户洽谈后,送样人员填写了检验委托单(附表 1),样品管理员接收并签字,根据检验委托单约定的检测任务对各功能室下发任务单(附表 2)。

【实训任务】

学生模拟检测中心各功能室的检测人员,完成各功能室接收的任务单(附表 2)所要求的检测任务。

【实训保障】

完成本项目需要两名指导教师,其除指导学生实训以外,其中一名教师模拟检测中心授权签字人,负责批准检测报告。

附表1

××公路交通试验检测中心检验委托单

编号：WT-20160417-021

工程名称	×××高速公路			委托单位	山西省×××路桥建设集团有限公司	
使用部位	路基			日期	2024 年 4 月 17 日	
试样情况	名称	规格	产地	数量	用途	样品状态
	土	细粒扰动	曹庄	500 kg	路基填筑	干燥、黄色、无臭味
	砂砾	扰动	叶家河	500 kg	路基填筑	洁净、无杂质
	—	—	—	—	—	—
	—	—	—	—	—	—
	—	—	—	—	—	—
	—	—	—	—	—	—
	—	—	—	—	—	—
	—	—	—	—	—	—
	—	—	—	—	—	—
双方约定事项（检测项目、方法及其他）	检测项目：1.细粒土样的液限、塑限、塑性指数、最佳含水率、最大干密度、CBR 值。 　　　　　2.砂砾样品的颗粒组成、最佳含水率、最大干密度、CBR 值。 检测依据：《公路路基施工技术规范》（JTG/T 3610—2019）。 试验依据：《公路土工试验规程》（JTG 3430—2020）。 其他：2024 年 4 月 26 日取检验报告。					
试验室对委托试样意见	样品数量及状态满足试验要求					
送样人	×××		接收人	×××	见证人	×××
联系电话	×××		联系电话	×××	联系电话	×××

注：本委托单一式两联，第一联交委托单位留存，第二联交主检单位留存。

附表2

××公路交通试验检测中心检测项目任务单

任务通知部门：土工室 任务单编号：RW-2024-031

样品名称	规格型号	样品编号	样品数量	样品状态描述
土	细粒扰动	YP-2024-TGJ-003	500 kg	干燥、黄色、无臭味
砂砾	扰动	YP-2024- TGJ-005	500 kg	洁净、无杂质
—	—	—	—	—
—	—	—	—	—
—	—	—	—	—
—	—	—	—	—
—	—	—	—	—
要求检测项目、参数	1. 细粒土样的液限、塑限、塑性指数、最佳含水率、最大干密度、CBR值。 2. 砂砾的颗粒组成、最佳含水率、最大干密度、CBR值。			
试验依据	《公路土工试验规程》(JTG 3430—2020)			
试验方法	T0118—2007、T0131—2019、T0134—2019、T0115—1993			
是否存留样	否	剩余样品处理方式		按要求自行处理
要求完成时间	2024 年 4 月 25 日			
样品管理员	×××	通知日期		2024 年 4 月 17 日
集料室负责人	×××	接收日期		2024 年 4 月 17 日
备注	该细粒土样和砂砾样品均用于高速公路路基填筑			

注：本任务单一式两联，一联交试验检测人员存留，一联交办公室存留。

【任务实施】

任务4.1　路基填土的命名

本任务是根据附表2提供的细粒土样及砂砾样品,通过对砂砾进行颗粒分析,对细粒土样测定其塑性指数,对该路基所用填土进行分类命名,正确填写试验检测记录表,并编制相关项目检验报告。

4.1.1　测定颗粒组成及塑性指数

路基土按照《公路土工试验规程》(JTG 3430—2020)规定的方法进行分类。土的分类依据有土颗粒组成特征、土的塑性指标(包括液限、塑限和塑性指数)及土中有机质存在情况。

按筛分法确定各粒组的含量,按液塑限联合测定法确定液限、塑限、塑性指数。土中有机质包括未完全分解的动植物残骸和完全分解的无定形物质。后者多呈黑色、青黑色或暗色,有臭味,有弹性和海绵感,根据目测、手摸及嗅感判别。不能判定时,可将试样在 105 ~ 110 ℃的烘箱中烘烤。若烘烤 24 h 后,试样液限小于烘烤前的3/4,则该试样为有机质土。

1.测定砂砾的颗粒组成,填写试验检测记录表

试验依据为《公路土工试验规程》(JTG 3430—2020)。

(1)试验方法

T0115—1993 筛分法

1　目的和适用范围

本试验的目的是获得粗粒土的颗粒级配。本试验适用于分析土粒粒径范围为 0.075 ~ 60 mm 的土粒粒组含量和级配组成。

2　仪器设备

2.1　标准筛:粗筛(圆孔)孔径为 60 mm、40 mm、20 mm、10 mm、5 mm、2 mm;细筛孔径为 2.0 mm、1.0 mm、0.5 mm、0.25 mm、0.075 mm。

2.2　天平:称量 5 000 g,感量 1 g;称量 1 000 g,感量 0.01 g。

2.3　摇筛机。

2.4　其他:烘箱、筛刷、烧杯、木碾、研钵及杵等。

3　试样

从风干、松散的土样中,采用四分法按照下列规定取出具有代表性的试样:

3.1　小于 2 mm 颗粒的土为 100 ~ 300 g。

3.2　最大粒径小于 10 mm 的土为 300 ~ 900 g。

3.3　最大粒径小于 20 mm 的土为 1 000 ~ 2 000 g。

3.4　最大粒径小于 40 mm 的土为 2 000 ~ 4 000 g。

3.5　最大粒径大于 40 mm 的土为 4 000 g 以上。

4　试验步骤

4.1　无黏聚性的土

4.1.1　按规定称取试样,将试样分批过 2 mm 筛。

4.1.2　将大于 2 mm 的试样从大到小的次序,通过大于 2 mm 的各级粗筛。将留在筛上的土分别称量。

4.1.3　2 mm 筛下的土若数量过多,可采用四分法缩分至 100 ~ 800 g。将试样按从大到小的次序通过小于 2 mm 的各级细筛。可用摇筛机进行振摇。振摇时间一般为 10 ~ 15 min。

4.1.4　由最大孔径的筛开始,顺序将各筛取下,在白纸上用手轻叩摇晃,至每分钟筛下数量不大于该级筛余质量的 1% 为止。漏下的土粒应全部放入下一级筛内,并将留在各筛上的土样用软毛刷刷净,分别称量。

4.1.5　筛后各级留筛和筛下土总质量与筛前试样质量之差,不应大于筛前试样总质量的 1%。

4.1.6　如 2 mm 筛下的土不超过试样总质量的 10%,可省略细筛分析;如 2 mm 筛上的土不超过试样总质量的 10%,可省略粗筛分析。

4.2　含有黏土粒的砂砾土

4.2.1　将土样放在橡皮板上,用木碾将黏结的土团充分碾散,拌匀、烘干、称量。如土样过多时,采用四分法称取代表性土样。

4.2.2　将试样置于盛有清水的瓷盘中,浸泡并搅拌,使粗细颗粒分散。

4.2.3　将浸润后的混合液过 2 mm 筛,边冲边洗边过筛,直至筛上仅留大于 2 mm 以上的土粒为止。然后,将筛上洗净的砂砾风干称量。按以上方法进行粗筛分析。

4.2.4　通过 2 mm 筛下的混合液存放在盆中,待稍沉淀,将上部悬液过 0.075 mm 洗筛,用带橡皮头的玻璃棒研磨盆内浆液,再加清水、搅拌、研磨、静置、过筛,反复进行,直至盆内悬液澄清。最后,将全部土粒倒在 0.075 mm 筛上,用水冲洗,直到筛上仅留大于 0.075 mm 净砂为止。

4.2.5　将大于 0.075 mm 的净砂烘干称量,并进行细筛分析。

4.2.6　将大于 2 mm 颗粒及 2 ~ 0.075 mm 的颗粒质量从原称量的总质量中减去,即为小于 0.075 mm 颗粒质量。

4.2.7　如果小于 0.075 mm 颗粒质量超过总土质量的 10%,有必要时,将这部分土烘干、取样,另做密度计或移液管分析。

5　结果整理

5.1　按式(T0115-1)计算小于某粒径颗粒质量百分数:

$$X = \frac{A}{B} \times 100 \tag{T0115-1}$$

式中　X——小于某粒径颗粒的质量百分数,精确至 0.01%;

　　　A——小于某粒径的颗粒质量,g;

　　　B——试样的总质量,g。

5.2　当小于 2 mm 的颗粒如采用四分法缩分取样时,按式(T0115-2)计算试样中小于某粒径的颗粒质量占总土质量的百分数:

$$X = \frac{a}{b} \times p \times 100 \tag{T0115-2}$$

式中 X——小于某粒径颗粒的质量百分数,精确至 0.01% ;

$\quad\quad a$——通过 2 mm 筛的试样中小于某粒径的颗粒质量,g;

$\quad\quad b$——通过 2 mm 筛的试样中所取试样质量,g;

$\quad\quad p$——粒径小于 2 mm 的颗粒质量百分数,g。

5.3 在半对数坐标纸上,以小于某粒径的颗粒质量百分数为纵坐标,以粒径(mm)为横坐标,绘制颗粒大小级配曲线,求出各粒组的颗粒质量百分数,以整数(%)表示。

5.4 必要时。按式(T0115-3)计算不均匀系数:

$$C_u = \frac{d_{60}}{d_{10}} \qquad\qquad (T0115-3)$$

式中 C_u——不均匀系数,计算至 0.1 且含两位以上有效数字;

$\quad\quad d_{60}$——限制粒径,即土中小于该粒径的颗粒质量为 60% 的粒径,mm;

$\quad\quad d_{10}$——有效粒径,即土中小于该粒径的颗粒质量为 10% 的粒径,mm。

5.5 精度和允许差

筛后各级筛上和筛底土总质量与筛前试样总质量之差,不应大于筛前试样总质量的 1% ,否则应重做试验。

6 报告

6.1 土的状态描述。

6.2 颗粒级配曲线。

6.3 不均匀系数 C_u。

(2)完成本试验需思考的问题提示

完成"土的颗粒组成试验(筛分法)"需思考的问题及提示见表 4.1。

表 4.1 完成"土的颗粒组成试验(筛分法)"需思考的问题及提示

序号	问题	提示	备注
1	本方法适应范围	根据本试验 1 条确定	小于 0.075 mm 颗粒的土样颗粒分析方法
2	标准筛形状及尺寸	根据本试验 2.1 条确定	回忆"集料标准筛形状及尺寸"
3	取样方法及数量	根据本试验 3 条确定	—
4	粗筛分或细筛分可省略的条件	根据本试验 4.1.6 条确定	—
5	小于某粒径颗粒质量百分数如何计算	根据本试验 5.1、5.2 条计算	—
6	d_{60} 的含义	参考本试验 5.4 条	—
7	级配曲线的坐标建立	—	思考"横坐标的参数是什么"

(3)填写试验检测记录表

"土的颗粒组成试验检测记录表(筛分法)"填写要求见表 4.2。

表 4.2 "土的颗粒分析试验检测记录表(筛分法)"填写要求

记录表名称	代号	填写要求
土的颗粒分析试验检测记录表(筛分法)	本项目 JGLQ01004a	1. 基本信息区参照任务单内容填写,"试验条件"为环境条件(温度、湿度); 2. 主要仪器设备名称要填写; 3. 数据区用铅笔填,教师批阅后可修改; 4. 绘制颗粒分析曲线; 5. 落款区"试验"处由本人签名,"复核"处由小组长签名; 6. 空白格中画"—"

2. 测定细粒土样的液限、塑限及塑性指数,填写试验检测记录表

试验依据为《公路土工试验规程》(JTG 3430—2020)。

1) 测定土的含水率

(1) 试验方法

T0103—2019 烘干法

1 目的和适用范围

本试验适用于测定黏质土、粉质土、砂类土、砾类土、有机质土和冻土等土类的含水率。

2 仪器设备

2.1 烘箱。

2.2 天平:称量 200 g,感量 0.01 g;称量 5 000 g,感量 1 g。

2.3 其他:干燥器、称量盒等。

3 试验步骤

3.1 取具有代表性试样,细粒土不小于 50 g,砂类土、有机质土不小于 100 g,砾类土不小于 1 kg,放入称量盒内,立即盖好盒盖,称质量。

3.2 揭开盒盖,将试样和盒放入烘箱内,在 105~110 ℃恒温下烘干。对于细粒土,烘干时间不得小于 8 h;对于砂类土和砾类土,烘干时间不得小于 6 h;对于含有机质超过 5%的土或含石膏的土,应将温度控制在 60~70 ℃内,烘干时间不宜小于 24 h。

3.3 将烘干后的试样和盒取出,放入干燥器内冷却(一般只需 0.5~1 h)。冷却后盖好盒盖,称质量,细粒土、砂类土和有机质土精确至 0.01 g,砾类土精确至 1 g。

注①:一般土样烘干 16~24 h 就足够。但是,有些土或试样数量过多或试样很潮湿,可能需要烘更长的时间。烘干的时间也与烘箱内试样的总质量、烘箱的尺寸及其通风系统的效率有关。

注②:如铝盒的盖密闭,且试样在称量前放置时间较短,则可以不放在干燥器中冷却。

4 结果整理

4.1 按式(T0103-1)计算含水率。

$$\omega = \frac{m - m_s}{m_s} \times 100 \qquad (T0103-1)$$

式中 ω——含水率,%,精确算至 0.1%;

m——湿土质量,g;

m_s——干土质量,g。

4.2　精度和允许差:本试验应进行二次平行测定,取其算术平均值,精确至0.1%;允许平行差值应符合表 T0103-1 规定,否则应重做试验。

表 T0103-1　含水率测定的允许平行差值

含水率 ω/%	允许平行差值/%
$\omega \leqslant 5.0$	$\leqslant 0.3$
$5.0 < \omega \leqslant 40.0$	$\leqslant 1.0$
$\omega > 40.0$	$\leqslant 2.0$

5　报告

5.1　土的状态描述。

5.2　土的含水率 ω。

T0103—1993 酒精燃烧法

1　目的和适用范围

本试验方法适用于快速简易测定细粒土(含有机质的除外)的含水率。

2　仪器设备

2.1　称量盒(定期调整为恒质量)。

2.2　天平:感量0.01 g。

2.3　酒精:纯度95%。

2.4　其他:滴管、火柴、调土刀等。

3　试验步骤

3.1　取代表性试样(黏质土为 5~10 g,砂类土为 20~30 g),放入称量盒内,称湿土质量 m,精确至0.01 g。

3.2　用滴管将酒精注入放有试样的称量盒中,直至盒中出现自由液面为止。为使酒精在试样中充分混合均匀,可将盒底在桌面上轻轻敲击。

3.3　点燃盒中酒精,燃至火焰熄灭。

3.4　将试样冷却数分钟,按本试验 3.3、3.4 条再重新燃烧两次。

3.5　待第三次火焰熄灭后,盖好盒盖,立即称干土质量 m_s,精确至0.01 g。

4　结果整理

4.1　按式(T0104-1)计算含水率:

$$\omega = \frac{m - m_s}{m_s} \times 100 \qquad\qquad (\text{T0104-1})$$

式中　ω——含水率,%,精确至0.1;

m——湿土质量,g;

m_s——干土质量,g。

4.2　精密度和允许差:本试验须进行二次平行测定,取其算术平均值,允许平行差值应符合表 T0104-1 的规定。

表 T0104-1　含水率测定的允许平行差值

含水率	允许平行差值/%	含水率	允许平行差值/%
5% 以下	0.3	40% 以上	≤2
40% 以下	≤1	对层状和网状构造的冻土	<3

5　报　告

5.1　土的鉴别分类和代号。

5.2　土的含水率 ω。

（2）完成本试验需思考的问题提示

完成"土的含水率试验"需思考的问题及提示见表 4.3。

表 4.3　完成"土的含水率试验"需思考的问题及提示

序号	问题	提示	备注
1	烘干法测定细粒土选取天平的感量	根据本试验 2.2、3.1 条确定	—
2	烘干法测定细粒土选取天平的感量	根据本试验 2.2、3.1 条确定	—
3	酒精燃烧法的适用范围	根据本试验 1 条确定	—
4	酒精燃烧法测定土的含水率所选天平的感量	根据本试验 2.2 条确定	—
5	结果计算至小数点后几位	根据本试验 4.1 条确定	根据"数据修约规则"进行修约
6	含水率试验允许的平行差值	根据本试验 4.3 条确定	—

2）测定细粒土样的液限、塑限及塑性指数

①试样过 0.5 mm 筛后，试验方法见任务 3.1。

②试验检测记录表为本项目 JGLQ01005a。填写要求除与任务 3.1 相同外，还要给出土类及土名。

4.1.2　编制检测报告

1. 土的分类方法

1）粒组的划分

《公路土工试验规程》（JTG 3430—2020）要求土的颗粒应根据表 4.4 划分粒组。

表 4.4 土颗粒粒组划分

粒径/mm	200		60	20	5	2	0.5	0.25	0.075	0.002	
粒组	巨粒组			粗粒组						细粒组	
	漂石(块石)	卵石(小块石)	砾(角砾)			砂				粉粒	黏粒
			粗	中	细	粗	中	细			

2) 公路工程用土的分类体系

公路工程用土分为一般土和特殊土。一般土根据各粒组土粒质量分为巨粒土、粗粒土、细粒土,分类总体系如图 4.1 所示;特殊土应结合其成因和年代特征定名,分类总体系如图 4.2 所示。

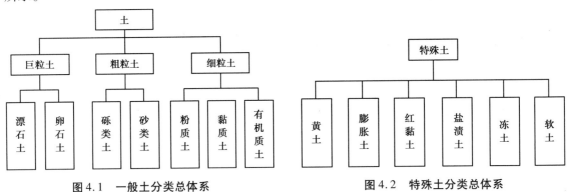

图 4.1 一般土分类总体系   图 4.2 特殊土分类总体系

3) 土的分类原则与符号

(1) 土的分类原则

①粗粒土按粒度成分及级配特征分类,级配指标为不均匀系数 C_u 和曲率系数 C_c。

②细粒土按塑性图分类,土的塑性图是以液限为横坐标、塑性指数为纵坐标构成。

③有机土和特殊土则分别单独各列为一类。

(2) 土的成分代号

土的成分、级配、液限、特殊土等的成分代号见表 4.5。

表 4.5 土的成分代号

项目	类别	代号	类别	代号
成分	漂石	B	块石	Ba
	卵石	C_b	小块石	Cba
	砾	G	角砾	Ga
	砂	S	粉土	M
	黏土	C	有机质土	O
	细粒土(C 和 M 的合称)	F	(混合)土(粗、细粒土合称)	SI

续表

项目	类别	代号	类别	代号
级配	良好级配	W	不良级配	P
液限高低	高液限	H	低液限	L
特殊土	黄土	Y	膨胀土	E
	红黏土	R	盐渍土	St
	冻土	Ft	软土	S_f

（3）土类名称的表示

①土类名称可用一个基本代号表示。

②当由两个基本代号构成时，第一个代号表示土的主成分，第二个代号表示副成分（土的液限或级配）。

③当由3个基本代号构成时，第一个代号表示土的主成分，第二个代号表示液限的高低（或级配的好坏），第三个代号表示土中所含的次要成分。

④土类名称和代号见表4.6。

表4.6 土类的名称和代号

名称	代号	名称	代号	名称	代号
漂石	B	级配良好砂	SW	含砾低液限黏土	GLG
块石	Ba	级配不良砂	SP	含砂高液限黏土	CHS
卵石	Cb	粉土质砂	SM	含砂低液限黏土	CLS
小块石	Cba	黏土质砂	SC	有机质高液限黏土	CHO
漂石夹土	BSl	高液限粉土	MH	有机质低液限黏土	CLO
卵石夹土	CbSl	低液限粉土	ML	有机质高液限粉土	MHO
漂石质土	SlB	含砾高液限粉土	MHG	有机质低液限粉土	MLO
卵石质土	SlCb	含砾低液限粉土	MLG	黄土（低液限黏土）	CLY
级配良好砾	GW	含砂高液限粉土	MHS	膨胀土（高液限黏土）	CHE
级配不良砾	GP	含砂低液限粉土	MLS	红土（高液限粉土）	MHR
细粒质粒	GF	高液限黏土	CH	红黏土	R
粉土质砾	GM	低液限黏土	CL	盐渍土	St
黏土质粒	GC	含砾高液限黏土	CHG	冻土	Ft

4)巨粒土

（1）巨粒土分类

①巨粒组质量多于总质量75%的土称漂（卵）石。

②巨粒组质量为总质量50%～75%（含75%）的土称漂（卵）石夹土。

③巨粒组质量为总质量15%～50%（含50%）的土称漂（卵）石质土。

④巨粒组质量小于或等于总质量15%的土,可扣除巨粒,按粗粒土或细粒土的相应规定分类定名。

⑤巨粒土分类体系如图4.3所示。

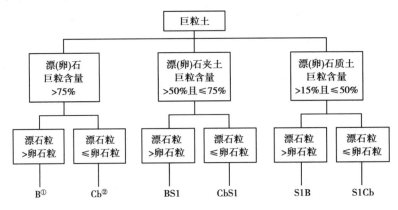

图4.3　巨粒土分类体系

注①:巨粒土分类体系中的漂石换成块石,B换成Ba,即构成相应的块石分类体系。

注②:巨粒土分类体系中的卵石换成小块石,Cb换成Cba,即构成相应的小块石分类体系。

(2)漂(卵)石定名

漂(卵)石按下列规定定名:

①漂石粒组质量多于卵石粒组质量的土称漂石(B)。

②漂石粒组质量少于或等于卵石粒组质量的土称卵石(Cb)。

(3)漂(卵)石夹定名

漂(卵)石夹土按下列规定定名:

①漂石粒组质量多于卵石粒组质量的土称漂石夹土(BSI)。

②漂石粒组质量少于或等于卵石粒组质量的土称卵石夹土(CbSI)。

(4)漂(卵)石质土定名

漂(卵)石质土应按下列规定定名:

①漂石粒组质量多于卵石粒组质量的土称漂石质土(SIB)。

②漂石粒组质量少于或等于卵石粒组质量的土称卵石质土(SICb)。

③如有必要,可按漂(卵)石质土中的砾、砂、细粒土含量定名。

5)粗粒土

(1)粗粒土定义

试样中巨粒组土粒质量少于或等于总质量的15%,且巨粒组土粒与粗粒组土粒质量之和多于总土质量的50%的土称粗粒土。粗粒土分为砾类土和砂类土。

(2)砾类土分类

粗粒土中砾粒组质量多于砂粒组质量的土称为砾类土。砾类土应根据其中细粒含量和类别以及粗粒组的级配进行分类,如图4.4所示。

①砾类土中细粒组质量少于或等于总质量的5%的土称为砾。当$C_u \geqslant 5$且$C_c = 1 \sim 3$时,称级配良好砾,记为GW;不能同时满足时,称级配不良砾,记为GP。

②砾类土中细粒组质量为总质量的5%～15%(含15%)的土称为含细粒土砾,记为GF。

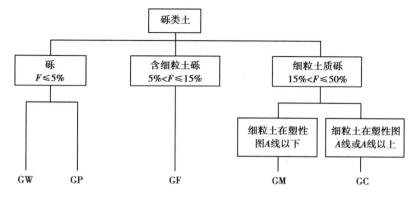

图 4.4 砾类土分类体系

③砾类土中细粒组质量大于总质量的15%,且小于或等于总质量的50%的土称为细粒土质砾,按细粒土在塑性图中的位置定名。细粒土位于塑性图 A 线以下时,称为粉土质砾,记为GM;细粒土位于塑性图 A 线或 A 线以上时,称成黏土质砾,记为GC。

(3)砂类土分类

粗粒土中,砾粒组质量少于或等于砂粒组质量的土称为砂类土。砂类土应根据其中细粒含量和类别及粗粒组的级配进行分类。分类体系如图4.5所示。根据粒径分组由大到小,以首先符合者命名。

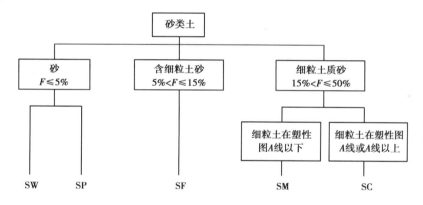

图 4.5 砂类土分类体系

注:需要时,砂可进一步分为粗砂、中砂和细砂。粗砂—粒径大于0.5 mm 颗粒多于总质量50%;中砂—粒径大于0.25 mm 颗粒多于总质量50%;细砂—粒径大于0.075 mm 颗粒多于总质量75%。

①砂类土中细粒组质量少于或等于总质量的5%的土称为砂。当 $C_u \geq 5$ 且 $C_c = 1 \sim 3$ 时,称为级配良好砂,记为 SW;不能同时满足时,称为级配不良砂,记为 SP。

②砂类土中细粒组质量为总质量的5% ~15%(含15%)的土称为含细粒土砂,记为 SF。

③砂类土中细粒组质量大于总质量的15%,且小于或等于总质量的50%的土称为细粒土质砂,按细粒土在塑性图中的位置定名。细粒土位于塑性图 A 线以下时,称为粉土质砂,记为SM;细粒土位于塑性图 A 线或 A 线以上时,称为黏土质砂,记为 SC。

6)细粒土

(1)细粒土的定义

试样中,细粒组土粒质量多于或等于总质量的50%的土称为细粒土,分类体系如图4.6所示。

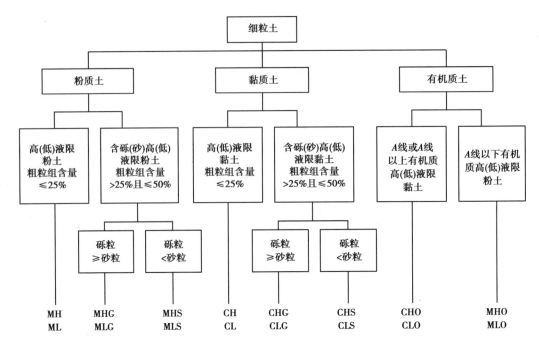

图 4.6 细粒土分类体系

（2）细粒土的划分

①粉质土或黏质土：指细粒土中粗粒组质量少于或等于总质量的 25% 的土。

②含粗粒的粉质土或含粗粒的黏质土：细粒土中粗粒组质量为总质量的 25% ~ 50%（含 50%）的土。

③有机质土：试样中有机质含量多于或等于总质量的 5%，且少于总质量的 10% 的土。

④有机土：试样中有机质含量多于或等于 10% 的土。

（3）细粒土分类

①细粒土应按塑性图分类。塑性图的基本原理是在颗粒级配和塑性的基础上，以塑性指数 I_P 为纵坐标、液限 ω_L 值为横坐标的直角坐标图式，如图 4.7 所示。

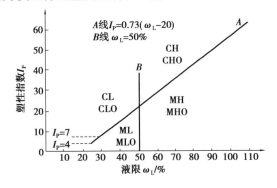

图 4.7 塑性图

②塑性图的液限分区：$\omega_L < 50\%$ 为低液限；$\omega_L \geq 50\%$ 为高液限。

③将所测出的细粒土液限和塑性指数点到塑性图上，根据其位置确定细粒土的名称。当细粒土位于塑性图 A 线或 A 线以上时，按下列规定定名：在 B 线或 B 线以右，称为高液限黏土，记为 CH；在 B 线左，$I_P = 7$ 以上，称为低液限黏土，记为 CL。

当细粒土位于塑性图 A 线以下时,按下列规定定名:在 B 线或 B 线以右,称为高液限粉土,记为 MH;在 B 线以左,$I_P = 4$ 以下,称为低液限粉土,记为 ML。

黏土~粉土过渡区(CL~ML)的土可以按相邻土层的类别考虑细分。

含粗粒的细粒土先按塑性图确定细粒土部分的名称,再按以下规定最终定名:当粗粒组中砾粒组质量多于砂粒组质量时,称为含砾细粒土,在细粒土代号后缀以"G";当粗粒组中砂粒组质量多于或等于砾粒组质量时,称为含砂细粒土,在细粒土代号后缀以"S"。

④有机质土的定名。土中有机质包括未完全分解的动植物残骸和完全分解的无定形物质。后者多呈黑色、青黑色或暗色,有臭味、弹性和海绵感。借目测、手摸及嗅感判别。

当不能判定时,可采用下列方法:将试样在 105~110 ℃ 的烘箱中烘烤;若烘烤 24 h 后试样的液限小于烘烤前的 75%,则该试样为有机质土。当需要测定有机质含量时,按有机质含量试验进行。

有机质土根据下列规定定名:

a. 当位于塑性图 A 线或 A 线以上时,在 B 线或 B 线右,称为有机质高液限黏土,记为 CHO;在 B 线左,$I_P = 7$ 以上,称为有机质低液限黏土,记为 CLO。

b. 当细粒土位于塑性图 A 线以下时,在 B 线或 B 线右,称为有机质高液限粉土,记为 MHO;在 B 线左,$I_P = 4$ 以下,称为有机质低液限粉土,记为 MLO。

黏土~粉土过渡区(CL~ML)的土可以按相邻土层的类别考虑细分。

7)特殊土

各类特殊土应根据其工程特性进行分类。

2. 检测报告的编制要求

细粒土样和砂砾样品分别编制各自检测报告。路基填土分类命名检测报告编制要求见表4.7。

表 4.7 路基填土分类命名检测报告编制要求

检测报告名称	代号	填写要求
土工试验检测报告	本项目检验报告中"报告续页 BGLQ01001F"	1. 基本信息区参照委托单内容填写; 2. 主要仪器设备名称要填写; 3. 数据区用签字笔填写,错误处按要求"杠改"并在修改处签名; 4. 细粒土样只填写"界限含水率""土的定名及代号"两项数据,砂砾填写"筛分法""不均匀系数、曲率系数""土的定名及代号"4项数据; 5. 其余项不填写; 6. 土样和砂砾各自编制试验报告

任务 4.2 路基填土的指标检测

本任务是根据附表 2 提供的细粒土样及砂砾样品,测定其天然含水率、CBR 值、最大干密度、最佳含水率等技术指标,正确填写试验检测记录表,并编制相关项目检验报告,对该路基填土进行质量评价。

4.2.1　检测各项技术指标,填写试验检测记录表

检测细粒土样及砂砾样品的各项技术指标,试验依据为《公路土工试验规程》(JTG 3430—2020)。

1. 测定土的最佳含水率、最大干密度

1)试验方法

细粒土样与砂砾样品的最佳含水率、最大干密度的试验方法相同。

T0131—2019　土的击实试验

1　目的和适用范围

本试验分轻型击实和重型击实。应根据工程要求和试样最大粒径按表 T0131-1 选用击实试验方法。当粒径大于 40 mm 的颗粒含量大于 5% 且不大于 30% 时,应对试验结果进行校正。粒径大于 40 mm 的颗粒含量大于 30% 时,按 T0131 试验进行。

2　仪器设备

2.1　标准击实仪(图 T0131-1 和图 T0131-2):击实试验方法和相应设备的主要参数应符合表 T0131-1 的规定。

表 T0131-1　击实试验方法

试验方法	类别	锤底直径 /cm	锤质量 /kg	落高 /cm	试筒尺寸		试样尺寸		层数	每层击数	最大粒径 /mm
					内径 /cm	高 /cm	高度 /cm	体积 /cm³			
轻型	I-1	5	2.5	30	10	12.7	12.7	997	3	27	20
	I-2	5	2.5	30	15.2	17	12	2 177	3	59	40
重型	II-1	5	4.5	45	10	12.7	12.7	997	5	27	20
	II-2	5	4.5	45	15.2	17	12	2 177	3	98	40

2.2　烘箱及干燥器。

2.3　电子天平:称量 2 000 g,感量 0.01 g;称量 10 kg,感量 1 g。

2.4　圆孔筛:孔径 40 mm、20 mm 和 5 mm 各 1 个。

2.5　拌和工具:400 mm×600 mm、深 70 mm 的金属盘,土铲。

2.6　其他:喷水设备、碾土器、盛土盘、量筒、推土器、铝盒、削土刀、平直尺等。

3　试验准备

3.1　本试验可分别采用不同的方法准备试样,各方法可按表 T0131-2 准备试料,击实试验后的试料不宜重复使用。

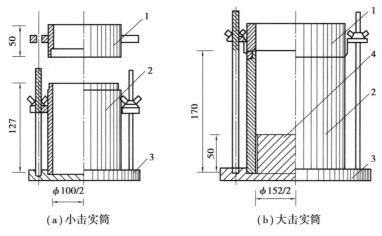

图 T0131-1　击实筒(单位:mm)

1—套筒;2—击实筒;3—底板;4—垫板

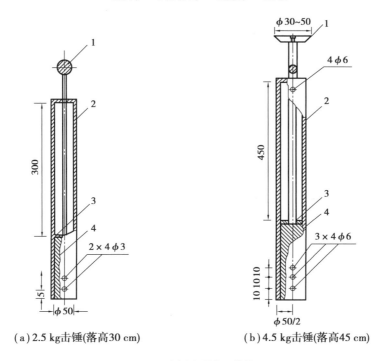

图 T0131-2　击锤和导杆(单位:mm)

1—提手;2—导筒;3—硬橡皮垫;4—击锤

表 T0131-2　试料用量

使用方法	试筒内径/cm	最大粒径/mm	试料用量/kg
干土法	10	20	至少5个试样,每个3 kg
	15.2	40	至少5个试样,每个6 kg
湿土法	10	20	至少5个试样,每个3 kg
	15.2	40	至少5个试样,每个6 kg

3.2　干土法:过40 mm筛后,按四分法至少准备5个试样,分别加入不同水分(按1% ~

3%的含水率递增),将土样拌和均匀,拌匀后焖料一夜备用。

3.3　湿土法:对于高含水率土,可省略过筛步骤,拣除大于40 mm的石子。保持天然含水率的第一个土样,可立即用于击实试验。其余几个试样将土分成小土块,分别风干,使含水率按2%～4%递减。

4　试验步骤

4.1　根据土的性质和工程要求,按表T0131-1的规定选择轻型或重型试验方法,选用干土法或湿土法。

4.2　称取试筒质量m_1,精确至1 g。将击实筒放在坚硬的地面上,在筒壁上抹一薄层凡士林,并在筒底(小试筒)或垫块(大试筒)上放置蜡纸或塑料薄膜。取制备好的土样分3～5次倒入筒内。小筒按三层法时,每次800～900 g(其量应使击实后的试样等于或略高于筒高的1/3);按五层法时,每次400～500 g(其量应使击实后的土样等于或略高于筒高的1/5)。对于大试筒,先将垫块放入筒内底板上;按三层法时,每层需试样1 700 g左右。整平表面,并稍加压紧,然后按规定的击数进行第一层土的击实;击实时,击锤应自由垂直落下,锤迹必须均匀分布于土样面;第一层击实完后,将试样层面"拉毛";然后再装入套筒,重复上述方法进行其余各层土的击实。小试筒击实后,试样不应高出筒顶面5 mm;大试筒击实后,试样不应高出筒顶面6 mm。

4.3　用削土刀沿套筒内壁削刮,使试样与套筒脱离后,扭动并取下套筒,齐筒顶细心削平试样,拆除底板,擦净筒外壁,称筒与土的总质量m_2,精确至1 g。

4.4　用推土器推出筒内试样,从试样中心处取代表性的土样测其含水率,精确至0.1%。测定含水率用试样的数量符合表T0131-3规定。

表T0131-3　测定含水率用试样的数量

最大粒径/mm	试样质量/g	个数
<5	约100	2
约5	约200	1
约20	约400	1
约40	约800	1

5　结果整理

5.1　按式(T0131-1)计算击实后各点的干密度。

$$\rho_d = \frac{\rho}{1+0.01\omega} \tag{T0131-1}$$

式中　ρ_d——干密度,计算至0.01 g/cm^3;

　　　ρ——湿密度,g/cm^3;

　　　ω——含水率,%。

5.2　以干密度为纵坐标、含水率为横坐标,绘制干密度与含水率的关系曲线,曲线上峰值点的纵、横坐标分别为最大干密度和最佳含水率。如曲线不能绘出明显的峰值点,应进行补点或重做。

5.3　当试样中有大于40 mm颗粒时,应先取出大于40 mm颗粒,并求得其百分率p。把小于 40 mm 部分做击实试验,按下列公式分别对试验所得的最大干密度和最佳含水率进行校正(适用于大于 40 mm 颗粒的含量小于 30% 时)。

最大干密度按式(T0131-2)校正:

$$\rho'_{dm} = \cfrac{1}{\cfrac{1-0.01p}{\rho_{dm}} + \cfrac{0.01\rho}{\rho_w G'_s}} \qquad (T0131-2)$$

式中　ρ'_{dm}——校正后最大干密度,g/cm^3,精确至 $0.01\ g/cm^3$;

　　　ρ_{dm}——用粒径小于 40 mm 土样试验所得的最大干密度,g/cm^3;

　　　p——试料中粒径大于 40 mm 颗粒的百分数,%;

　　　G'_s——粒径大于 40 mm 颗粒的毛体积比重,精确至 0.01。

最佳含水率按式(T0131-3)校正:

$$\omega'_0 = \omega_0(1-0.01p) + 0.01p\omega_2 \qquad (T0131-3)$$

式中　ω'_0——校正后的最佳含水率,%,精确至 0.01;

　　　ω_0——用粒径小于 40 mm 的土样试验所得的最佳含水率,%;

　　　p——同前;

　　　ω_2——粒径大于 40 mm 颗粒的吸水率,%。

5.4　精度和允许差:最大干密度精确至 $0.01\ g/cm^3$,最佳含水率精确至 0.1%。

6　报告

6.1　试样状态描述。

6.2　土的最佳含水率 ω_0。

6.3　土的最大干密度。

2)完成本试验需思考的问题提示

完成"土的击实试验"需思考的问题及提示见表 4.8。

表 4.8　完成"土的击实试验"需思考的问题及提示

序号	问题	提示	备注
1	轻型和重型的试验条件要求	根据本试验 1 条确定	—
2	重型击实法需土的质量估计	根据本试验 3.1 条确定	—
3	干土法试验时,加水量的计算	正确理解含水率的定义	反思"是否会计算"
4	结果计算至小数点后几位	根据本试验 5 条确定	根据"数据修约规则"进行修约

3)填写试验检测记录表

"土的击实试验检测记录表"填写要求见表 4.9。

表 4.9　"土的击实试验检测记录表"填写要求

记录表名称	代号	填写要求
土的击实试验检测记录表	本项目 JGLQ01007	1. 细粒土样和砂砾样品分别填写记录； 2. 基本信息区内容参照任务单填写，"样品名称"处区分规格； 3. 主要仪器设备名称要填写； 4. 数据区用铅笔填写，教师批阅后可修改； 5. 绘制击实曲线图； 6. 落款区"试验"处由本人签名，"复核"处由小组长签名

2. 测定土的 CBR 值

测定细粒土样 CBR 值的试验方法与砂砾样品相同，试验依据为《公路土工试验规程》(JTG 3430—2020)。

1) 试验方法

承载比(CBR)试验方法可扫描右侧二维码学习。

2) 完成本试验需思考的问题及提示

完成"土的承载比试验"需思考的问题及提示见表 4.10。

承载比(CBR)试验

表 4.10　完成"土的承载比试验"需思考的问题及提示

序号	问题	提示	备注
1	本试验的适用范围	根据本试验 1.1 条确定	—
2	成型试件时，要求的含水率	根据本试验 4.1 条确定	反思"会不会进行加水量的计算"
3	泡水的时间长	根据本试验 4.7.3 条确定	—
4	膨胀量的计算公式	根据本试验 4.7.4 条确定	—
5	贯入试验测力环的量程要求	根据本试验 4.8.1 条确定	思考"如何去选择适宜的测力环"
6	贯入试验时，测力计内的第一个读数大约为多少	根据本试验 4.8.4 条确定	—
7	贯入量为 2.5 mm 时，单位压力怎么得到	根据本试验 5.1 条确定	绘制曲线并根据曲线查出
8	对应所需压实度的 CBR 的求取方法	绘制 CBR 和干密度的曲线	根据曲线查出

3) 填写试验检测记录表

"土的承载比试验检测记录表"填写要求见表 4.11。

表 4.11　"土的承载比试验检测记录表"填写要求

记录表名称	代号	填写要求
土的承载比 CBR 试验检测记录表	本项目 JGLQ01008	1. 本试验记录表共 13 页; 2. 基本信息区内容参照任务单填写; 3. 主要仪器设备名称要填写; 4. 数据区用铅笔填写,教师批阅后可修改; 5. 试件组数用"1、2、3"表示,试件编号用"1-1、1-2、1-3"等表示; 6. 落款区"试验"处由本人签名,"复核"处由小组长签名; 7. 分别填写细粒土样和砂砾样品记录表,基本信息区规格要写清楚

4.2.2　编制检测报告

1. 路基填土的要求

根据《公路路基施工技术规范》(JTG/T 3610—2019),路基填料应符合下列规定:

①宜选用级配好的砾类土、砂类土等粗粒土作为填料。

②含草皮、生活垃圾、树根、腐殖质的土严禁作为填料。

③泥炭、淤泥、冻土、强膨胀土、有机质土及易溶盐超过允许含量的土,不得直接用于填筑路基;确需使用时,应采取技术措施进行处理,经检验满足设计要求后方可使用。

④粉质土不宜直接用于填筑二级及二级以上公路的路床,不得直接填筑冰冻地区的路床及浸水部分的路堤。

⑤路基填料最小承载比和最大粒径应符合表 4.12 的规定。

表 4.12　路基填料最小强度和最大粒径

填料应用部位(路面底面以下深度)/m				填料最小承载比(CBR)/%			填料最大粒径/mm
				高速公路、一级公路	二级公路	三、四级公路	
填方路基	上路床		0~0.30	8	6	5	100
	下路床	轻、中及重交通	0.30~0.80	5	4	3	100
		特重、极重交通	0.30~1.20				
	上路堤	轻、中及重交通	0.8~1.5	4	3	3	150
		特重、极重交通	1.2~1.9				
	下路堤	轻、中及重交通	1.5 以下	3	2	2	150
		特重、极重交通	1.9 以下				

续表

| 填料应用部位(路面底面以下深度)/m | | | 填料最小承载比(CBR)/% | | | 填料最大粒径/mm |
			高速公路、一级公路	二级公路	三、四级公路	
零填方及挖方路基	上路床		0~0.30	8	6	5	100
	下路床	轻、中及重交通	0.30~0.80	5	4	3	100
		特重、极重交通	0.30~1.20				

注:①表列承载比是根据路基不同填筑部位压实标准的要求,按《公路土工试验规程》(JTG 3430—2020)试验方法规定浸水96 h确定的CBR。

②三、四级公路铺筑沥青混凝土和水泥混凝土路面时,应采用二级公路的规定。

③表中上、下路堤填料最大粒径150 mm的规定不适用于填石路堤和土石路堤。

2. 土质路基压实度标准

根据《公路路基施工技术规范》(JTG/T 3610—2019),土质路基压实度应符合表4.13的规定。

表4.13　土质路基压实度标准

| 填筑部位(路面底面以下深度)/m | | | | 压实度/% | | |
				高速公路、一级公路	二级公路	三、四级公路
填方路基	上路床		0~0.30	≥96	≥95	≥94
	下路床	轻、中及重交通	0.30~0.80	≥96	≥95	≥94
		特重、极重交通	0.30~1.20			—
	上路堤	轻、中及重交通	0.8~1.5	≥94	≥94	≥93
		特重、极重交通	1.2~1.9			—
	下路堤	轻、中及重交通	1.5以下	≥93	≥92	≥90
		特重、极重交通	1.9以下			
零填方及挖方路基	上路床		0~0.30	≥96	≥95	≥94
	下路床	轻、中及重交通	0.30~0.80	≥96	≥95	—
		特重、极重交通	0.30~1.20			

3. 路基填土试验检测报告编制要求

路基填土试验检测报告编制要求见表4.14。

表4.14 路基填土试验检测报告编制要求

检测报告名称	代号	填写要求
土工试验检测报告	本项目检验报告中"报告续页BGLQ01001F"	1. 本报告与土的分类命名为同一报告; 2. 基本信息区参照委托单内容填写; 3. 主要仪器设备名称要填写; 4. 数据区填写其余项目,用签字笔填写,错误处按规定要求"杠改"并在修改处签名; 5. 检测结论要严谨准确; 6. 细粒土样和砂砾样品各自编制检测报告; 7. 空白格中画"__"

任务4.3 出具检验报告书

本任务是在任务4.1、任务4.2的试验检测记录表及试验报告表的基础上,出具细粒土样及砂砾样品的检验报告书。

1. 检验报告书内容

①分别编制细粒土样和砂砾样品检验报告书。

②每份检验报告书应包括封面、封二、首页及报告续页。

2. 检验报告书格式要求

①检验书分为封面、封二、首页及报告续页。

②填写封面、首页。

a. 封面"检验类别"为委托检验。

b. 首页检验依据为《公路路基施工技术规范》(JTG/T 3610—2019)、设计文件。

c. 主要仪器设备为该项目涉及的主要设备。

d. 检测结论要严谨准确。

e. 试验环境为"温度""湿度"。

f. "批准人"处由指导教师签名,"审核人"处由小组长签名,"主检人"处由本人签名,"录入"及"校对"处由任意两名同学签名。

g. 空白格中画"__"。

h. 用签字笔填写。

③将土工试验检测报告作为报告续页附在首页后。

④将检验报告书从首页开始,加上报告续页开始编页码。

⑤将检验报告书装订成册。

参考文献

[1] 中华人民共和国交通运输部.公路工程土工试验规程:JTG 3430—2020[S].北京:人民交通出版社,2020.

[2] 中华人民共和国交通运输部.公路工程集料试验规程:JTG 3432—2024[S].北京:人民交通出版社,2024.

[3] 中华人民共和国交通运输部.公路工程水泥及水泥混凝土试验规程:JTG 3420—2020[S].北京:人民交通出版社,2020.

[4] 中华人民共和国交通运输部.公路工程无机结合料稳定材料试验规程:JTG 3441—2024[S].北京:人民交通出版社,2024.

[5] 中华人民共和国交通运输部.公路工程沥青及沥青混合料试验规程:JTG E20—2011[S].北京:人民交通出版社,2011.

[6] 中华人民共和国交通运输部.公路沥青路面施工技术规范:JTG F40—2004[S].北京:人民交通出版社,2004.

[7] 中华人民共和国交通运输部.公路桥涵施工技术规范:JTG/T 3650—2020[S].北京:人民交通出版社,2020.

[8] 国家市场监督管理总局,国家标准化管理委员会.水泥胶砂强度检验方法(ISO法):GB/T 17671—2021[S].北京:中国标准出版社,2021.

[9] 中华人民共和国交通运输部.公路路基施工技术规范:JTG/T 3610—2019[S].北京:人民交通出版社,2019.

[10] 中华人民共和国交通运输部.公路路面基层施工技术细则:JTG/T F20—2015[S].北京:人民交通出版社,2015.

[11] 中华人民共和国交通运输部.公路水运试验检测数据报告编制导则:JT/T 828—2019[S].北京:人民交通出版社,2019.

[12] 国家市场监督管理总局,国家标准化管理委员会.通用硅酸盐水泥:GB 175—2023[S].北京:中国标准出版社,2023.

[13] 中华人民共和国住房和城乡建设部.普通水泥混凝土配合比设计规程:JGJ 55—2011[S].北京:中国建筑工业出版社,2011.

[14] 张俊红.道路建筑材料[M].2版.重庆:重庆大学出版社,2022.

目 录

项目 1　AC-13 沥青混合料配合比设计

粗集料筛分试验检测记录表(水洗法)

JGLQ02001b

试验室名称：　　　　　　　　　　　　　　　　　　　　记录编号：

工程部位/用途		委托/任务编号					
试验依据		样品编号					
样品名称		样品描述					
试验条件		试验日期					
主要仪器及编号							

干燥试样总质量/g	第一组				第二组				平均值
水洗后筛上总质量/g									
水洗后0.075 mm筛下质量/g									
0.075 mm通过率/%									

	筛孔尺寸/mm	筛上质量/g	分计筛余/%	累计筛余/%	通过百分率/%	筛上质量/g	分计筛余/%	累计筛余/%	通过百分率/%	平均通过百分率/%
水洗后干筛法筛分	31.5									
	26.5									
	19									
	16									
	13.2									
	9.5									
	4.75									
	2.36									
	1.18									
	0.6									
	0.3									
	0.15									
	0.075									
	底盘									
干筛后总质量/g									—
损耗/g									—
损耗率/%									—
扣除损耗后总质量/g									—

备注：

试验：　　　　　　　　　复核：　　　　　　　　日期：　　年　　月　　日

2

粗集料筛分试验检测记录表(水洗法)

JGLQ02001b

试验室名称： 记录编号：

工程部位/用途		委托/任务编号	
试验依据		样品编号	
样品名称		样品描述	
试验条件		试验日期	
主要仪器及编号			

	第一组		第二组		平均值
干燥试样总质量/g					
水洗后筛上总质量/g					
水洗后 0.075 mm 筛下质量/g					
0.075 mm 通过率/%					

	筛孔尺寸/mm	筛上质量/g	分计筛余/%	累计筛余/%	通过百分率/%	筛上质量/g	分计筛余/%	累计筛余/%	通过百分率/%	平均通过百分率/%
水洗后干筛法筛分	31.5									
	26.5									
	19									
	16									
	13.2									
	9.5									
	4.75									
	2.36									
	1.18									
	0.6									
	0.3									
	0.15									
	0.075									
	底盘									
干筛后总质量/g										—
损耗/g										—
损耗率/%										—
扣除损耗后总质量/g										—

备注：

试验： 复核： 日期： 年 月 日

粗集料密度及吸水率试验检测记录表

试验室名称：　　　　　　　　　　　　　　　　　　　　　　　　　　　　　　　　　　　　记录编号：

工程部位/用途		委托/任务编号		试验依据	
样品编号		样品名称		样品规格	
样品描述		试验条件		试验日期	
主要仪器及编号					

试验数据及吸水率						
水温 /℃	水密度 /(g·cm⁻³)	集料水中质量 /g	集料表干质量 /g	集料烘干质量 /g	吸水率单值 /%	吸水率平均值 /%

密度								
集料表观相对密度		集料表干相对密度		集料毛体积相对密度		集料表观密度 /(g·cm⁻³)	集料表干密度 /(g·cm⁻³)	集料毛体积密度 /(g·cm⁻³)
单值	平均值	单值	平均值	单值	平均值	单值 平均值	单值 平均值	单值 平均值

备注：

试验：　　　　　　　　　　　　　　　　复核：　　　　　　　　　　　　　　　日期：　　　年　　月　　日

4

JGLQ02002a

粗集料密度及吸水率试验检测记录表

记录编号：

试验室名称：

工程部位/用途		委托/任务编号		试验依据	
样品编号		样品名称		样品规格	
样品描述		试验条件		试验日期	
主要仪器及编号					

试验数据及吸水率

水温 /℃	水密度 /(g·cm⁻³)	集料水中质量 /g	集料表干质量 /g	集料表干质量 /g	集料烘干质量 /g	吸水率单值 /%	吸水率平均值 /%

密度

集料表观相对密度		集料表干相对密度		集料毛体积相对密度		集料表观密度 /(g·cm⁻³)		集料表干密度 /(g·cm⁻³)		集料毛体积密度 /(g·cm⁻³)	
单值	平均值	单值	平均值	单值	平均值	单值	平均值	单值	平均值	单值	平均值

备注：

试验：　　　　　　　　　　复核：　　　　　　　　　　日期：　　年　　月　　日

粗集料压碎值试验检测记录表

JGLQ02009

试验室名称：   记录编号：

工程部位/用途		委托/任务编号	
试验依据		样品编号	
样品名称		样品描述	
试验条件		试验日期	
主要仪器及编号			

金属筒中石料数量/g					
试验次数	试验前试样质量/g	2.36 mm 筛上质量/g	2.36 mm 筛下质量/g	损耗率/%	压碎值单值/%	压碎值测定值/%

备注：

试验：   复核：   日期：   年   月   日

粗集料洛杉矶磨耗值试验检测记录表

JGLQ02010

试验室名称：　　　　　　　　　　　　　　　　　　　　记录编号：

工程部位/用途		委托/任务编号	
试验依据		样品编号	
样品名称		样品描述	
试验条件		试验日期	
主要仪器及编号			

粒度类别	粒级组成/mm	试样质量/g	试样总质量/g
钢球个数		钢球总质量/g	
转动次数		转动速度/（r·min^{-1}）	

试验次数	试验前试样质量/g	试验后试验质量/g	磨耗损失率/%	
			单值	平均值

备注：

试验：　　　　　　　　　　复核：　　　　　　　　日期：　　年　　月　　日

粗集料洛杉矶磨耗值试验检测记录表

JGLQ02010

试验室名称：　　　　　　　　　　　　　　　　　　　　　　　记录编号：

工程部位/用途		委托/任务编号	
试验依据		样品编号	
样品名称		样品描述	
试验条件		试验日期	
主要仪器及编号			

粒度类别	粒级组成/mm	试样质量/g	试样总质量/g
钢球个数		钢球总质量/g	
转动次数		转动速度/(r·min^{-1})	

试验次数	试验前试样质量/g	试验后试验质量/g	磨耗损失率/%	
			单值	平均值

备注：

试验：　　　　　　　　　复核：　　　　　　　　　日期：　　年　　月　　日

粗集料针、片状颗粒含量试验检测记录表（游标卡尺法）

试验室名称：　　　　　　　　　　　　　　　　　　　　记录编号：

工程部位/用途		试验依据	
样品编号		样品规格	
样品描述		试验日期	
主要仪器及编号			

试样编号	集料种类	试验用集料质量 /g	扁平细长比例大于3的针、片状颗粒质量/g	针、片状颗粒含量 /%	试验用集料质量 /g	扁平细长比例大于3的针、片状颗粒质量/g	针、片状颗粒含量 /%	针、片状颗粒粒平均含量 /%
	混合料							
	粒径大于9.5 mm							
	粒径小于9.5 mm							

备注：

试验：　　　　　　　　　　复核：　　　　　　　　　　日期：　　年　　月　　日

9

粗集料针、片状颗粒含量试验检测记录表（游标卡尺法）

试验室名称：

工程部位/用途		委托/任务编号		试验依据	
样品编号		样品名称		样品规格	
样品描述		试验条件		试验日期	
主要仪器及编号					
试样编号					
集料种类	试验用集料质量 /g	扁平细长比例大于3的针、片状颗粒质量/g	针、片状颗粒含量 /%	试验用集料质量 /g	扁平细长比例大于3的针、片状颗粒质量/g	针、片状颗粒含量 /%	针、片状颗粒平均含量 /%
混合料							
粒径大于9.5 mm							
粒径小于9.5 mm							
备注：							

试验：　　　　　　　　　复核：　　　　　　　　　日期：　　年　　月　　日

细集料表观密度试验检测记录表(容量瓶法)

JGLQ02014b

试验室名称：　　　　　　　　　　　　　　　　　　　　　记录编号：

工程部位/用途		委托/任务编号	
试验依据		样品编号	
样品名称		样品描述	
试验条件		试验日期	
主要仪器及编号			

试验次数	水温/℃	试样烘干质量/g	试样、水及容量瓶总质量/g	水及容量瓶总质量/g	表观密度/(g·cm^{-3})	平均表观密度/(g·cm^{-3})	平均表观相对密度

备注：

试验：　　　　　　　　　复核：　　　　　　　　　日期：　　年　　月　　日

细集料表观密度试验检测记录表（容量瓶法）

JGLQ02014b

试验室名称：　　　　　　　　　　　　　　　　　　　记录编号：

工程部位/用途		委托/任务编号	
试验依据		样品编号	
样品名称		样品描述	
试验条件		试验日期	
主要仪器及编号			

试验次数	水温 /℃	试样烘干质量 /g	试样、水及容量瓶总质量/g	水及容量瓶总质量 /g	表观密度 /$(g \cdot cm^{-3})$	平均表观密度 /$(g \cdot cm^{-3})$	平均表观相对密度

备注：

试验：　　　　　　　复核：　　　　　　　日期：　　年　　月　　日

细集料含泥量试验检测记录表(筛洗法)

JGLQ02017

试验室名称： 记录编号：

工程部位/用途		委托/任务编号	
样品编号		样品名称	
样品描述		试验依据	
试验条件		试验日期	
主要仪器及编号			

试验次数	试验前烘干试样质量/g	试验后烘干试样质量/g	含泥量/%	平均含泥量/%

备注：

试验： 复核： 日期： 年 月 日

细集料砂当量试验检测记录表

试验室名称：

记录编号：

工程部位/用途				样品编号		
样品名称		委托/任务编号				
试验条件		样品描述		试验依据		
主要仪器及编号		试验日期				
含水率计算	容器质量/g	未烘干试样与容器总质量/g	烘干后试样与容器总质量/g	含水率/%		含水率平均值/%
		试筒内温度/℃	试筒底部到絮状凝结物上液面的高度/mm	试筒底部到沉淀部分上液面的高度/mm		
砂当量计算	相当干燥试样120 g的潮湿试样质量/g			砂当量/%		砂当量平均值/%

备注：

试验：　　　　　　　　　　　复核：　　　　　　　　　　　日期：　　年　月　日

细集料筛分试验检测记录表(水洗法)

JGLQ02013b

试验室名称:　　　　　　　　　　　　　　　　　　　记录编号:

工程部位/用途		委托/任务编号	
样品编号		样品名称	
样品描述		试验依据	
试验条件		试验日期	
主要仪器及编号			

试验次数	水洗前烘干试样总质量/g	水洗后烘干试样总质量/g	集料中小于0.075 mm的颗粒含量/%	
			单值	平均值
1				
2				

干燥试样总质量/g	第一组				第二组				平均通过百分率/%
筛孔尺寸/mm	分计质量/g	分计筛余/%	累计筛余/%	通过百分率/%	分计质量/g	分计筛余/%	累计筛余/%	通过百分率/%	
干筛后总质量/g									
损耗/g									
扣除损耗后总质量/g									
损耗率/%									

细度模数	$Mx_1 =$		$Mx_2 =$	细度模数平均值 =

备注:

试验:　　　　　　　　　复核:　　　　　　　　　日期:　　年　　月　　日

细集料筛分试验检测记录表(水洗法)

JGLQ02013b

试验室名称:　　　　　　　　　　　　　　　　　　　　记录编号:

工程部位/用途		委托/任务编号	
样品编号		样品名称	
样品描述		试验依据	
试验条件		试验日期	
主要仪器及编号			

试验次数	水洗前烘干试样总质量/g	水洗后烘干试样总质量/g	集料中小于0.075 mm的颗粒含量/%	
			单值	平均值
1				
2				

干燥试样总质量/g	第一组				第二组				平均通过百分率/%
筛孔尺寸/mm	分计质量/g	分计筛余/%	累计筛余/%	通过百分率/%	分计质量/g	分计筛余/%	累计筛余/%	通过百分率/%	
干筛后总质量/g									
损耗/g									
扣除损耗后总质量/g									
损耗率/%									
细度模数	$Mx_1 =$			$Mx_2 =$			细度模数平均值 =		

备注:

试验:　　　　　　　　　复核:　　　　　　　　　日期:　　年　　月　　日

矿粉试验检测记录表

试验室名称：　　　　　　　　　　　　　　　　　　　　　　　　　记录编号：

工程部位/用途		委托/任务编号	
样品编号		样品名称	
样品描述		试验依据	
试验条件		试验日期	
主要仪器及编号			

筛分试验

试样质量 /g	第一组			第二组			平均累计筛余率 /%	通过百分率 /%
筛孔尺寸 /mm	分计质量 /g	分计筛余 /%	累计筛余 /%	分计质量 /g	分计筛余 /%	累计筛余 /%		
0.6								
0.3								
0.15								
0.075								
<0.075								

密度试验

试验次数	试验温度 /℃	T(℃)时水的密度 /(g·cm⁻³)	器皿及矿粉干燥质量/g		比重瓶读数 /mL		矿粉密度 /(g·cm⁻³)		矿粉相对密度
			试验前	试验后	加矿粉前	加矿粉后	单值	平均值	
1									
2									

备注：

试验：　　　　　　　　复核：　　　　　　　　　　　日期：　　年　月　日

矿质混合料配合比设计试验检测记录表

试验室名称：

记录编号：

工程部位/用途		委托/任务编号		样品编号									
样品名称		试验依据		样品描述									
试验条件		试验日期											
主要仪器设备及编号													
材料名称	配合比 /%				筛孔尺寸/mm								
合成级配						通过百分率/%							
规定通过百分率/%													

备注：

试验：　　　　　　　　　　　　　　　复核：　　　　　　　　　　　　　　　日期：　　年　月　日

矿质混合料配合比设计试验检测记录表

试验室名称：　　　　　　　　　　　　　　　　　　　　　　记录编号：

工程部位/用途		委托/任务编号		样品编号	
样品名称		试验依据		样品描述	
试验条件		试验日期			
主要仪器设备及编号					
图解法计算图					
矿料级配检验图					

备注：

试验：　　　　　　　　　　　　复核：　　　　　　　　　　　　日期：　　年　　月　　日

19

沥青密度试验检测记录表

试验室名称：

委托/任务编号：　　　　　　　　　记录编号：

工程部位/用途			样品编号	
样品名称	沥青标号		样品描述	
试验依据	试验条件		试验日期	
主要仪器设备及编号				
沥青类型				

试样编号	试验温度/℃	比重瓶的质量/g	比重瓶+水质量/g	比重瓶+试样质量/g	比重瓶+试样+水质量/g	密度/(g·cm⁻³)		相对密度	
						单值	平均	单值	平均

备注：

试验：　　　　　　　　　　　　复核：　　　　　　　　　　日期：　年　月　日

20

沥青三大指标试验检测记录表

JGLQ10002
JGLQ10003
JGLQ10004

试验室名称：　　　　　　　　　　　　　　　　　　　记录编号：

工程部位/用途		委托/任务编号	
样品编号		样品名称	
样品描述		试验依据	
试验条件		试验日期	

主要仪器设备及编号

针入度试验	试验温度/℃									
	试验次数									
	针入度/(0.1 mm)									
	平均针入度/(0.1 mm)									
	25 ℃时针入度/(0.1 mm)			直线回归相关系数			针入度指数 PI			
	当量软化点 T_{800}			当量脆点 $T_{1.2}$			塑性温度范围			

延度试验	试验次数	试验温度/℃	延伸速度/(cm · min^{-1})	延度值/cm			
				1	2	3	平均值

软化点试验	试验编号	室内温度/℃	烧杯内液体名称	烧杯中液体温度上升记录/℃																软化点/℃	
				每分钟上升温度值	起始温度	1分钟末	2分钟末	3分钟末	4分钟末	5分钟末	6分钟末	7分钟末	8分钟末	9分钟末	10分钟末	11分钟末	12分钟末	13分钟末	14分钟末	15分钟末	测值	平均值
	1																					
	2																					

备注：

试验：　　　　　　　　　　　复核：　　　　　　　　　　日期：　　　年　　月　　日

沥青混合料理论最大相对密度试验检测记录表(真空法) JGLQ11004

试验室名称: 记录编号:

工程部位/用途		委托/任务编号	
试验依据		样品编号	
样品名称		样品描述	
试验条件		试验日期	
主要仪器设备及编号			
混合料类型		级配类型	
试样类型		集料最大粒经/mm	
集料吸水率/%		25 ℃水的密度/(g·cm⁻³)	
负压容器类型		B类负压容器	

油石比 /%	试样的空中质量 m_a/g	装满 25 ℃水的负压容器质量 m_b/g	25 ℃时,试样、负压容器与水的总质量 m_c/g	理论最大相对密度	理论最大相对密度平均值	理论最大密度/(g·cm⁻³)

备注:

试验: 复核: 日期: 年 月 日

沥青混合料（浸水）马歇尔试验检测记录表

试验室名称：　　　　　　　　　　　　　　　　记录编号：

工程部位/用途		委托/任务编号	
样品编号		样品名称	
样品描述		试验依据	
试验条件		试验日期	
主要仪器设备及编号			
沥青混合料类型		结构层位		油石比/%	
混合料密度检测方法		拌和温度/℃		击实次数		击实温度/℃	

试件编号	直径/mm		试件高度/mm		空气中质量/g	水中质量/g	表干质量/g	吸水率/%	毛体积相对密度	毛体积密度/(g·cm⁻³)	空隙率/%	矿料间隙率/%	沥青饱和度/%	稳定度/kN	流值/mm
	单值	平均	单值	平均	平均										

该组试件检测结果

毛体积密度/(g·cm⁻³)		空隙率/%		矿料间隙率/%	
沥青饱和度/%		稳定度/kN		流值/mm	

备注：

试验：　　　　　　　　　　复核：　　　　　　　　　　日期：　　年　月　日

23

沥青混合料（浸水）马歇尔试验检测记录表

试验室名称：　　　　　　　　　　　　　　　　　　　记录编号：

工程部位/用途			委托/任务编号	
样品编号			样品名称	
样品描述			试验依据	
试验条件			试验日期	
主要仪器设备及编号				
沥青混合料类型		结构层位	油石比/%	理论最大相对密度
混合料密度检测方法		拌和温度/℃	击实次数	击实温度/℃

试件编号	试件高度/mm		直径/mm		空气中质量/g	水中质量/g	表干质量/g	吸水率/%	毛体积相对密度	毛体积密度/(g·cm⁻³)	空隙率/%	矿料间隙率/%	沥青饱和度/%	稳定度/kN	流值/mm
	单值	平均	单值	平均											

该组试件检测结果

毛体积密度/(g·cm⁻³)		空隙率/%		矿料间隙率/%	
沥青饱和度/%		稳定度/kN		流值/mm	

备注：

试验：　　　　　　　　　　　复核：　　　　　　　　　　　日期：　　年　月　日

沥青混合料（浸水）马歇尔试验检测记录表

试验室名称：　　　　　　　　　　　　　　　　　　　记录编号：

工程部位/用途				委托/任务编号		
样品编号				样品名称		
样品描述				试验依据		
试验条件				试验日期		
主要仪器设备及编号						
沥青混合料类型		结构层位		油石比/%		理论最大相对密度
混合料密度检测方法		拌和温度/℃		击实次数		击实温度/℃

试件编号	试件高度/mm		直径/mm		空气中质量/g	水中质量/g	表干质量/g	吸水率/%	毛体积相对密度	毛体积密度/(g·cm⁻³)	空隙率/%	矿料间隙率/%	沥青饱和度/%	稳定度/kN	流值/mm
	单值	平均	单值	平均											

该组试件检测结果

毛体积密度/(g·cm⁻³)		空隙率/%		矿料间隙率/%	
沥青饱和度/%		稳定度/kN		流值/mm	

备注：

试验：　　　　　　　　　　复核：　　　　　　　　　　日期：　　年　　月　　日

25

沥青混合料（浸水）马歇尔试验检测记录表

试验室名称：　　　　　　　　　　　　　　　　　　　　记录编号：

工程部位/用途		委托/任务编号	
样品编号		样品名称	
样品描述		试验依据	
试验条件		试验日期	
主要仪器设备及编号			
沥青混合料类型		结构层位		油石比/%		理论最大相对密度	
混合料密度检测方法		拌和温度/℃		击实次数		击实温度/℃	

试件编号	试件高度/mm		直径/mm		空气中质量/g	水中质量/g	表干质量/g	吸水率/%	毛体积相对密度	毛体积密度/(g·cm⁻³)	空隙率/%	矿料间隙率/%	沥青饱和度/%	稳定度/kN	流值/mm
	单值	平均	单值	平均											

该组试件检测结果

毛体积密度/(g·cm⁻³)		空隙率/%		矿料间隙率/%	
沥青饱和度/%		稳定度/kN		流值/mm	

备注：

试验：　　　　　　　　　　复核：　　　　　　　　　　日期： 年 月 日

26

沥青混合料（浸水）马歇尔试验检测记录表

试验室名称：

记录编号：

工程部位/用途			委托/任务编号				
样品编号			样品名称				
样品描述			试验依据				
试验条件			试验日期				
主要仪器设备及编号							
沥青混合料类型			结构层位		油石比/%		理论最大相对密度
混合料密度检测方法			拌和温度/℃		击实次数		击实温度/℃

该组试件检测结果

试件编号	试件高度/mm		直径/mm		空气中质量/g	水中质量/g	表干质量/g	吸水率/%	毛体积相对密度	毛体积密度/(g·cm⁻³)	空隙率/%	矿料间隙率/%	沥青饱和度/%	稳定度/kN	流值/mm
	单值	平均	单值	平均											

毛体积密度/(g·cm⁻³)		空隙率/%		矿料间隙率/%	
沥青饱和度/%		稳定度/kN		流值/mm	

备注：

试验：   复核：   日期：   年   月   日

27

检 验 报 告

产品名称：＿＿＿＿＿＿＿＿＿＿＿＿＿＿＿

委托单位：＿＿＿＿＿＿＿＿＿＿＿＿＿＿＿

检验类别：＿＿＿＿＿＿＿＿＿＿＿＿＿＿＿

单位名称：××公路交通试验检测中心

报告日期：×××

注意事项

1. 报告无我单位"CMA 章""资质证书专用章""试验检验专用章"和"骑缝章"无效。

2. 复制报告未重新加盖我单位检验专用章或检验单位公章无效。

3. 报告无主检、审核、批准人签字无效,报告涂改无效。

4. 对检测报告若有异议,应于收到报告之日起十五日内,向本单位提出,逾期不予受理。

5. 委托检验仅对样品负责。

6. 需要退还的样品及其包装物可在收到报告十五日内领取,逾期不领者视弃样处理。

7. 未经本单位书面批准,不得部分复印,本报告不得用于商品广告。

地址:×××

电话:×××

传真:×××

电子信箱:×××

邮编:×××

××公路交通试验检测中心检验报告

报告编号:

产品名称		抽样地点	
受检单位		商标	
生产单位		产品号	
委托单位		样品批次	
规格型号		样品等级	
检验类别		样品数量	
检验依据		抽样基数	
检验项目		委托日期	
产品描述		抽样人员	
主要仪器设备			
检验结论			
试验环境			
批准人		审核人	
主检人			
备注	本报告空白处用"—"表示		
录入		校对		打印日期	

报告续页

试验室名称：　　　　　　　　　　　　　　　　　　　　　报告编号：

委托/施工单位		委托编号	
工程名称		工程部位/用途	
样品编号		样品名称	
样品描述		样品产地	
试验依据		判定依据	
主要仪器设备及编号			

颗粒级配		通过百分率/%												
	筛孔尺寸/mm	31.5	26.5	19	16	13.2	9.5	4.75	2.36	1.18	0.6	0.3	0.15	0.075
	实测值													
	规范值													

序号	试验项目		规定值	试验结果	判定结果	
1	压碎值指标/%					
2	洛杉矶磨耗损失/%					
3	表观相对密度					
4	毛体积相对密度					
5	吸水率/%					
6	坚固性/%					
7	针、片状颗粒含量/%	混合料				
		粒径大于9.5 mm				
		粒径小于9.5 mm				
8	水洗法<0.075 mm颗粒含量/%					
9	与沥青的黏附性					

检测结论：

备注：

试验：　　　　　审核：　　　　　签发：　　　　　日期：　　年　　月　　日

报告续页

BGLQ02002F

试验室名称: 　　　　　　　　　　　　　　　　　　　　记录编号:

委托/施工单位		委托编号	
工程名称		工程部位/用途	
样品编号		样品名称	
样品描述		样品产地	
试验依据		判定依据	
主要仪器设备及编号			

颗粒级配	筛孔尺寸/mm	通过百分率/%												
		31.5	26.5	19	16	13.2	9.5	4.75	2.36	1.18	0.6	0.3	0.15	0.075
	实测值													
	规范值													

序号	试验项目		规定值	试验结果	判定结果
1	压碎值指标/%				
2	洛杉矶磨耗损失/%				
3	表观相对密度				
4	毛体积相对密度				
5	吸水率/%				
6	坚固性/%				
7	针、片状颗粒含量/%	混合料			
		粒径大于9.5 mm			
		粒径小于9.5 mm			
8	水洗法<0.075 mm颗粒含量/%				
9	与沥青的黏附性				

检测结论:

备注:

试验: 　　　　审核: 　　　　签发: 　　　　日期: 　　年　　月　　日

报告续页

BGLQ02004F

试验室名称：　　　　　　　　　　　　　　　　　　报告编号：

委托/施工单位		委托编号	
工程名称		工程部位/用途	
样品编号		样品名称	
样品描述		样品产地	
试验依据		判定依据	
主要仪器设备及编号			

颗粒级配	通过量百分率/%								
	筛孔尺寸/mm	4.75	2.36	1.18	0.6	0.3	0.15	0.075	底
	实测值								
	规定值								

序号	试验项目	规定值	试验结果	判定结果
1	细度模数			
2	含泥量/%			
3	砂当量/%			
4	表观相对密度			
5	表观密度/($g \cdot cm^{-3}$)			
6	亚甲蓝值/($g \cdot kg^{-1}$)			
7	棱角性/s			
8	坚固性/%			

检测结论：

备注：

试验：　　　　　　审核：　　　　　　签发：　　　　　　日期：　　年　　月　　日

报告续页

BGLQ02004F

试验室名称:　　　　　　　　　　　　　　　　　　　　报告编号:

委托/施工单位		委托编号	
工程名称		工程部位/用途	
样品编号		样品名称	
样品描述		样品产地	
试验依据		判定依据	
主要仪器设备及编号			

颗粒级配	通过量百分率/%								
	筛孔尺寸/mm	4.75	2.36	1.18	0.6	0.3	0.15	0.075	底
	实测值								
	规定值								

序号	试验项目	规定值	试验结果	判定结果	
1	细度模数				
2	含泥量/%				
3	砂当量/%				
4	表观相对密度				
5	表观密度/$(g \cdot cm^{-3})$				
6	亚甲蓝值/$(g \cdot kg^{-1})$				
7	棱角性/s				
8	坚固性/%				

检测结论:

备注:

试验:　　　　　　审核:　　　　　　签发:　　　　　　日期:　　年　　月　　日

报告续页

试验室名称：　　　　　　　　　　　　　　　　　　　报告编号：

委托/施工单位			委托编号		
工程名称			工程部位/用途		
样品编号			样品名称		
样品描述			样品产地		
试验依据			判定依据		
主要仪器设备及编号					
筛孔尺寸/mm	0.6	0.3	0.15	0.075	<0.075
筛余率/%					
通过率/%					
粒度范围					
矿粉密度/$(g \cdot cm^{-3})$			相对密度		
矿粉亲水系数			安定性		

检测结论：

备注：

试验：　　　　　审核：　　　　　签发：　　　　　日期：　　年　　月　　日

报告续页

试验室名称：　　　　　　　　　　　　　　　　　　　　　　　　报告编号：

委托/施工单位				委托编号	
工程名称				工程部位/用途	
样品编号				样品名称	
厂家(产地)				样品描述	
试验依据				判定依据	
主要仪器设备及编号					

序号	检测项目		技术指标	检测结果	结果判定
1	针入度试验	针入度(25 ℃、100 g、5 s)/(0.1 mm)			
		针入度指数 PI			
2	软化点/℃				
3	延度(5 ℃、5 cm/min)/cm				
4	60 ℃动力黏度/pa·s				
5	10 ℃延度(5 cm/min)/cm				
6	15 ℃延度(5 cm/min)/cm				
7	闪点/℃				
8	溶解度/%				
9	15 ℃密度/($g·cm^{-3}$)				
10	25 ℃密度/($g·cm^{-3}$)				
11	含蜡量(蒸馏法)/%				
12	薄膜加热试验				

检测结论：

备注：

试验：　　　　　　审核：　　　　　　签发：　　　　　　日期：　　年　　月　　日

报告续页

BGLQ11001F

试验室名称：　　　　　　　　　　　　　　　　　　　报告编号：

委托/施工单位		委托编号	
工程名称		工程部位/用途	
样品编号		样品名称	
试验依据		判定依据	
主要仪器设备及编号			

材料名称	配合比例/%	筛孔尺寸/mm												
		26.5	19	16	13.2	9.5	4.75	2.36	1.18	0.6	0.3	0.15	0.075
		通过百分率/%											
合成级配													
规定通过百分率/%													

检测结论：

备注：

试验：　　　　　审核：　　　　　签发：　　　　　日期：　　年　　月　　日

报告续页

试验室名称：   报告编号：

委托/施工单位		委托编号		工程名称	
工程部位/用途		样品编号		样品名称	
样品描述		试验依据		判定依据	
主要仪器设备及编号					
拟定沥青用量（油石比）/%					
技术指标	稳定度/kN			空隙率/%	
	流值/mm			饱和度/%	
沥青用量（油石比）/%	密度/(g·cm⁻³)	稳定度/kN	空隙率/%	流值/mm	间隙率/%	饱和度/%

检测结论：

备注：

试验：   审核：   签发：   日期：   年   月   日

报告续页

试验室名称：　　　　　　　　　　　　　报告编号：

委托/施工单位		委托编号		工程名称	
工程部位/用途		样品编号		样品名称	
样品描述		试验依据		判定依据	
主要仪器设备及编号					
拟定沥青用量（油石比）/%					

	a_1	a_2	a_3	a_4
	OAC_1/%	OAC_2/%		OAC/%

检测结论：

备注：

试验：　　　　　　　　审核：　　　　　　　　签发：

日期：　　　　　　　　　　　年　月　日

39

二、实训总结

项目 2 　 C30 水泥混凝土配合比设计

一、试验检测记录、检测报告

粗集料筛分试验检测记录表(干筛法)

JGLQ02001a

试验室名称：　　　　　　　　　　　　　　　　　　　记录编号：

工程部位/用途		委托/任务编号	
试验依据		样品编号	
样品名称		样品描述	
试验条件		试验日期	
主要仪器及编号			

干燥试样总量/g	第一组				第二组				平均
筛孔尺寸/mm	筛上质量/g	分计筛余/%	累计筛余/%	通过百分率/%	筛上质量/g	分计筛余/%	累计筛余/%	通过百分率/%	平均通过百分率/%
筛分后总质量/g									
损耗/g									
扣除损耗后总质量/g									
损耗率/%									
备注：									

试验：　　　　　　　　复核：　　　　　　　　日期：　　年　　月　　日

粗集料筛分试验检测记录表(干筛法)

JGLQ02001a

试验室名称：　　　　　　　　　　　　　　　　　　　　记录编号：

工程部位/用途		委托/任务编号	
试验依据		样品编号	
样品名称		样品描述	
试验条件		试验日期	
主要仪器及编号			

干燥试样总量/g	第一组				第二组				平均
筛孔尺寸/mm	筛上质量/g	分计筛余/%	累计筛余/%	通过百分率/%	筛上质量/g	分计筛余/%	累计筛余/%	通过百分率/%	平均通过百分率/%
筛分后总质量/g									
损耗/g									
扣除损耗后总质量/g									
损耗率/%									

备注：

试验：　　　　　　　　复核：　　　　　　　　　　日期：　　年　　月　　日

粗集料密度及吸水率试验检测记录表

记录编号:

试验室名称:

工程部位/用途		委托/任务编号		试验依据	
样品编号		样品名称		样品规格	
样品描述		试验条件		试验日期	
主要仪器及编号					

试验数据及吸水率

水温/℃	水密度/(g·cm⁻³)	集料水中质量/g	集料表干质量/g	集料烘干质量/g	吸水率单值/%	吸水率平均值/%

密度

集料表观相对密度		集料表干相对密度		集料毛体积相对密度		集料表观密度/(g·cm⁻³)		集料表干密度/(g·cm⁻³)		集料毛体积密度/(g·cm⁻³)	
单值	平均值	单值	平均值	单值	平均值	单值	平均值	单值	平均值	单值	平均值

备注:

试验:　　　　　　　复核:　　　　　　　日期:　　　年　　月　　日

44

粗集料密度及吸水率试验检测记录表

试验室名称：　　　　　　　　记录编号：

工程部位/用途		委托/任务编号		试验依据	
样品编号		样品名称		样品规格	
样品描述		试验条件		试验日期	
主要仪器及编号					

试验数据及吸水率

水温 /℃	水密度 /(g·cm⁻³)	集料水中质量 /g	集料表干质量 /g	集料烘干质量 /g	吸水率单值 /%	吸水率平均值 /%

密度

集料表观相对密度		集料毛体积相对密度		集料表观密度 /(g·cm⁻³)		集料表干密度 /(g·cm⁻³)		集料毛体积密度 /(g·cm⁻³)	
单值	平均值	单值	平均值	单值	平均值	单值	平均值	单值	平均值

备注：

试验：　　　　　　复核：　　　　　　日期：　　年　　月　　日

粗集料压碎值试验检测记录表

JGLQ02009

试验室名称：　　　　　　　　　　　　　　　　　　　记录编号：

工程部位/用途		委托/任务编号	
试验依据		样品编号	
样品名称		样品描述	
试验条件		试验日期	
主要仪器及编号			

金属筒中石料数量/g						
试验次数	试验前试样质量/g	2.36 mm 筛上质量/g	2.36 mm 筛下质量/g	损耗率/%	压碎值单值/%	压碎值测定值/%

备注：

试验：　　　　　　复核：　　　　　　日期：　　年　月　日

JGLQ02007a

粗集料针、片状颗粒含量试验检测记录表（规准仪法）

试验室名称：　　　　　　　　　　　　　　　　　　　　　　　　　记录编号：

工程部位/用途		委托/任务编号		试验依据	
样品编号		样品名称		样品规格	
样品描述		试验条件		试验日期	
主要仪器及编号					
试样总质量/g	粒级/mm	针状质量/g	片状质量/g	针、片状颗粒总质量/g	针、片状颗粒含量/g
	31.5~37.5				
	26.5~31.5				
	19.0~26.5				
	16.0~19.0				
	9.5~16.0				
	4.75~9.5				

备注：

试验：　　　　　　　　　　　　　复核：　　　　　　　　　　　　　日期：　　年　　月　　日

粗集料针、片状颗粒含量试验检测记录表（规准仪法）

试验室名称：

记录编号：

工程部位/用途		委托/任务编号		试验依据	
样品编号		样品名称		样品规格	
样品描述		试验条件		试验日期	
主要仪器及编号					
试样总质量/g	粒级/mm	针状质量/g	片状质量/g	针、片状颗粒总质量/g	针、片状颗粒含量/g
	31.5~37.5				
	26.5~31.5				
	19.0~26.5				
	16.0~19.0				
	9.5~16.0				
	4.75~9.5				

备注：

试验：

复核：

日期：

年 月 日

粗集料堆积密度及空隙率试验检测记录表

JGLQ02002c

试验室名称：　　　　　　　　　　　　　　　　　　　　记录编号：

工程部位/用途			委托/任务编号		
试验依据			样品编号		
样品名称			样品描述		
试验条件			试验日期		
主要仪器及编号					

松散堆积密度	试验次数	容量筒质量/g	容量筒和试样总质量/g	容量筒容积/cm³	堆积密度/(g·cm⁻³)	平均值/(g·cm⁻³)
	1					
	2					

振实堆积密度	试验次数	容量筒质量/g	容量筒和试样总质量/g	容量筒容积/cm³	振实密度/(g·cm⁻³)	平均值/(g·cm⁻³)
	1					
	2					

空隙率	试验次数	表观密度/(g·cm⁻³)	堆积空隙率/%		振实空隙率/%	
			单值	平均值	单值	平均值
	1					
	2					

捣实堆积密度及间隙率	试验次数	容量筒质量/g	容量筒和试样总质量/g	容量筒容积/cm³	振实密度/(g·cm⁻³)		毛体积密度/(g·cm⁻³)	骨架间隙率/%	
					单值	平均值		单值	平均值
	1								
	2								

备注：

试验：　　　　　　　　　　复核：　　　　　　　　　　日期：　　年　月　日

粗集料堆积密度及空隙率试验检测记录表

JGLQ02002c

试验室名称：　　　　　　　　　　　　　　　　　　记录编号：

工程部位/用途			委托/任务编号		
试验依据			样品编号		
样品名称			样品描述		
试验条件			试验日期		
主要仪器及编号					

松散堆积密度	试验次数	容量筒质量/g	容量筒和试样总质量/g	容量筒容积/cm³	堆积密度/(g·cm⁻³)	平均值/(g·cm⁻³)
	1					
	2					

振实堆积密度	试验次数	容量筒质量/g	容量筒和试样总质量/g	容量筒容积/cm³	振实密度/(g·cm⁻³)	平均值/(g·cm⁻³)
	1					
	2					

空隙率	试验次数	表观密度/(g·cm⁻³)	堆积空隙率/%		振实空隙率/%	
			单值	平均值	单值	平均值
	1					
	2					

捣实堆积密度及间隙率	试验次数	容量筒质量/g	容量筒和试样总质量/g	容量筒容积/cm³	振实密度/(g·cm⁻³)		毛体积密度/(g·cm⁻³)	骨架间隙率/%	
					单值	平均值		单值	平均值
	1								
	2								

备注：

试验：　　　　　　　　　　复核：　　　　　　　　日期：　　年　　月　　日

矿质混合料配合比设计试验检测记录表

试验室名称：　　　　　　　　　　　　　　　　　　　　　记录编号：

工程部位/用途		委托/任务编号		样品编号	
样品名称		试验依据		样品描述	
试验条件		试验日期			
主要仪器设备及编号					
级配情况		公称粒级			
		筛孔尺寸/mm			
材料名称	配合比例 /%	累计筛余/%			
合成级配					
规定累计筛余/%					

备注：

试验：　　　　　　　　　　　　复核：　　　　　　　　　　　日期：　　年　月　日

51

矿质混合料配合比设计试验检测记录表

试验室名称：　　　　　　　　　　　　　　　　　　　记录编号：

工程部位/用途		委托/任务编号		样品编号	
样品名称		试验依据		样品描述	
试验条件		试验日期			
主要仪器设备及编号					
级配情况				公称粒级	
图解法计算图					
				矿料级配检验图	

备注：

试验：　　　　　　　　　　　　　　　　复核：　　　　　　　　　　　　　　　日期：　　年　　月　　日

粗集料筛分试验检测记录表(干筛法)

JGLQ02001a

试验室名称:　　　　　　　　　　　　　　　　　　　　记录编号:

工程部位/用途		委托/任务编号	
试验依据		样品编号	
样品名称		样品描述	
试验条件		试验日期	
主要仪器及编号			

干燥试样总量/g	第一组				第二组				平均
筛孔尺寸/mm	筛上质量/g	分计筛余/%	累计筛余/%	通过百分率/%	筛上质量/g	分计筛余/%	累计筛余/%	通过百分率/%	累计筛余率/%
筛分后总质量/g									
损耗/g									
扣除损耗后总质量/g									
损耗率/%									
备注:									

试验:　　　　　　　　　　复核:　　　　　　　　　　日期:　　　年　　月　　日

粗集料密度及吸水率试验检测记录表

试验室名称：　　　　　　　　　　　　　　　　　　　　　　　　　记录编号：

工程部位/用途		委托/任务编号		试验依据	
样品编号		样品名称		样品规格	
样品描述		试验条件		试验日期	
主要仪器及编号					

试验数据及吸水率

水温 /℃	水密度 /(g·cm⁻³)	集料水中质量 /g	集料表干质量 /g	集料烘干质量 /g	吸水率单值 /%	吸水率平均值 /%

密度

集料表观相对密度		集料毛体积相对密度		集料表观密度 /(g·cm⁻³)		集料表干密度 /(g·cm⁻³)		集料毛体积密度 /(g·cm⁻³)	
单值	平均值	单值	平均值	单值	平均值	单值	平均值	单值	平均值

备注：

试验：　　　　　　　　　　　　复核：　　　　　　　　　　　　日期：　　年　　月　　日

粗集料筛分试验检测记录表(干筛法)

JGLQ02013a

试验室名称：　　　　　　　　　　　　　　　　　　　记录编号：

工程部位/用途			委托/任务编号	
试验依据			样品编号	
样品描述			样品名称	
试验条件			试验日期	
主要仪器及编号				
>9.5 mm 颗粒 含量计算	试样质量/g		>9.5 mm 颗粒质量/g	>9.5 mm 颗粒含量/%

干燥试样 总质量/g	第一组				第二组				平均累计 筛余/%
筛孔尺寸/mm	分计质 量/g	分计筛 余/%	累计筛 余/%	通过百 分率/%	分计质 量/g	分计筛 余/%	累计筛 余/%	通过百 分率/%	
筛后总质量/g									—
损耗/g									—
扣除损耗后 总质量/g									—
损耗率/%									—
细度模数	$M_{x_1} =$				$M_{x_2} =$		细度模数平均值 =		

备注：

试验：　　　　　　　　复核：　　　　　　　　日期：　　年　　月　　日

细集料表观密度试验检测记录表(容量瓶法)

JGLQ02014b

试验室名称：   记录编号：

工程部位/用途		委托/任务编号	
试验依据		样品编号	
样品名称		样品描述	
试验条件		试验日期	
主要仪器及编号			

试验次数	水温/℃	试样烘干质量/g	试样、水及容量瓶总质量/g	水及容量瓶总质量/g	表观密度/(g·cm⁻³)	平均表观密度/(g·cm⁻³)	平均表观相对密度

备注：

试验：   复核：   日期：   年   月   日

细集料堆积密度及紧装密度试验检测记录表

JGLQ02014c

试验室名称：　　　　　　　　　　　　　　　　　　　　　　　　记录编号：

工程部位/用途			委托/任务编号		
试验依据			样品编号		
样品名称			样品描述		
试验条件			试验日期		
主要仪器及编号					
砂的表观密度 /(g·cm^{-3})			容器筒和玻璃板总质量/g		
容器筒、玻璃板 和水总质量/g			容器筒容积/mL		
容器筒质量 /g	容器筒及堆积密度砂总质量 /g	容器筒及紧装密度砂总质量 /g	堆积密度 ρ/(g·cm^{-3})	紧装密度 ρ'/(g·cm^{-3})	平均堆积密度 /(g·cm^{-3})	平均紧装密度 /(g·cm^{-3})
堆积空隙率 /%			紧装空隙率/%		
备注：					

试验：　　　　　　　　　复核：　　　　　　　　　　日期：　　年　　月　　日

细集料含泥量试验检测记录表(筛洗法)

JGLQ02017

试验室名称： 记录编号：

工程部位/用途		委托/任务编号	
样品编号		样品名称	
样品描述		试验依据	
试验条件		试验日期	
主要仪器及编号			

试验次数	试验前烘干试样质量/g	试验后烘干试样质量/g	含泥量/%	平均含泥量/%

备注：

试验： 复核： 日期： 年 月 日

水泥细度、比表面积试验检测记录表

试验室名称：

记录编号：

工程部位/用途		委托/任务编号		样品编号	
样品名称		样品强度等级		样品描述	
试验依据		试验条件		试验日期	
主要仪器设备及编号					

水泥细度试验

试验方法	试验次数	筛析用试样质量/g	45 μm 筛余物质量/g	筛余百分数/%	修正系数	修正后筛余百分数/%	筛余百分数平均值/%
负压筛法	1						
	2						

比表面积

参数	试样密度 /(g·cm⁻³)	试料层体积 /cm³	空隙率	试样质量 /g	温度 /℃	液面降落时间 /s	空气黏度 /(Pa·s)	比表面积 /(m²·kg⁻¹)	平均值 /(m²·kg⁻¹)	规定值 /(m²·kg⁻¹)
标样										
试样 1										
试样 2										

备注：

试验：

复核：

日期：　　年　　月　　日

水泥标准稠度用水量、凝结时间、安定性试验检测记录表

JGLQ04003a
JGLQ04004
JGLQ04005a

试验室名称：   记录编号：

工程部位/用途		委托/任务编号	
样品编号		样品名称及强度等级	
样品描述		试验依据	
试验条件		试验日期	
主要仪器设备及编号			

水泥净浆标准稠度试验

试验方法	试验次数	水泥试样质量/g	加水量/mL	试杆距底板距离/mm	稠度/%	结果/%
标准法						

水泥凝结时间、安定性试验

凝结时间试验							安定性试验	
试样质量/g	用水量/g	开始加水泥时间	初凝		终凝		$C_1(\ )-A_1(\ )=$ $C_2(\ )-A_2(\ )=$ 平均值：规定值：≤5.0 mm	
			初凝时间	初凝/min	终凝时间	终凝/min		
							结论	

备注：

试验：   复核：   日期：   年   月   日

水泥胶砂强度试验检测记录表

JGLQ04006

试验室名称：   记录编号：

工程部位/用途			委托/任务编号		
样品编号			样品名称及强度等级		
样品描述			试验依据		
试验条件			试验日期		
主要仪器设备及编号					
养护条件				成型日期	

	龄期/d	试验日期	试件尺寸 /mm	破坏荷载 /kN	抗折强度测值 /MPa	抗折强度值 /MPa
抗折强度	3					
	28					

	龄期/d	试验日期	受压面积 /mm²	破坏荷载 /kN	抗压强度测值 /MPa	抗压强度值 /MPa
抗折强度	3					
	28					

备注：

试验：   复核：   日期：   年   月   日

水泥混凝土配合比设计试验检测记录表

试验室名称：

记录编号：

工程部位/用途		委托/任务编号		样品编号	
样品名称		样品描述		试验依据	
试验条件		试验日期			
主要仪器设备及编号					

设计条件

| 设计强度/MPa | 配制强度/MPa | 设计坍落度/mm | 3 d 抗折强度/MPa | 28 d 抗折强度/MPa | 3 d 抗压强度/MPa | 28 d 抗压强度/MPa |

用料说明

水泥	水泥品牌及强度等级			密度/(kg·m⁻³)		出厂日期	表观密度/(kg·m⁻³)	级配类型	拌制方法	试件尺寸/mm	成型方法	养护方式
细集料	类别	规格	产地				表观密度/(kg·m⁻³)	细度模数				
粗集料	类别	规格	产地				合成级配	规格	合成矿料表观密度/(kg·m⁻³)			
								比例/%				
外掺剂	种类	剂量/%					掺合料	种类				
								剂量/%		坍落度/mm		表观密度/(kg·m⁻³)

项目	水胶比	砂率/%	每立方米混凝土各材料单位用量/kg				
			水泥	水	细集料	粗集料	外掺剂 掺合料
初步配合比							
基准配合比							
检验强度配合比	Ⅰ						
	Ⅱ						
	Ⅲ						

表观密度/(kg·m⁻³) 计算 实测

备注：

试验：　　　　　　　　　　复核：　　　　　　　　　　日期：　　年　　月　　日

水泥混凝土配合比设计试验检测记录表

试验室名称：　　　　　　　　　　　　　　　　　　　　　　记录编号：

工程部位/用途			委托/任务编号		样品编号	
样品名称			样品描述		试验依据	
试验条件			试验日期			
主要仪器设备及编号						

水胶比	试件组号	试件编号	7 d 立方体抗压强度					28 d 立方体抗压强度				
			试验日期	破坏荷载/kN	抗压强度/MPa	换算系数	抗压强度/MPa	试验日期	破坏荷载/kN	抗压强度/MPa	换算系数	抗压强度/MPa

备注：

试验：　　　　　　　　　复核：　　　　　　　　　日期：　　年　　月　　日

63

水泥混凝土配合比设计试验检测记录表

试验室名称：　　　　　　　　　　　　　　　　　　　　　　　　　记录编号：

工程部位/用途		委托/任务编号		样品编号	
样品名称		样品描述		试验依据	
试验条件		试验日期			
主要仪器设备及编号					

确定实验室配合比

	水胶比	砂率/%	每立方米混凝土各材料单位用量/kg					坍落度/mm	表观密度/(kg·m⁻³)	
			水泥	粗集料	细集料	水	外掺剂	掺合料		计算	实测
满足强度要求的配合比											
试验室配合比											

备注：

试验：　　　　　　　　　　　　复核：　　　　　　　　　　　　日期：　　年　　月　　日

检 验 报 告

产品名称：_____

委托单位：_____

检验类别：_____

单位名称:××公路交通试验检测中心

报告日期:×××

注意事项

1. 报告无我单位"CMA章""资质证书专用章""试验检验专用章"和"骑缝章"无效。

2. 复制报告未重新加盖我单位检验专用章或检验单位公章无效。

3. 报告无主检、审核、批准人签字无效,报告涂改无效。

4. 对检测报告若有异议,应于收到报告之日起十五日内,向本单位提出,逾期不予受理。

5. 委托检验仅对样品负责。

6. 需要退还的样品及其包装物可在收到报告十五日内领取,逾期不领者视弃样处理。

7. 未经本单位书面批准,不得部分复印,本报告不得用于商品广告。

地址:×××
电话:×××
传真:×××
电子信箱:×××
邮编:×××

××公路交通试验检测中心检验报告

报告编号：

产品名称		抽样地点	
受检单位		商标	
生产单位		产品号	
委托单位		样品批次	
规格型号		样品等级	
检验类别		样品数量	
检验依据		抽样基数	
检验项目		委托日期	
产品描述		抽样人员	
主要仪器设备			
检验结论			
试验环境			
批准人		审核人	
主检人			
备注	本报告空白处用"—"表示		
录入		校对	打印日期

报告续页

BGLQ02001F

试验室名称：　　　　　　　　　　　　　　　　　　　报告编号：

委托/施工单位		委托编号	
工程名称		工程部位/用途	
样品编号		样品名称	
样品描述		样品产地	
试验依据		判定依据	
主要仪器设备及编号			

序号	检测项目	技术指标	检测结果	结果判定
1	含泥量/%			
2	泥块含量/%			
3	针、片状颗粒含量/%			
4	压碎值/%			
5	有机物含量判定			
6	密度试验结果			

表观密度/(kg·m^{-3})		表观相对密度	
表干密度/(kg·m^{-3}))		表干相对密度	
毛体积密度/(kg·m^{-3})		毛体积相对密度	
吸水率/%		松散堆积密度/(kg·m^{-3})	
振实密度/(kg·m^{-3})		空隙率/%	

7	颗粒级配试验结果							
筛孔尺寸/mm								
标准累计筛余/%								
实际累计筛余/%								
符合粒级				最大粒径/mm				

检测结论：

备注：

试验：　　　　审核：　　　　签发：　　　　日期：　　年　月　日

报告续页

BGLQ02001F

试验室名称：　　　　　　　　　　　　　　　　　　　　报告编号：

委托/施工单位		委托编号	
工程名称		工程部位/用途	
样品编号		样品名称	
样品描述		样品产地	
试验依据		判定依据	
主要仪器设备及编号			

序号	检测项目	技术指标	检测结果	结果判定
1	含泥量/%			
2	泥块含量/%			
3	针、片状颗粒含量/%			
4	压碎值/%			
5	有机物含量判定			
6	密度试验结果			

表观密度/(kg·m^{-3})		表观相对密度	
表干密度/(kg·m^{-3})		表干相对密度	
毛体积密度/(kg·m^{-3})		毛体积相对密度	
吸水率/%		松散堆积密度/(kg·m^{-3})	
振实密度/(kg·m^{-3})		空隙率/%	

7	颗粒级配试验结果					
筛孔尺寸/mm						
标准累计筛余/%						
实际累计筛余/%						
符合粒级			最大粒径/mm			

　

检测结论：

备注：

试验：　　　　　审核：　　　　　签发：　　　　　日期：　　年　　月　　日

报告续页

BGLQ05001F

试验室名称：　　　　　　　　　　　　　　　　　　　　报告编号：

委托/施工单位		委托编号	
工程名称		工程部位/用途	
样品编号		样品名称	
样品描述		样品产地	
试验依据		判定依据	
主要仪器设备及编号			

材料名称	配合比例/%	筛孔尺寸/mm											
		26.5	19	16	13.2	9.5	4.75	2.36	1.18	0.6	0.3	0.15	0.075
		累计筛余/%											
合成级配													
规定累计筛余/%													

检测结论：

备注：

试验：　　　　　　审核：　　　　　　签发：　　　　　　日期：　　　年　　月　　日

报告续页

BGLQ02001F

试验室名称：　　　　　　　　　　　　　　　　　　　　　报告编号：

委托/施工单位		委托编号	
工程名称		工程部位/用途	
样品编号		样品名称	
样品描述		样品产地	
试验依据		判定依据	
主要仪器设备及编号			

序号	检测项目	技术指标	检测结果	结果判定
1	含泥量/%			
2	泥块含量/%			
3	针、片状颗粒含量/%			
4	压碎值/%			
5	有机物含量判定			
6	密度试验结果			

表观密度/(kg·m⁻³)		表观相对密度	
表干密度/(kg·m⁻³))		表干相对密度	
毛体积密度/(kg·m⁻³)		毛体积相对密度	
吸水率/%		松散堆积密度/(kg·m⁻³)	
振实密度/(kg·m⁻³)		空隙率/%	

7	颗粒级配试验结果							
筛孔尺寸/mm								
标准累计筛余/%								
实际累计筛余/%								
符合粒级				最大粒径/mm				

检测结论：

备注：

试验：　　　　审核：　　　　签发：　　　　　　　　　日期：　　年　　月　　日

报告续页

BGLQ02003F

试验室名称：   报告编号：

委托/施工单位		委托编号	
工程名称		工程部位/用途	
样品编号		样品名称	
样品描述		样品产地	
试验依据		判定依据	
主要仪器设备及编号			

序号	检测项目		技术指标	检测结果	结果判定
1	含泥量/%				
2	泥块含量/%				
3	含水率/%				
4	砂当量/%				
5	云母含量/%				
6	膨胀率/%				
7	坚固性指标/%				
8	三氧化硫含量/%				
9	棱角性试验	间隙率/%			
10		流动时间/s			
11	亚甲蓝值/%				
12	压碎指标值/%				
13	有机质含量判定				
14	密度试验结果				

表观密度/(kg·m⁻³)		表观相对密度	
表干密度/(kg·m⁻³)		表干相对密度	
毛体积密度/(kg·m⁻³)		毛体积相对密度	
松散堆积密度/(kg·m⁻³)		吸水率/%	
紧密密度/(kg·m⁻³)		空隙率/%	

15	颗粒级配试验结果				

筛孔尺寸 /mm	累计筛余值/%		试验结果		
	标准规定	试验结果			
9.5			级配区属		
4.75					
2.36					
1.18			细度模数		
0.6					
0.3					
0.15			粗细程度		
<0.15					

检测结论：

备注：

试验：   审核：   签发：   日期：   年   月   日

报告续页

BGLQ04001F

试验室名称：   报告编号：

委托/施工单位		委托编号	
工程名称		工程部位/用途	
样品编号		样品名称	
样品描述		样品产地	
试验依据		判定依据	
主要仪器设备及编号			

序号	检测项目		技术指标	检测结果	结果判定
1	细度/%				
2	密度/$(kg \cdot m^{-3})$				
3	比表面积/$(m^2 \cdot kg^{-1})$				
4	标准稠度用水量/%				
5	凝结时间/min	初凝			
		终凝			
6	安定性				
7	胶砂流动度/mm				
8	抗折强度/MPa				
	抗压强度/MPa				
9	烧失量/%				

检测结论：

备注：

试验：   审核：   签发：   日期：   年   月   日

报告续页

试验室名称：

报告编号：

委托/施工单位		委托编号		工程名称	
工程部位/用途		样品编号		样品名称	
样品描述		试验依据		判定依据	
主要仪器设备及编号					

设计条件	混凝土种类						搅拌方式		养护条件	
	设计强度/MPa	配制强度/MPa	强度等级/MPa		级配类型		成型方法		试件尺寸/mm
		密度/(kg·m⁻³)	设计坍落度/mm					

密度/(kg·m⁻³) → $/(kg \cdot m^{-3})$

	3 d 抗折强度/MPa	28 d 抗折强度/MPa	3 d 抗压强度/MPa	28 d 抗压强度/MPa

用料说明	水泥	水泥品牌及强度等级	产地	出厂日期			
	细集料	类别	表观密度/(kg·m⁻³)	细度模数			
	粗集料	类别	规格	产地	表观密度/(kg·m⁻³)	合成级配	合成矿料表观密度/(kg·m⁻³)
					规格	比例/%	
	外掺剂	种类	掺合料	剂量/%	比例/%	剂量/%	

| 实验室配合比 | 水胶比 | 每立方米混凝土各材料单位用量/kg | | | | 质量配合比 | | | | |
| | | 水泥 | 细集料 | 粗集料 | 水 | 外掺剂 | 掺合料 | 水泥 | 细集料 | 粗集料 | 水 | 外掺剂 | 掺合料 |

坍落度/mm

备注：

检测结论：

试验：　　　　　　审核：　　　　　　签发：

日期：　　年　　月　　日

二、实训总结

项目 3　水泥稳定级配碎石配合比设计

一、试验检测记录、检测报告

粗集料筛分试验检测记录表(水洗法)

JGLQ02001b

试验室名称: 　　　　　　　　　　　　　　　　　　　　记录编号:

工程部位/用途		委托/任务编号	
试验依据		样品编号	
样品名称		样品描述	
试验条件		试验日期	
主要仪器及编号			

	第一组				第二组				平均值
干燥试样总质量/g									
水洗后筛上总质量/g									
水洗后0.075 mm筛下质量/g									
0.075 mm通过率/%									

	筛孔尺寸/mm	筛上质量/g	分计筛余/%	累计筛余/%	通过百分率/%	筛上质量/g	分计筛余/%	累计筛余/%	通过百分率/%	平均通过百分率/%
水洗后干筛法筛分	31.5									
	26.5									
	19									
	16									
	13.2									
	9.5									
	4.75									
	2.36									
	1.18									
	0.6									
	0.3									
	0.15									
	0.075									
	底盘									
干筛后总质量/g									—
损耗/g									—
损耗率/%									—
扣除损耗后总质量/g									—

备注:

试验: 　　　　　　　复核: 　　　　　　　日期: 　 年 　 月 　 日

粗集料筛分试验检测记录表(水洗法)

JGLQ02001b

试验室名称：　　　　　　　　　　　　　　　　　　记录编号：

工程部位/用途				委托/任务编号				
试验依据				样品编号				
样品名称				样品描述				
试验条件				试验日期				
主要仪器及编号								

	第一组				第二组			平均值
干燥试样总质量/g								
水洗后筛上总质量/g								
水洗后0.075 mm筛下质量/g								
0.075 mm通过率/%								

	筛孔尺寸/mm	筛上质量/g	分计筛余/%	累计筛余/%	通过百分率/%	筛上质量/g	分计筛余/%	累计筛余/%	通过百分率/%	平均通过百分率/%
水洗后干筛法筛分	31.5									
	26.5									
	19									
	16									
	13.2									
	9.5									
	4.75									
	2.36									
	1.18									
	0.6									
	0.3									
	0.15									
	0.075									
	底盘									
干筛后总质量/g									—
损耗/g									—
损耗率/%									—
扣除损耗后总质量/g									—

备注：

试验：　　　　　　　　　复核：　　　　　　　　日期：　　年　　月　　日

粗集料筛分试验检测记录表(水洗法)

JGLQ02001b

试验室名称：　　　　　　　　　　　　　　　　　　　记录编号：

工程部位/用途		委托/任务编号	
试验依据		样品编号	
样品名称		样品描述	
试验条件		试验日期	
主要仪器及编号			

	第一组		第二组		平均值
干燥试样总质量/g					
水洗后筛上总质量/g					
水洗后 0.075 mm 筛下质量/g					
0.075 mm 通过率/%					

	筛孔尺寸/mm	筛上质量/g	分计筛余/%	累计筛余/%	通过百分率/%	筛上质量/g	分计筛余/%	累计筛余/%	通过百分率/%	平均通过百分率/%
水洗后干筛法筛分	31.5									
	26.5									
	19									
	16									
	13.2									
	9.5									
	4.75									
	2.36									
	1.18									
	0.6									
	0.3									
	0.15									
	0.075									
	底盘									
干筛后总质量/g										—
损耗/g										—
损耗率/%										—
扣除损耗后总质量/g										—

备注：

试验：　　　　　　　　　　复核：　　　　　　　　　日期：　　　年　　月　　日

粗集料压碎值试验检测记录表

JGLQ02009

试验室名称：　　　　　　　　　　　　　　　　　　　　　记录编号：

工程部位/用途		委托/任务编号	
试验依据		样品编号	
样品名称		样品描述	
试验条件		试验日期	
主要仪器及编号			

金属筒中石料数量/g						
试验次数	试验前试样质量/g	2.36 mm 筛上质量/g	2.36 mm 筛下质量/g	损耗率/%	压碎值单值/%	压碎值测定值/%

备注：

试验：　　　　　　　　复核：　　　　　　　　日期：　　年　月　日

粗集料压碎值试验检测记录表

JGLQ02009

试验室名称：   记录编号：

工程部位/用途		委托/任务编号	
试验依据		样品编号	
样品名称		样品描述	
试验条件		试验日期	
主要仪器及编号			
金属筒中石料数量/g			

试验次数	试验前试样质量/g	2.36 mm 筛上质量/g	2.36 mm 筛下质量/g	损耗率/%	压碎值单值/%	压碎值测定值/%

备注：

试验：   复核：   日期：   年   月   日

粗集料针、片状颗粒含量试验检测记录表（游标卡尺法）

JGLQ02007b

试验室名称：

工程部位/用途		委托/任务编号		试验依据	
样品编号		样品名称		样品规格	
样品描述		试验条件		试验日期	
主要仪器及编号					
试样编号	试验用集料质量 /g	扁平细长比例大于 3 的 针、片状颗粒质量/g	针、片状颗粒含量 /%	试验用集料质量 /g	扁平细长比例大于 3 的 针、片状颗粒质量/g	针、片状颗粒含量 /%	针、片状颗粒平均含量 /%
集料种类					
混合料					
粒径大于 9.5 mm					
粒径小于 9.5 mm					
备注：					

试验：　　　　　　　　　　　　　复核：　　　　　　　　　　　　　日期：　　年　月　日

粗集料针、片状颗粒含量试验检测记录表（游标卡尺法）

试验室名称：　　　　　　　　　　　　　　　　　　　　　记录编号：

工程部位/用途		委托/任务编号		试验依据	
样品编号		样品名称		样品规格	
样品描述		试验条件		试验日期	
主要仪器及编号					

试样编号	试验用集料质量 /g	扁平细长比例大于 3 的 针、片状颗粒质量/g	针、片状颗粒含量 /%	试验用集料质量 /g	扁平细长比例大于 3 的 针、片状颗粒质量/g	针、片状颗粒含量 /%	针、片状颗 粒平均含量 /%
集料种类							
混合料							
粒径大于 9.5 mm							
粒径小于 9.5 mm							

备注：

试验：　　　　　　　　　　　　　　复核：　　　　　　　　　　　　　　日期：　　　年　　月　　日

粗集料针、片状颗粒含量试验检测记录表（游标卡尺法）

试验室名称：　　　　　　　　　　　　　　　　　　　　　　记录编号：

工程部位/用途		委托/任务编号		试验依据	
样品编号		样品名称		样品规格	
样品描述		试验条件		试验日期	
主要仪器及编号					

试样编号	试验用集料质量 /g	扁平细长比例大于 3 的针、片状颗粒质量/g	针、片状颗粒含量 /%	试验用集料质量 /g	扁平细长比例大于 3 的针、片状颗粒质量/g	针、片状颗粒含量 /%	针、片状颗粒平均含量 /%
集料种类							
混合料							
粒径大于 9.5 mm							
粒径小于 9.5 mm							

备注：

试验：　　　　　　　　　　　　　复核：　　　　　　　　　　　　　日期：　　　年　　月　　日

粗集料含泥量及泥块含量试验检测记录表

JGLQ02005

试验室名称：   记录编号：

工程部位/用途		委托/任务编号	
样品编号		样品名称	
样品描述		试验依据	
试验条件		试验日期	
主要仪器及编号			

含泥量	试验前烘干试样质量/g	试验后烘干试样质量/g	含泥量/%	平均含泥量/%	

泥块含量	试验前烘干试样质量/g	4.75 mm 筛余量/g	试验后烘干试样质量/g	泥块含量/%	平均泥块含量/%

备注：

试验：   复核：   日期：   年   月   日

粗集料含泥量及泥块含量试验检测记录表

JGLQ02005

试验室名称：　　　　　　　　　　　　　　　　　　　　　记录编号：

工程部位/用途		委托/任务编号		
样品编号		样品名称		
样品描述		试验依据		
试验条件		试验日期		
主要仪器及编号				
含泥量	试验前烘干试样质量/g	试验后烘干试样质量/g	含泥量/%	平均含泥量/%
泥块含量	试验前烘干试样质量/g	4.75 mm 筛余量/g	试验后烘干试样质量/g	泥块含量/%	平均泥块含量/%
备注：					

试验：　　　　　　　　　　复核：　　　　　　　　　　日期：　　年　　月　　日

粗集料含泥量及泥块含量试验检测记录表

JGLQ02005

试验室名称：   记录编号：

工程部位/用途		委托/任务编号	
样品编号		样品名称	
样品描述		试验依据	
试验条件		试验日期	
主要仪器及编号			

含泥量	试验前烘干试样质量/g	试验后烘干试样质量/g	含泥量/%	平均含泥量/%

	试验前烘干试样质量/g	4.75 mm 筛余量/g	试验后烘干试样质量/g	泥块含量/%	平均泥块含量/%
泥块含量					

备注：

试验：   复核：   日期：   年   月   日

细集料筛分试验检测记录表(水洗法)

JGLQ02013b

试验室名称：　　　　　　　　　　　　　　　　　　　　记录编号：

工程部位/用途		委托/任务编号	
样品编号		样品名称	
样品描述		试验依据	
试验条件		试验日期	
主要仪器及编号			

试验次数	水洗前烘干试样总质量/g	水洗后烘干试样总质量/g	集料中小于0.075 mm的颗粒含量/%	
			单值	平均值
1				
2				

干燥试样总质量/g	第一组				第二组				平均通过百分率/%
筛孔尺寸/mm	分计质量/g	分计筛余/%	累计筛余/%	通过百分率/%	分计质量/g	分计筛余/%	累计筛余/%	通过百分率/%	
干筛后总质量/g									
损耗/g									
扣除损耗后总质量/g									
损耗率/%									
细度模数	$Mx_1 =$			$Mx_2 =$			细度模数平均值=		
备注：									

试验：　　　　　　　　复核：　　　　　　　　日期：　　年　　月　　日

土的界限含水率试验检测记录表（液塑限联合测定仪法）

试验室名称：　　　　　　　　　　　　　　　　　　　　　　　记录编号：

工程部位/用途		委托/任务编号	
样品名称		样品描述	
试验条件		试验日期	
主要仪器及编号			

样品编号　　　　　　试验依据

试验次数		1	2	3
入土深度 /mm	h_1			
	h_2			
	$(h_1+h_2)/2$			
含水率 /%	盒号	1　　2	3　　4	5　　6
	盒质量/g			
	盒+湿土质量/g			
	盒+干土质量/g			
	水分质量/g			
	干土质量/g			
	含水率/%			
	平均含水率/%			
塑限入土深度 h_p		细粒土 $h_p = \omega_L/(0.524\omega_L - 7.606) =$		
		砂类土 $h_p = 29.6 - 1.22\omega_L + 0.017\omega_L^2 - 0.000\,074\,4\omega_L^3$		

液限 $\omega_L =$　　　/%（$h = 20$ mm 时）

塑限 $\omega_P =$　　　/%（$h = h_p$ 时）

塑性指数 $I_P = \omega_L - \omega_P =$

土的工程分类：　　　　　　土的名称：

备注

试验：　　　　　　　复核：　　　　　　　日期：　　　年　　月　　日

矿质混合料配合比设计试验检测记录表

试验室名称：　　　　　　　　　　　　　　　　　　　　　　　　　　记录编号：

工程部位/用途		委托/任务编号		样品编号	
样品名称		样品描述		试验依据	
试验条件		试验日期			
主要仪器设备及编号					

材料名称	配合比/%	筛孔尺寸/mm											
		通过百分率/%											
合成级配													
规定通过百分率/%													

备注：

试验：　　　　　　　　　　复核：　　　　　　　　　　日期：　　　年　　月　　日

矿质混合料配合比设计试验检测记录表

试验室名称：

记录编号：

工程部位/用途	委托/任务编号		样品编号	
样品名称	样品描述		试验依据	
试验条件	试验日期			
主要仪器设备及编号				
图解法计算图			矿料级配检验图	

备注：

试验：   复核：

日期：   年   月   日

水泥细度、比表面积试验检测记录表

试验室名称：　　　　　　　　　　　　　　　　　　　　　　　记录编号：

工程部位/用途			委托/任务编号			样品编号	
样品名称			样品强度等级			样品描述	
试验依据			试验条件			试验日期	

主要仪器设备及编号

水泥细度试验

试验方法	试验次数	筛析用试样质量/g	45μm筛余物质量/g	筛余百分数/%	修正系数	修正后筛余百分数/%	筛余百分数平均值/%
负压筛法	1						
	2						

参数	试样密度 /(g·cm⁻³)	试料层体积 /cm³	空隙率	试样质量 /g	温度 /℃	液面降落时间 /s	空气黏度 /(Pa·s)	比表面积 /(m²·kg⁻¹)	平均值 /(m²·kg⁻¹)	规定值 /(m²·kg⁻¹)
比表面积 标样										
试样1										
试样2										

备注：

试验：　　　　　　　　　　　　复核：　　　　　　　　　　　　日期：　　　年　　月　　日

92

水泥标准稠度用水量、凝结时间、安定性试验检测记录表

JGLQ04003a
JGLQ04004
JGLQ04005a

试验室名称：　　　　　　　　　　　　　　　　　　　　　　　　记录编号：

工程部位/用途		委托/任务编号	
样品编号		样品名称及强度等级	
样品描述		试验依据	
试验条件		试验日期	
主要仪器设备及编号			

水泥净浆标准稠度试验

试验方法	试验次数	水泥试样质量/g	加水量/mL	试杆距底板距离/mm	稠度/%	结果/%
标准法						

水泥凝结时间、安定性试验

凝结时间试验							安定性试验
试样质量/g	用水量/g	开始加水泥时间	初凝		终凝		$C_1(\ )-A_1(\ )=$ $C_2(\ )-A_2(\ )=$ 平均值： 规定值：≤5.0mm
			初凝时间	初凝/min	终凝时间	终凝/min	
							结论

备注：

试验：　　　　　　　　　复核：　　　　　　　　　日期：　　年　　月　　日

水泥胶砂强度试验检测记录表

JGLQ04006

试验室名称：   记录编号：

工程部位/用途		委托/任务编号	
样品编号		样品名称及强度等级	
样品描述		试验依据	
试验条件		试验日期	
主要仪器设备及编号			
养护条件		成型日期	

	龄期/d	试验日期	试件尺寸/mm	破坏荷载/kN	抗折强度测值/MPa	抗折强度值/MPa
抗折强度	3					
	28					

	龄期/d	试验日期	受压面积/mm²	破坏荷载/kN	抗折强度测值/MPa	抗折强度值/MPa
抗折强度	3					
	28					

备注：

试验：   复核：   日期：   年   月   日

无机结合料稳定材料击实试验检测记录表

试验室名称：　　　　　　　　　　　　　　　　　　　　　　　　记录编号：

工程部位/用途			委托/任务编号		样品编号				
样品名称			样品描述		试验依据				
试验条件			试验日期						
主要仪器设备及编号									
混合料比例			材料名称规格						
筒容积/cm³			产地						
	试验次数	1	2	3	4	5			
干密度	筒+湿样质量/g								
	筒质量/g								
	湿密度/（g·cm⁻³）								
	干密度/（g·cm⁻³）								
含水率	盒号								
	盒质量/g								
	盒+湿样质量/g								
	盒+干样质量/g								
	含水率/%								
	平均含水率/%								

备注：

试验：　　　　　　　　　　　　　　复核：　　　　　　　　　　　　　日期：　　年　　月　　日

试验室名称：　　　　　　　　　　　　　　　　　　记录编号：

无机结合料稳定材料击实试验检测记录表

工程部位/用途		委托/任务编号		样品编号	
样品名称		样品描述		试验依据	
试验条件		试验日期			
主要仪器设备及编号					
混合料比例		材料名称规格			
筒容积/cm³		产地			

干密度	试验次数	1	2	3	4	5
	筒+湿样质量/g					
	筒质量/g					
	湿密度/(g·cm⁻³)					
	干密度/(g·cm⁻³)					
含水率	盒号					
	盒质量/g					
	盒+湿样质量/g					
	盒+干样质量/g					
	含水率/%					
	平均含水率/%					

备注：

试验：　　　　　　　　　　复核：　　　　　　　　　　日期：

　　　　　　　　　　　　　　　　　　　　　　　　　　年　　月　　日

JGLQ09005a

无机结合料稳定材料击实试验检测记录表

试验室名称：

工程部位/用途				委托/任务编号				样品编号	
样品名称				样品描述				试验依据	
试验条件				试验日期					
主要仪器设备及编号									
混合料比例				材料名称规格					
筒容积/cm³				产地					

	试验次数	1	2	3	4	5
干密度	筒+湿样质量/g					
	筒质量/g					
	湿密度/（g·cm⁻³）					
	干密度/（g·cm⁻³）					
含水率	盒号					
	盒质量/g					
	盒+湿样质量/g					
	盒+干样质量/g					
	含水率/%					
	平均含水率/%					

备注：

试验：　　　　　　　　　　　　复核：　　　　　　　　　　　　日期：　　年　　月　　日

无机结合料稳定材料击实试验检测记录表

试验室名称：

记录编号：

工程部位/用途		委托/任务编号		样品编号	
样品名称		样品描述		试验依据	
试验条件		试验日期			
主要仪器设备及编号					
混合料比例		材料名称规格			
筒容积/cm³		产地			

	试验次数	1	2	3	4	5
干密度	筒+湿样质量/g					
	筒质量/g					
	湿密度/(g·cm⁻³)					
	干密度/(g·cm⁻³)					
含水率	盒号					
	盒质量/g					
	盒+湿样质量/g					
	盒+干样质量/g					
	含水率/%					
	平均含水率/%					

备注：

试验：

复核：

日期：　　年　　月　　日

无机结合料稳定材料击实试验检测记录表

试验室名称：　　　　　　　　　　记录编号：

工程部位/用途		委托/任务编号		样品编号	
样品名称		样品描述		试验依据	
试验条件		试验日期			
主要仪器设备及编号					
混合料比例		材料名称规格			

筒容积/cm³					
	试验次数	1	2	3	4	5

干密度	筒+湿样质量/g					
	筒质量/g					
	湿密度/(g·cm⁻³)					
	干密度/(g·cm⁻³)					

含水率	盒号					
	盒质量/g					
	盒+湿样质量/g					
	盒+干样质量/g					
	含水率/%					
	平均含水率/%					

备注：

试验：　　　　　复核：　　　　　日期： 年 月 日

99

无机结合料稳定材料无侧限抗压强度试验检测记录表

试验室名称：

记录编号：

工程部位/用途		委托/任务编号		样品编号	
样品名称		样品描述		试验依据	
试验条件		试验日期			
主要仪器设备及编号					
矿质混合料比例					

编号	材料名称及规格			成型压实度/%		设计强度/MPa	
	产地					成型日期	
	试验前测定		龄期 /d	破坏荷载 /N	抗压强度 /MPa	试压日期	
	试件质量/g	试件高度/mm				平均值 /MPa	代表值/MPa
	成型后测定						
	试件质量/g	试件高度/mm					
成型时干密度/(g·cm⁻³)							
成型时含水率/%							

备注：

试验：　　　　　　　　　复核：　　　　　　　　　日期：　　年　月　日

无机结合料稳定材料无侧限抗压强度试验检测记录表

试验室名称：　　　　　　　　　　　　　　　　　　　　　　　　　记录编号：

工程部位/用途		委托/任务编号		样品编号	
样品名称		样品描述		试验依据	
试验条件		试验日期			
主要仪器设备及编号					
矿质混合料比例		灰剂量/%		设计强度/MPa	
成型时干密度/(g·cm⁻³)		成型压实度/%		成型日期	
成型时含水率/%				试压日期	

编号	材料名称及规格	产地	成型后测定		饱水前测定		饱水后测定		龄期 /d	破坏荷载 /N	抗压强度 /MPa	平均值 /MPa	代表值/MPa
			试件质量/g	试件高度/mm	试件质量/g	试件高度/mm	试件质量/g	试件高度/mm					

备注：

试验：　　　　　　　　　　　复核：　　　　　　　　　　　日期：　　　年　　月　　日

无机结合料稳定材料无侧限抗压强度试验检测记录表

试验室名称:

委托/任务编号:　　　　　　　　记录编号:

工程部位/用途		样品编号	
样品名称		样品描述	试验依据
试验条件		试验日期	
主要仪器设备及编号			
矿质混合料比例		灰剂量/%		设计强度/MPa	
成型时干密度/(g·cm⁻³)		成型压实度/%		成型日期	
成型时含水率/%				试压日期	

编号	成型后测定		饱水前测定		饱水后测定		龄期	破坏荷载	抗压强度	平均值	代表值/MPa
	试件质量/g	试件高度/mm	试件质量/g	试件高度/mm	试件质量/g	试件高度/mm	/d	/N	/MPa	/MPa	

备注:

试验:　　　　　　　　复核:　　　　　　　　日期:　　年　　月　　日

无机结合料稳定材料无侧限抗压强度试验检测记录表

试验室名称：　　　　　　　　　　　　　　　　　　　　　　　　　　　　　　　　　　　　　　记录编号：

工程部位/用途				委托/任务编号		样品编号	
样品名称				样品描述		试验依据	
试验条件				试验日期			
主要仪器设备及编号							
矿质混合料比例			灰剂量/%		成型压实度/%		设计强度/MPa	
成型时干密度/(g·cm⁻³)			材料名称及规格				成型日期	
成型时含水率/%			产地				试压日期	
编号	成型后测定		饱水前测定		饱水后测定		龄期	破坏荷载	抗压强度	平均值	代表值/MPa
	试件质量/g	试件高度/mm	试件质量/g	试件高度/mm	试件质量/g	试件高度/mm	/d	/N	/MPa	/MPa	

备注：

试验：　　　　　　　　　　　　　　复核：　　　　　　　　　　　　　　日期：　　　年　　月　　日

无机结合料稳定材料无侧限抗压强度试验检测记录表

试验室名称：　　　　　　　　　　　　　　　　　　　　　　　　　　　　　　　记录编号：

工程部位/用途					委托/任务编号					样品编号				
样品名称					样品描述					试验依据				
试验条件					试验日期									
主要仪器设备及编号														
矿质混合料比例					灰剂量/%			成型压实度/%		设计强度/MPa				
成型时干密度/(g·cm⁻³)				材料名称及规格								成型日期		
成型时含水率/%				产地								试压日期		
编号	成型后测定		饱水前测定		饱水后测定		龄期	破坏荷载	抗压强度	平均值	代表值/MPa
	试件质量/g	试件高度/mm	试件质量/g	试件高度/mm	试件质量/g	试件高度/mm	/d	/N	/MPa	/MPa	

备注：

试验：　　　　　　　　　　　　　　复核：　　　　　　　　　　　　　　日期：　　　年　月　日

检 验 报 告

产品名称：_____

委托单位：_____

检验类别：_____

单位名称:××公路交通试验检测中心

报告日期:×××

注意事项

1. 报告无我单位"CMA 章""资质证书专用章""试验检验专用章"和"骑缝章"无效。

2. 复制报告未重新加盖我单位检验专用章或检验单位公章无效。

3. 报告无主检、审核、批准人签字无效,报告涂改无效。

4. 对检测报告若有异议,应于收到报告之日起十五日内,向本单位提出,逾期不予受理。

5. 委托检验仅对样品负责。

6. 需要退还的样品及其包装物可在收到报告十五日内领取,逾期不领者视弃样处理。

7. 未经本单位书面批准,不得部分复印,本报告不得用于商品广告。

地址:×××
电话:×××
传真:×××
电子信箱:×××
邮编:×××

××公路交通试验检测中心检验报告

报告编号：

产品名称		抽样地点	
受检单位		商标	
生产单位		产品号	
委托单位		样品批次	
规格型号		样品等级	
检验类别		样品数量	
检验依据		抽样基数	
检验项目		委托日期	
产品描述		抽样人员	
主要 仪器设备			
检验结论			
试验环境			
批准人		审核人	
主检人			
备注	本报告空白处用"—"表示		
录入		校对		打印日期	

107

报告续页

BGLQ02005F

试验室名称： 报告编号：

委托/施工单位		委托编号	
工程名称		工程部位/用途	
样品编号		样品名称	
样品描述		样品产地	
试验依据		判定依据	
主要仪器设备及编号			

序号	检测项目	技术指标	检测结果	结果判定
1	压碎值/%			
2	针、片状颗粒含量/%			
3	0.075 mm 以下粉尘含量/%			
4	软石含量			
5	颗粒级配试验结果			

筛孔尺寸/mm	实测值/%	规范值/%	

检测结论：

备注：

试验： 审核： 签发： 日期： 年 月 日

报告续页

试验室名称：　　　　　　　　　　　　　　　　　　　　　报告编号：

委托/施工单位		委托编号	
工程名称		工程部位/用途	
样品编号		样品名称	
样品描述		样品产地	
试验依据		判定依据	
主要仪器设备及编号			

序号	检测项目	技术指标	检测结果	结果判定
1	压碎值/%			
2	针、片状颗粒含量/%			
3	0.075 mm 以下粉尘含量/%			
4	软石含量			
5	颗粒级配试验结果			

筛孔尺寸/mm	实测值/%	规范值/%	

检测结论：

备注：

试验：　　　审核：　　　签发：　　　　　　　　　　　　日期：　　年　　月　　日

报告续页

BGLQ02005F

试验室名称：   报告编号：

委托/施工单位		委托编号	
工程名称		工程部位/用途	
样品编号		样品名称	
样品描述		样品产地	
试验依据		判定依据	
主要仪器设备及编号			

序号	检测项目	技术指标	检测结果	结果判定
1	压碎值/%			
2	针、片状颗粒含量/%			
3	0.075 mm 以下粉尘含量/%			
4	软石含量			
5	颗粒级配试验结果			

筛孔尺寸/mm	实测值/%	规范值/%	

检测结论：

备注：

试验：   审核：   签发：   日期：   年   月   日

报告续页

BGLQ02006F

试验室名称：　　　　　　　　　　　　　　　　　　　报告编号：

委托/施工单位		委托编号	
工程名称		工程部位/用途	
样品编号		样品名称	
样品描述		样品产地	
试验依据		判定依据	
主要仪器设备及编号			

序号	检测项目	技术指标	检测结果	结果判定
1	塑性指数			
2	有机质含量/%			
3	硫酸盐含量/%			
4	颗粒分析试验结果			

筛孔尺寸/mm	实测值/%	规范值/%	

检测结论：

备注：

试验：　　　　审核：　　　　签发：　　　　　　　日期：　　年　月　日

报告续页

试验室名称：   报告编号：

委托/施工单位		委托编号	
工程名称		工程部位/用途	
样品编号		样品名称	
样品描述		样品产地	
试验依据		判定依据	
主要仪器设备及编号			

材料名称	配合比例/%	筛孔尺寸/mm											
		26.5	19	16	13.2	9.5	4.75	2.36	1.18	0.6	0.3	0.15	0.075
		通过百分率/%											
合成级配													
规定通过百分率/%													

检测结论：

备注：

试验：   审核：   签发：   日期：   年   月   日

报告续页

试验室名称：　　　　　　　　　　　　　　　　　　　报告编号：

委托/施工单位		委托编号	
工程名称		工程部位/用途	
样品编号		样品名称	
样品描述		样品产地	
试验依据		判定依据	
主要仪器设备及编号			

序号	检测项目		技术指标	检测结果	结果判定
1	细度/%				
2	密度/$(kg \cdot m^{-3})$				
3	比表面积/$(m^2 \cdot kg^{-1})$				
4	标准稠度用水量/%				
5	凝结时间/min	初凝			
		终凝			
6	安定性				
7	胶砂流动度/mm				
8	抗折强度/MPa				
	抗压强度/MPa				
9	烧失量/%				

检测结论：

备注：

试验：　　　　　审核：　　　　　签发：　　　　　日期：　　年　　月　　日

报告续页

试验室名称：

报告编号：

委托/施工单位		委托编号		工程名称	
工程部位/用途		样品编号		样品名称	
样品描述		试验依据		判定依据	

主要仪器设备及编号

组号	试验次数	平均含水率/%	干密度/(g·cm⁻³)		
			1		2

检测结论：

备注：

试验： 审核： 签发：

日期： 年 月 日

报告续页

试验室名称：

报告编号：

委托/施工单位		工程名称	
工程部位/用途		样品名称	
样品描述		样品编号	
		判定依据	
主要仪器设备及编号		试验依据	

组号	试验次数	平均含水率/%	干密度/$(g \cdot cm^{-3})$							
									1	2

备注：

检测结论：

试验：　　　　　　审核：　　　　　　签发：　　　　　　日期：　　年　月　日

报告续页

试验室名称：

报告编号：

委托/施工单位		委托编号		工程名称	
工程部位/用途		样品编号		样品名称	
样品描述		试验依据		判定依据	
主要仪器设备及编号					

组号	试验次数	平均含水率/%	干密度/$(g \cdot cm^{-3})$		1	2

检测结论：

备注：

试验：　　　　　审核：　　　　　签发：　　　　　日期：　　　年　月　日

报告续页

试验室名称：

报告编号：

委托/施工单位		委托编号		工程名称	
工程部位/用途		样品编号		样品名称	
样品描述		试验依据		判定依据	
主要仪器设备及编号					

组号	试验次数	平均含水率/%	干密度/$(g \cdot cm^{-3})$		1	2

检测结论：

备注：

试验：　　　　　　　审核：　　　　　　　签发：　　　　　　　日期：　　年　　月　　日

报告续页

试验室名称：

报告编号：

委托/施工单位		委托编号		工程名称	
工程部位/用途		样品编号		样品名称	
样品描述		试验依据		判定依据	
主要仪器设备及编号					

组号	试验次数	平均含水率/%	干密度/(g·cm⁻³)			
					1	2

备注：

检测结论：

试验：　　　　　　审核：　　　　　　签发：

日期：　　　　　　　　　　　　　年　　月　　日

118

报告续页

BGLQ09001F

试验室名称：   报告编号：

委托/施工单位		委托编号	
工程名称		工程部位/用途	
样品编号		样品名称	
样品描述		样品产地	
试验依据		判定依据	
主要仪器设备及编号			
矿质混合料比例		设计强度/MPa	
灰剂量/%		成型压实度/%	
成型时干密度/(g·cm^{-3})		成型时含水率/%	
成型日期		试验日期	

编号	破坏荷载/N	抗压强度/MPa	平均值/MPa	代表值/MPa

检测结论：

备注：

试验：   审核：   签发：   日期：   年   月   日

报告续页

BGLQ09001F

试验室名称：　　　　　　　　　　　　　　　　　　　　报告编号：

委托/施工单位		委托编号	
工程名称		工程部位/用途	
样品编号		样品名称	
样品描述		样品产地	
试验依据		判定依据	
主要仪器设备及编号			
矿质混合料比例		设计强度/MPa	
灰剂量/%		成型压实度/%	
成型时干密度/$(g \cdot cm^{-3})$		成型时含水率/%	
成型日期		试验日期	

编号	破坏荷载/N	抗压强度/MPa	平均值/MPa	代表值/MPa

检测结论：

备注：

试验：　　　审核：　　　签发：　　　　　　　　　日期：　　年　　月　　日

报告续页

BGLQ09001F

试验室名称: 报告编号:

委托/施工单位		委托编号	
工程名称		工程部位/用途	
样品编号		样品名称	
样品描述		样品产地	
试验依据		判定依据	
主要仪器设备及编号			
矿质混合料比例		设计强度/MPa	
灰剂量/%		成型压实度/%	
成型时干密度/$(g \cdot cm^{-3})$		成型时含水率/%	
成型日期		试验日期	

编号	破坏荷载/N	抗压强度/MPa	平均值/MPa	代表值/MPa

检测结论:

备注:

试验: 审核: 签发: 日期: 年 月 日

报告续页

BGLQ09001F

试验室名称：   报告编号：

委托/施工单位			委托编号	
工程名称			工程部位/用途	
样品编号			样品名称	
样品描述			样品产地	
试验依据			判定依据	
主要仪器设备及编号				
矿质混合料比例			设计强度/MPa	
灰剂量/%			成型压实度/%	
成型时干密度/(g·cm⁻³)			成型时含水率/%	
成型日期			试验日期	

编号	破坏荷载/N	抗压强度/MPa	平均值/MPa	代表值/MPa

检测结论：

备注：

试验：   审核：   签发：   日期：   年   月   日

报告续页

试验室名称：

报告编号：

委托/施工单位		委托编号	
工程名称		工程部位/用途	
样品编号		样品名称	
样品描述		样品产地	
试验依据		判定依据	
主要仪器设备及编号			
矿质混合料比例		设计强度/MPa	
灰剂量/%		成型压实度/%	
成型时干密度/$(g \cdot cm^{-3})$		成型时含水率/%	
成型日期		试验日期	

编号	破坏荷载/N	抗压强度/MPa	平均值/MPa	代表值/MPa

检测结论：

备注：

试验：　　　审核：　　　签发：　　　　　　　　　日期：　　年　　月　　日

二、实训总结

项目4　路基填土的指标检测

一、细粒土样的试验检测记录、检测报告

土的击实试验检测记录表

JGLQ01007

试验室名称：　　　　　　　　　　　　　　　　　　　记录编号：

工程部位/用途		委托/任务编号		
样品编号		样品名称		
样品描述		试验依据		
试验条件		试验日期		
主要仪器及编号				
击锤质量/kg		每层击数		落距/cm
试验次数				

	筒容积/cm^3				
干密度	筒质量/g				
	筒+湿土质量/g				
	湿土质量/g				
	湿密度/$(g \cdot cm^{-3})$				
	干密度/$(g \cdot cm^{-3})$				

	盒号							
含水率	盒质量/g							
	盒+湿土质量/g							
	盒+干土质量/g							
	水质量/g							
	干土质量/g							
	含水率/%							
	平均含水率/%							

最大干密度/$(g \cdot cm^{-3})$			最佳含水率/%		

击实曲线

备注：

试验：　　　　　　　　复核：　　　　　　　　日期：　　年　　月　　日

土的界限含水率试验检测记录表（液塑限联合测定仪法）

试验室名称：

记录编号：

工程部位/用途		委托/任务编号		样品编号	
样品名称		样品描述		试验依据	
试验条件		试验日期			
主要仪器及编号					

试验次数		1	2	3
入土深度/mm	h_1			
	h_2			
	$(h_1+h_2)/2$			
含水率/%	盒号	1	3 4	5 6
	盒质量/g			
	盒+湿土质量/g			
	盒+干土质量/g			
	水分质量/g			
	干土质量/g			
	含水率/%			
	平均含水率/%			
备注	塑限入土深度 h_p	细粒土 $h_p=\omega_L/(0.524\omega_L-7.606)=$		
		砂类土 $h_p=29.6-1.22\omega_L+0.017\omega_L^2-0.000\,074\,4\omega_L^3$		

液限 $\omega_L=$　　/% （$h=20$ mm 时）

塑限 $\omega_P=$　　/% （h_p 时）

塑性指数 $I_P=\omega_L-\omega_P=$

土的工程分类：　　土的名称：

试验：　　　复核：　　　日期：　　年　月　日

127

土的承载比 CBR 试验检测记录表

JGLQ01008

试验室名称：　　　　　　　　　　　　　　　　　　　　记录编号：

工程部位/用途		委托/任务编号	
样品编号		样品名称	
样品描述		试验依据	
试验条件		试验日期	
主要仪器及编号			

每层击数					
试件编号					
含水率	盒号				
	盒+湿土质量/g				
	盒+干土质量/g				
	水质量/g				
	盒质量/g				
	含水率/%				
	平均含水率/%				
干密度	筒质量/g				
	筒+试件质量/g				
	筒体积/cm³				
	湿密度/($g \cdot cm^{-3}$)				
	干密度/($g \cdot cm^{-3}$)				
	干密度平均值/($g \cdot cm^{-3}$)				
膨胀量	筒号				
	泡水前试件高度/mm				
	泡水后试件高度/mm				
	膨胀量/%				
	膨胀量平均值/%				
吸水量	泡水后筒+试件质量/g				
	吸水量/g				
	吸水量平均值/g				

备注：

试验：　　　　　　　　复核：　　　　　　　　日期：　　　年　　月　　日

土的承载比CBR试验检测记录表

JGLQ01008

试验室名称：　　　　　　　　　　　　　　　　　　　　　记录编号：

工程部位/用途				委托/任务编号		
样品编号				样品名称		
样品描述				试验依据		
试验条件				试验日期		
主要仪器及编号						
每层击数						
试件编号						
含水率	盒号					
	盒+湿土质量/g					
	盒+干土质量/g					
	水质量/g					
	盒质量/g					
	含水率/%					
	平均含水率/%					
干密度	筒质量/g					
	筒+试件质量/g					
	筒体积/cm³					
	湿密度/(g·cm⁻³)					
	干密度/(g·cm⁻³)					
	干密度平均值/(g·cm⁻³)					
膨胀量	筒号					
	泡水前试件高度/mm					
	泡水后试件高度/mm					
	膨胀量/%					
	膨胀量平均值/%					
吸水量	泡水后筒+试件质量/g					
	吸水量/g					
	吸水量平均值/g					

备注：

试验：　　　　　　　　　复核：　　　　　　　　　日期：　　　年　　月　　日

土的承载比 CBR 试验检测记录表

JGLQ01008

试验室名称：　　　　　　　　　　　　　　　　　　　记录编号：

工程部位/用途				委托/任务编号			
样品编号				样品名称			
样品描述				试验依据			
试验条件				试验日期			
主要仪器及编号							
每层击数							
试件编号							
含水率	盒号						
	盒+湿土质量/g						
	盒+干土质量/g						
	水质量/g						
	盒质量/g						
	含水率/%						
	平均含水率/%						
干密度	筒质量/g						
	筒+试件质量/g						
	筒体积/cm³						
	湿密度/(g·cm⁻³)						
	干密度/(g·cm⁻³)						
	干密度平均值/(g·cm⁻³)						
膨胀量	筒号						
	泡水前试件高度/mm						
	泡水后试件高度/mm						
	膨胀量/%						
	膨胀量平均值/%						
吸水量	泡水后筒+试件质量/g						
	吸水量/g						
	吸水量平均值/g						
备注：							

试验：　　　　　　　复核：　　　　　　　日期：　　年　月　日

土的承载比 CBR 试验检测记录表

JGLQ01008

试验室名称：　　　　　　　　　　　　　　　　　　　　记录编号：

工程部位/用途		委托/任务编号	
样品编号		样品名称	
样品描述		试验依据	
试验条件		试验日期	
主要仪器及编号			
每层击数		最大干密度/(g·cm⁻³)		最佳含水率/%	

试件编号		量力环校正系数		贯入杆面积/cm^2	

荷载测力百分表读数 R	荷载压力 /kN	单位压力 P /kPa	百分表读数 /(0.01 mm) 左	右	平均	贯入量 l /mm	荷载测力百分表读数 R	荷载压力 /kN	单位压力 P /kPa	百分表读数 /(0.01 m) 左	右	平均	贯入量 l /mm

单位压力与贯入量关系曲线

$l=2.5$ mm 时	$P=$ 　　kPa	CBR=
$l=5$ mm 时	$P=$ 　　kPa	CBR=

备注：

试验：　　　　　　　　　　复核：　　　　　　　　　　日期：　　年　月　日

土的承载比 CBR 试验检测记录表

JGLQ01008

试验室名称：　　　　　　　　　　　　　　　　　　记录编号：

工程部位/用途		委托/任务编号	
样品编号		样品名称	
样品描述		试验依据	
试验条件		试验日期	
主要仪器及编号			
每层击数		最大干密度/(g·cm⁻³)		最佳含水率/%	
试件编号		量力环校正系数		贯入杆面积/cm²	

荷载测力百分表读数 R	荷载压力 /kN	单位压力 P /kPa	百分表读数 /(0.01 mm)			贯入量 l /mm	荷载测力百分表读数 R	荷载压力 /kN	单位压力 P /kPa	百分表读数 /(0.01 m)			贯入量 l /mm
			左	右	平均					左	右	平均	

单位压力与贯入量关系曲线

$l = 2.5$ mm 时	$P=$　　kPa	CBR =
$l = 5$ mm 时	$P=$　　kPa	CBR =

备注：

试验：　　　　　　　　　　复核：　　　　　　　　　　日期：　　　年　　月　　日

土的承载比 CBR 试验检测记录表　　JGLQ01008

试验室名称：　　　　　　　　　　　　　　　　　　　记录编号：

工程部位/用途		委托/任务编号	
样品编号		样品名称	
样品描述		试验依据	
试验条件		试验日期	
主要仪器及编号			

每层击数		最大干密度/$(g \cdot cm^{-3})$		最佳含水率/%	
试件编号		量力环校正系数		贯入杆面积/cm^2	

荷载测力百分表读数 R	荷载压力 /kN	单位压力 P /kPa	百分表读数 /(0.01 mm)			贯入量 l /mm	荷载测力百分表读数 R	荷载压力 /kN	单位压力 P /kPa	百分表读数 /(0.01 m)			贯入量 l /mm
			左	右	平均					左	右	平均	

单位压力与贯入量关系曲线

$l=2.5$ mm 时	$P=$　　kPa	CBR =
$l=5$ mm 时	$P=$　　kPa	CBR =

备注：

试验：　　　　　　　　复核：　　　　　　　　日期：　　年　　月　　日

土的承载比 CBR 试验检测记录表

JGLQ01008

试验室名称：　　　　　　　　　　　　　　　　　　　　　　记录编号：

工程部位/用途		委托/任务编号	
样品编号		样品名称	
样品描述		试验依据	
试验条件		试验日期	
主要仪器及编号			

每层击数		最大干密度/$(g \cdot cm^{-3})$		最佳含水率/%	
试件编号		量力环校正系数		贯入杆面积/cm^2	

荷载测力百分表读数 R	荷载压力 /kN	单位压力 P /kPa	百分表读数 /(0.01 mm)			贯入量 l /mm	荷载测力百分表读数 R	荷载压力 /kN	单位压力 P /kPa	百分表读数 /(0.01 m)			贯入量 l /mm
			左	右	平均					左	右	平均	

单位压力与贯入量关系曲线

$l=2.5$ mm 时	$P=$　　　kPa	CBR =
$l=5$ mm 时	$P=$　　　kPa	CBR =

备注：

试验：　　　　　　　　　复核：　　　　　　　　　日期：　　年　　月　　日

土的承载比 CBR 试验检测记录表

JGLQ01008

试验室名称：   记录编号：

工程部位/用途		委托/任务编号	
样品编号		样品名称	
样品描述		试验依据	
试验条件		试验日期	
主要仪器及编号			

每层击数		最大干密度/$(g \cdot cm^{-3})$		最佳含水率/%	
试件编号		量力环校正系数		贯入杆面积/cm^2	

荷载测力百分表读数 R	荷载压力 P /kN	单位压力 P /kPa	百分表读数 /(0.01 mm) 左	右	平均	贯入量 l /mm	荷载测力百分表读数 R	荷载压力 /kN	单位压力 P /kPa	百分表读数 /(0.01 m) 左	右	平均	贯入量 l /mm

単位压力与贯入量关系曲线

$l=2.5$ mm 时	$P=$ kPa	CBR =
$l=5$ mm 时	$P=$ kPa	CBR =

备注：

试验：   复核：   日期：   年   月   日

土的承载比 CBR 试验检测记录表

JGLQ01008

试验室名称：   记录编号：

工程部位/用途		委托/任务编号	
样品编号		样品名称	
样品描述		试验依据	
试验条件		试验日期	
主要仪器及编号			
每层击数		最大干密度/(g·cm^{-3})		最佳含水率/%	
试件编号		量力环校正系数		贯入杆面积/cm^2	

荷载测力百分表读数 R	荷载压力 /kN	单位压力 P /kPa	百分表读数 /(0.01 mm)			贯入量 l /mm	荷载测力百分表读数 R	荷载压力 /kN	单位压力 P /kPa	百分表读数 /(0.01 m)			贯入量 l /mm
			左	右	平均					左	右	平均	

单位压力与贯入量关系曲线

$l=2.5$ mm 时	$P=$　　　kPa	CBR =
$l=5$ mm 时	$P=$　　　kPa	CBR =

备注：

试验：   复核：   日期：　　年　　月　　日

土的承载比 CBR 试验检测记录表

JGLQ01008

试验室名称：　　　　　　　　　　　　　　　　　　　　　　　　记录编号：

工程部位/用途			委托/任务编号		
样品编号			样品名称		
样品描述			试验依据		
试验条件			试验日期		
主要仪器及编号					
每层击数		最大干密度/$(g \cdot cm^{-3})$		最佳含水率/%	
试件编号		量力环校正系数		贯入杆面积/cm^2	

荷载测力百分表读数 R	荷载压力 /kN	单位压力 P /kPa	百分表读数 /(0.01 mm)			贯入量 l /mm	荷载测力百分表读数 R	荷载压力 /kN	单位压力 P /kPa	百分表读数 /(0.01 m)			贯入量 l /mm
			左	右	平均					左	右	平均	

单位压力与贯入量关系曲线

$l=2.5$ mm 时	$P=$　　kPa	CBR =
$l=5$ mm 时	$P=$　　kPa	CBR =

备注：

试验：　　　　　　　　复核：　　　　　　　　日期：　　年　　月　　日

土的承载比 CBR 试验检测记录表

JGLQ01008

试验室名称：　　　　　　　　　　　　　　　　　　　　　　　记录编号：

工程部位/用途		委托/任务编号	
样品编号		样品名称	
样品描述		试验依据	
试验条件		试验日期	
主要仪器及编号			

每层击数		最大干密度/(g·cm^{-3})		最佳含水率/%	
试件编号		量力环校正系数		贯入杆面积/cm^2	

荷载测力百分表读数 R	荷载压力/kN	单位压力 P/kPa	百分表读数/(0.01 mm) 左	右	平均	贯入量 l/mm	荷载测力百分表读数 R	荷载压力/kN	单位压力 P/kPa	百分表读数/(0.01 m) 左	右	平均	贯入量 l/mm

单位压力与贯入量关系曲线

l=2.5 mm 时	$P=$　　　kPa	CBR =
l=5 mm 时	$P=$　　　kPa	CBR =

备注：

试验：　　　　　　　　　　复核：　　　　　　　　　　日期：　　年　　月　　日

土的承载比 CBR 试验检测记录表

JGLQ01008

试验室名称：　　　　　　　　　　　　　　　　　　　　　　记录编号：

工程部位/用途			委托/任务编号		
样品编号			样品名称		
样品描述			试验依据		
试验条件			试验日期		
主要仪器及编号					
每层击数		最大干密度/$(g \cdot cm^{-3})$		最佳含水率/%	
试件编号		量力环校正系数		贯入杆面积/cm^2	

荷载测力百分表读数 R	荷载压力 /kN	单位压力 P /kPa	百分表读数 /(0.01 mm)			贯入量 l /mm	荷载测力百分表读数 R	荷载压力 /kN	单位压力 P /kPa	百分表读数 /(0.01 m)			贯入量 l /mm
			左	右	平均					左	右	平均	

单位压力与贯入量关系曲线

$l=2.5$ mm 时	$P=$　　kPa	CBR =
$l=5$ mm 时	$P=$　　kPa	CBR =

备注：

试验：　　　　　　　　　　复核：　　　　　　　　　　日期：　　年　月　日

土的承载比 CBR 试验检测记录表

JGLQ01008

试验室名称：   报告编号：

工程部位/用途		委托/任务编号	
试验依据		样品编号	
样品描述		样品名称	
试验条件		试验日期	
主要仪器及编号			

最大干密度/$(g \cdot cm^{-3})$				最佳含水率/%					

组号	每层击数	试件编号	实测 CBR 值							实测平均干密度/$(g \cdot cm^{-3})$
			CBR2.5/%	CBR5.0/%	结果	平均值/%	标准差	变异系数/%	CBR 值/%	

对应于所需压实度的膨胀率曲线图	对应于所需压实度的 CBR 曲线图

所需压实度/%	对应于所需压实度的干密度/$(g \cdot cm^{-3})$	对应于所需压实度的 CBR/%	对应于所需压实度的膨胀率/%

备注：

试验：   复核：   日期：   年   月   日

检 验 报 告

产品名称：_____

委托单位：_____

检验类别：_____

单位名称：××公路交通试验检测中心

报告日期：×××

注意事项

1. 报告无我单位"CMA 章""资质证书专用章""试验检验专用章"和"骑缝章"无效。

2. 复制报告未重新加盖我单位检验专用章或检验单位公章无效。

3. 报告无主检、审核、批准人签字无效,报告涂改无效。

4. 对检测报告若有异议,应于收到报告之日起十五日内,向本单位提出,逾期不予受理。

5. 委托检验仅对样品负责。

6. 需要退还的样品及其包装物可在收到报告十五日内领取,逾期不领者视弃样处理。

7. 未经本单位书面批准,不得部分复印,本报告不得用于商品广告。

地址:×××

电话:×××

传真:×××

电子信箱:×××

邮编:×××

××公路交通试验检测中心检验报告

报告编号：

产品名称		抽样地点	
受检单位		商标	
生产单位		产品号	
委托单位		样品批次	
规格型号		样品等级	
检验类别		样品数量	
检验依据		抽样基数	
检验项目		委托日期	
产品描述		抽样人员	
主要仪器设备			
检验结论			
试验环境			
批准人		审核人	
主检人			
备注	本报告空白处用"—"表示		
录入		校对		打印日期	

报告续页

试验室名称: 　　　　　　　　　　　　　　　　　　　报告编号:

委托/施工单位		委托编号	
工程名称		工程部位/用途	
样品编号		样品名称	
样品描述		样品产地	
试验依据		判定依据	
主要仪器设备及编号			

序号	检测项目		技术指标					检测结果		结果判定
1	天然状态物理指标	含水率/%								
		密度/$(g \cdot cm^{-3})$								
2	界限含水率	液限 ω_L/%								
		塑限 ω_P/%								
		塑性指数								
3	天然稠度	稠度								
4	标准击实	最大干密度/$(g \cdot cm^{-3})$								
		最佳含水率/%								
5	土的承载比	对应压实度93%的承载比/%								
		对应压实度93%的膨胀率/%								
		对应压实度94%的膨胀率/%								
		对应压实度94%的承载比/%								
		对应压实度96%的承载比/%								
		对应压实度96%的膨胀率/%								
6	筛分法	孔径/mm	60	40	20	10	5	2.0	1.0	0.5	0.25	0.075
		小于该孔径质量百分数/%								
		占总土质量百分比/%								
		不均匀系数 C_u					曲率系数 C_c			
7	土样定名及代号									

检测结论:

备注:

试验: 　　　审核: 　　　签发: 　　　　　　　　　日期: 　　年 　月 　日

二、砂砾样品的试验检测记录、检测报告

土的颗粒分析试验检测记录表(筛分法)

JGLQ01004a

试验室名称：　　　　　　　　　　　　　　　　　　　记录编号：

工程部位/用途		委托/任务编号	
样品编号		样品名称	
样品描述		试验依据	
试验条件		试验日期	
主要仪器及编号			
筛前总土质量/g		小于 2 mm 土占总土质量百分数/%	
小于 2 mm 土质量/g		小于 2 mm 取试样质量/g	

粗筛分析					细筛分析				
孔径/mm	分计留筛土质量/g	累积留筛土质量/g	小于该孔径土质量/g	小于该孔径土质量百分比/%	孔径/mm	分计留筛土质量/g	累积留筛土质量/g	小于该孔径土质量/g	小于该孔径土质量百分比/%	占总土质量百分比/%
60					2					
40					1.0					
20					0.5					
10					0.25					
5					0.075					
2					底					

不均匀系数：		曲率系数：	
备注：			

试验：　　　　　　　　　复核：　　　　　　　　　日期：　　年　　月　　日

土的击实试验检测记录表

试验室名称： 　　　　　　　　　　　　　　　　　　　　记录编号：

工程部位/用途		委托/任务编号	
样品编号		样品名称	
样品描述		试验依据	
试验条件		试验日期	
主要仪器及编号			

击锤质量/kg		每层击数		落距/cm		
试验次数						

干密度	筒容积/cm^3				
	筒质量/g				
	筒+湿土质量/g				
	湿土质量/g				
	湿密度/$(g \cdot cm^{-3})$				
	干密度/$(g \cdot cm^{-3})$				

含水率	盒号								
	盒质量/g								
	盒+湿土质量/g								
	盒+干土质量/g								
	水质量/g								
	干土质量/g								
	含水率/%								
	平均含水率/%								

最大干密度/$(g \cdot cm^{-3})$		最佳含水率/%	

击实曲线

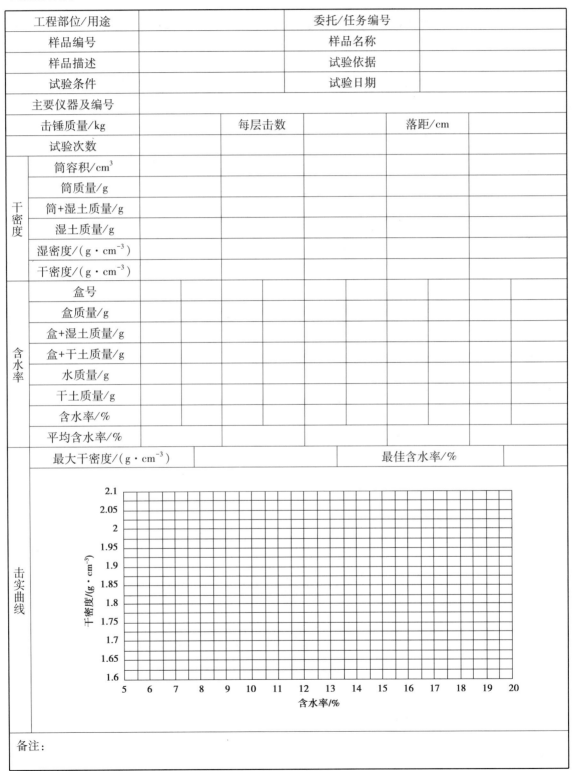

备注：

试验： 　　　　　　　　复核： 　　　　　　　　日期： 　　年　 月　 日

土的承载比 CBR 试验检测记录表

JGLQ01008

试验室名称：　　　　　　　　　　　　　　　　　　　　　记录编号：

工程部位/用途		委托/任务编号	
样品编号		样品名称	
样品描述		试验依据	
试验条件		试验日期	
主要仪器及编号			

	每层击数				
	试件编号				
含水率	盒号				
	盒+湿土质量/g				
	盒+干土质量/g				
	水质量/g				
	盒质量/g				
	含水率/%				
	平均含水率/%				
干密度	筒质量/g				
	筒+试件质量/g				
	筒体积/cm³				
	湿密度/$(g \cdot cm^{-3})$				
	干密度/$(g \cdot cm^{-3})$				
	干密度平均值/$(g \cdot cm^{-3})$				
膨胀量	筒号				
	泡水前试件高度/mm				
	泡水后试件高度/mm				
	膨胀率/%				
	膨胀率平均值/%				
吸水量	泡水后筒+试件质量/g				
	吸水量/g				
	吸水量平均值/g				

备注：

试验：　　　　　　　　　　复核：　　　　　　　　　　日期：　　年　　月　　日

土的承载比 CBR 试验检测记录表

JGLQ01008

试验室名称：　　　　　　　　　　　　　　　　　　　　　记录编号：

工程部位/用途			委托/任务编号			
样品编号			样品名称			
样品描述			试验依据			
试验条件			试验日期			
主要仪器及编号						
每层击数						
试件编号						
含水率	盒号					
	盒+湿土质量/g					
	盒+干土质量/g					
	水质量/g					
	盒质量/g					
	含水率/%					
	平均含水率/%					
干密度	筒质量/g					
	筒+试件质量/g					
	筒体积/cm³					
	湿密度/(g·cm⁻³)					
	干密度/(g·cm⁻³)					
	干密度平均值/(g·cm⁻³)					
膨胀量	筒号					
	泡水前试件高度/mm					
	泡水后试件高度/mm					
	膨胀率/%					
	膨胀率平均值/%					
吸水量	泡水后筒+试件质量/g					
	吸水量/g					
	吸水量平均值/g					
备注：						

试验：　　　　　　　　复核：　　　　　　　　日期：　　年　　月　　日

土的承载比 CBR 试验检测记录表

JGLQ01008

试验室名称：　　　　　　　　　　　　　　　　　　　记录编号：

工程部位/用途			委托/任务编号		
样品编号			样品名称		
样品描述			试验依据		
试验条件			试验日期		
主要仪器及编号					
每层击数					
试件编号					

		盒号					
含水率		盒+湿土质量/g					
		盒+干土质量/g					
		水质量/g					
		盒质量/g					
		含水率/%					
		平均含水率/%					
干密度		筒质量/g					
		筒+试件质量/g					
		筒体积/cm³					
		湿密度/(g·cm⁻³)					
		干密度/(g·cm⁻³)					
		干密度平均值/(g·cm⁻³)					
膨胀量		筒号					
		泡水前试件高度/mm					
		泡水后试件高度/mm					
		膨胀率/%					
		膨胀率平均值/%					
吸水量		泡水后筒+试件质量/g					
		吸水量/g					
		吸水量平均值/g					
备注：							

试验：　　　　　　　　　　复核：　　　　　　　　　　日期：　　　年　　月　　日

土的承载比 CBR 试验检测记录表

JGLQ01008

试验室名称：　　　　　　　　　　　　　　　　　　记录编号：

工程部位/用途		委托/任务编号	
样品编号		样品名称	
样品描述		试验依据	
试验条件		试验日期	
主要仪器及编号			
每层击数		最大干密度/(g·cm^{-3})		最佳含水率/%	
试件编号		量力环校正系数		贯入杆面积/cm^2	

荷载测力百分表读数 R	荷载压力 /kN	单位压力 P /kPa	百分表读数 /(0.01 mm)			贯入量 l /mm	荷载测力百分表读数 R	荷载压力 /kN	单位压力 P /kPa	百分表读数 /(0.01 m)			贯入量 l /mm
			左	右	平均					左	右	平均	

单位压力与贯入量关系曲线

l=2.5 mm 时	P=　　kPa	CBR=
l=5 mm 时	P=　　kPa	CBR=

备注：

试验：　　　　　　　　复核：　　　　　　　　日期：　　年　　月　　日

土的承载比 CBR 试验检测记录表

JGLQ01008

试验室名称：   记录编号：

工程部位/用途			委托/任务编号		
样品编号			样品名称		
样品描述			试验依据		
试验条件			试验日期		
主要仪器及编号					
每层击数		最大干密度/(g·cm⁻³)		最佳含水率/%	
试件编号		量力环校正系数		贯入杆面积/cm²	

荷载测力百分表读数 R	荷载压力 /kN	单位压力 P /kPa	百分表读数 /(0.01 mm)			贯入量 l /mm	荷载测力百分表读数 R	荷载压力 /kN	单位压力 P /kPa	百分表读数 /(0.01 m)			贯入量 l /mm
			左	右	平均					左	右	平均	

单位压力与贯入量关系曲线

$l=2.5$ mm 时	$P=$ kPa	CBR =
$l=5$ mm 时	$P=$ kPa	CBR =

备注：

试验：   复核：   日期：   年   月   日

土的承载比 CBR 试验检测记录表

JGLQ01008

试验室名称：   记录编号：

工程部位/用途			委托/任务编号	
样品编号			样品名称	
样品描述			试验依据	
试验条件			试验日期	
主要仪器及编号				
每层击数		最大干密度/$(g \cdot cm^{-3})$		最佳含水率/%
试件编号		量力环校正系数		贯入杆面积/cm^2

荷载测力百分表读数 R	荷载压力 /kN	单位压力 P /kPa	百分表读数 /(0.01 mm)			贯入量 l /mm	荷载测力百分表读数 R	荷载压力 /kN	单位压力 P /kPa	百分表读数 /(0.01 m)			贯入量 l /mm
			左	右	平均					左	右	平均	

单位压力与贯入量关系曲线

$l=2.5$ mm 时	$P=$ kPa	CBR $=$
$l=5$ mm 时	$P=$ kPa	CBR $=$

备注：

试验：   复核：   日期：   年   月   日

土的承载比 CBR 试验检测记录表

JGLQ01008

试验室名称：　　　　　　　　　　　　　　　　　　　　记录编号：

工程部位/用途			委托/任务编号		
样品编号			样品名称		
样品描述			试验依据		
试验条件			试验日期		
主要仪器及编号					
每层击数		最大干密度/(g·cm⁻³)		最佳含水率/%	
试件编号		量力环校正系数		贯入杆面积/cm²	

荷载测力百分表读数 R	荷载压力 /kN	单位压力 P /kPa	百分表读数 /(0.01 mm)			贯入量 l /mm	荷载测力百分表读数 R	荷载压力 /kN	单位压力 P /kPa	百分表读数 /(0.01 m)			贯入量 l /mm
			左	右	平均					左	右	平均	

单位压力与贯入量关系曲线

l＝2.5 mm 时	P＝　　kPa	CBR＝
l＝5 mm 时	P＝　　kPa	CBR＝

备注：

试验：　　　　　　　　复核：　　　　　　　　日期：　　年　月　日

土的承载比 CBR 试验检测记录表

试验室名称：   记录编号：

工程部位/用途				委托/任务编号			
样品编号				样品名称			
样品描述				试验依据			
试验条件				试验日期			
主要仪器及编号							
每层击数		最大干密度/$(g \cdot cm^{-3})$			最佳含水率/%		
试件编号		量力环校正系数			贯入杆面积/cm^2		

荷载测力百分表读数 R	荷载压力 /kN	单位压力 P /kPa	百分表读数 /(0.01 mm)			贯入量 l /mm	荷载测力百分表读数 R	荷载压力 /kN	单位压力 P /kPa	百分表读数 /(0.01 m)			贯入量 l /mm
			左	右	平均					左	右	平均	

单位压力与贯入量关系曲线

l=2.5 mm 时	P= kPa	CBR =
l=5 mm 时	P= kPa	CBR =

备注：

试验：   复核：   日期：   年   月   日

土的承载比 CBR 试验检测记录表

试验室名称：　　　　　　　　　　　　　　　　　　　记录编号：

工程部位/用途			委托/任务编号	
样品编号			样品名称	
样品描述			试验依据	
试验条件			试验日期	
主要仪器及编号				
每层击数		最大干密度/(g·cm^{-3})		最佳含水率/%	
试件编号		量力环校正系数		贯入杆面积/cm^2	

荷载测力百分表读数 R	荷载压力 /kN	单位压力 P /kPa	百分表读数 /(0.01 mm)			贯入量 l /mm	荷载测力百分表读数 R	荷载压力 /kN	单位压力 P /kPa	百分表读数 /(0.01 m)			贯入量 l /mm
			左	右	平均					左	右	平均	

单位压力与贯入量关系曲线

$l=2.5$ mm 时	$P=$ 　　kPa	CBR $=$
$l=5$ mm 时	$P=$ 　　kPa	CBR $=$

备注：

试验：　　　　　　　　复核：　　　　　　　　日期：　　年　　月　　日

土的承载比 CBR 试验检测记录表

JGLQ01008

试验室名称：　　　　　　　　　　　　　　　　　　　记录编号：

工程部位/用途		委托/任务编号	
样品编号		样品名称	
样品描述		试验依据	
试验条件		试验日期	
主要仪器及编号			
每层击数		最大干密度/$(g \cdot cm^{-3})$		最佳含水率/%	
试件编号		量力环校正系数		贯入杆面积/cm^2	

荷载测力百分表读数 R	荷载压力 /kN	单位压力 P /kPa	百分表读数 /(0.01 mm)			贯入量 l /mm	荷载测力百分表读数 R	荷载压力 /kN	单位压力 P /kPa	百分表读数 /(0.01 m)			贯入量 l /mm
			左	右	平均					左	右	平均	

单位压力与贯入量关系曲线

l=2.5 mm 时	P=　　kPa	CBR =
l=5 mm 时	P=　　kPa	CBR =

备注：

试验：　　　　　　　　　复核：　　　　　　　　　日期：　　年　　月　　日

土的承载比 CBR 试验检测记录表

JGLQ01008

试验室名称：   记录编号：

工程部位/用途		委托/任务编号	
样品编号		样品名称	
样品描述		试验依据	
试验条件		试验日期	
主要仪器及编号			
每层击数		最大干密度/$(g \cdot cm^{-3})$		最佳含水率/%	
试件编号		量力环校正系数		贯入杆面积/cm^2	

荷载测力百分表读数 R	荷载压力 /kN	单位压力 P /kPa	百分表读数 /(0.01 mm)			贯入量 l /mm	荷载测力百分表读数 R	荷载压力 /kN	单位压力 P /kPa	百分表读数 /(0.01 m)			贯入量 l /mm
			左	右	平均					左	右	平均	

单位压力与贯入量关系曲线

$l=2.5$ mm 时	$P=$　　　kPa	CBR =
$l=5$ mm 时	$P=$　　　kPa	CBR =

备注：

试验：   复核：   日期：　　　年　　月　　日

土的承载比 CBR 试验检测记录表

试验室名称：　　　　　　　　　　　　　　　　　　　　　记录编号：

工程部位/用途		委托/任务编号	
样品编号		样品名称	
样品描述		试验依据	
试验条件		试验日期	
主要仪器及编号			
每层击数	最大干密度/$(g \cdot cm^{-3})$		最佳含水率/%	
试件编号	量力环校正系数		贯入杆面积/cm^2	

荷载测力百分表读数 R	荷载压力 /kN	单位压力 P /kPa	百分表读数 /(0.01 mm)			贯入量 l /mm	荷载测力百分表读数 R	荷载压力 /kN	单位压力 P /kPa	百分表读数 /(0.01 m)			贯入量 l /mm
			左	右	平均					左	右	平均	

单位压力与贯入量关系曲线

$l=2.5$ mm 时	$P=$ 　　kPa	CBR =
$l=5$ mm 时	$P=$ 　　kPa	CBR =

备注：

试验：　　　　　　　　　　复核：　　　　　　　　　　日期：　　年　　月　　日

土的承载比 CBR 试验检测记录表

JGLQ01008

试验室名称：　　　　　　　　　　　　　　　　　　记录编号：

工程部位/用途		委托/任务编号	
试验依据		样品编号	
样品描述		样品名称	
试验条件		试验日期	
主要仪器及编号			

最大干密度/(g·cm⁻³)			最佳含水率/%		

组号	每层击数	试件编号	实测 CBR 值							实测平均干密度/(g·cm⁻³)
			CBR2.5/%	CBR5.0/%	结果	平均值/%	标准差	变异系数/%	CBR 值/%	

对应于所需压实度的膨胀量曲线图		对应于所需压实度的 CBR 曲线图	
所需压实度/%	对应于所需压实度的干密度/(g·cm⁻³)	对应于所需压实度的CBR/%	对应于所需压实度的膨胀率/%

备注：

试验：　　　　　　　　复核：　　　　　　　　日期：　　　年　　月　　日

检 验 报 告

产品名称：＿＿＿＿＿＿＿＿＿＿＿＿＿＿＿＿

委托单位：＿＿＿＿＿＿＿＿＿＿＿＿＿＿＿＿

检验类别：＿＿＿＿＿＿＿＿＿＿＿＿＿＿＿＿

单位名称：××公路交通试验检测中心

报告日期：×××

注意事项

1. 报告无我单位"CMA 章""资质证书专用章""试验检验专用章"和"骑缝章"无效。

2. 复制报告未重新加盖我单位检验专用章或检验单位公章无效。

3. 报告无主检、审核、批准人签字无效，报告涂改无效。

4. 对检测报告若有异议，应于收到报告之日起十五日内，向本单位提出，逾期不予受理。

5. 委托检验仅对样品负责。

6. 需要退还的样品及其包装物可在收到报告十五日内领取，逾期不领者视弃样处理。

7. 未经本单位书面批准，不得部分复印，本报告不得用于商品广告。

地址:×××

电话:×××

传真:×××

电子信箱:×××

邮编:×××

××公路交通试验检测中心检验报告

报告编号：

产品名称		抽样地点	
受检单位		商标	
生产单位		产品号	
委托单位		样品批次	
规格型号		样品等级	
检验类别		样品数量	
检验依据		抽样基数	
检验项目		委托日期	
产品描述		抽样人员	
主要 仪器设备			
检验结论			
试验环境			
批准人		审核人	
主检人			
备注	本报告空白处用"—"表示		
录入		校对	打印日期

162

报告续页

试验室名称：　　　　　　　　　　　　　　　　　　　报告编号：

委托/施工单位		委托编号	
工程名称		工程部位/用途	
样品编号		样品名称	
样品描述		样品产地	
试验依据		判定依据	
主要仪器设备及编号			

序号	检测项目		技术指标	检测结果	结果判定
1	天然状态物理指标	含水率/%			
		密度/(g·cm⁻³)			
2	界限含水率	液限 ω_L/%			
		塑限 ω_P/%			
		塑性指数			
3	天然稠度	稠度			
4	标准击实	最大干密度/(g·cm⁻³)			
		最佳含水率/%			
5	土的承载比	对应压实度93%的承载比/%			
		对应压实度93%的膨胀率/%			
		对应压实度94%的承载比/%			
		对应压实度94%的膨胀率/%			
		对应压实度96%的承载比/%			
		对应压实度96%的膨胀率/%			

6	筛分法	孔径/mm	60	40	20	10	5	2.0	1.0	0.5	0.25	0.075
		小于该孔径质量百分数/%										
		占总土质量百分比/%										

不均匀系数 C_u		曲率系数 C_c	

7	土样定名及代号	

检测结论：

备注：

试验：　　　　审核：　　　　签发：　　　　　　　日期：　　年　　月　　日

三、实训总结